# Dutch

## at your Fingertips

GW00501665

## Other titles in this series

# Dutch
## at your Fingertips

compiled by

## LEXUS

with

E. Baruch, Marie Bittlestone,
John T. Breckenridge, Irma Laponder
and Peter Terrell

Routledge
London

First published in 1987 by
Routledge & Kegan Paul
Reprinted in 1989
by Routledge
11 New Fetter Lane, London EC4P 4EE

Set in Linotron 202 Baskerville
by Morton Word Processing Ltd, Scarborough
and printed in Great Britain
by The Guernsey Press Co. Ltd
Guernsey, Channel Islands

Library of Congress Cataloging in Publication Data

Dutch at your fingertips.—(Fingertips)

1. Dutch Language—Conversation and phrase books—English.
I. Baruch, E.   II. Lexus (Firm)
PF121.D88    1987    439.3′183421    86-20375

British Library CIP Data also available
ISBN  0-415-02771-3

# Contents

# DUTCH PRONUNCIATION

Because you are likely to want to speak most of the Dutch given in this book, rather than just to understand its meaning, an indication of the pronunciation has been given in square brackets. If you pronounce this as though it were English, the result will be clearly comprehensible to a Dutch person.

In some cases, however, we have decided it was not necessary to give the entire pronunciation for a word or phrase. This may be because it would more or less duplicate the ordinary Dutch spelling, or because the pronunciation of a particular word or words has already been given within the same entry. In these cases we have simply shown how to pronounce the problematic parts of the word or phrase.

Some comments on the pronunciation system used:

## VOWELS

| | |
|---|---|
| a | as in 'hat' |
| ah | as in 'father' |
| ay | as in 'day' |
| ey | as in 'day' but close to 'die' |
| oo | as in 'book' |
| ∞ | as in 'huge' or 'few' |
| ow | as in 'how' |
| uh | a short sound as in 'son' or 'mother' |

## CONSONANTS

| | |
|---|---|
| CH | like the ch in the Scottish pronunciation of 'loch' |
| j | like the 's' in 'leisure' |

When part of the pronunciation is given in quotes (e.g. 'new') this means that this should be read exactly as the English word. When the print for a letter or for two letters is in bold type this means that this part of the word should be stressed.

For nouns which have the indefinite article in the translation we have added *het* or *de* afterwards in brackets to indicate the gender of the word.

# English – Dutch

# A

**a** een, 'n *[in, 'n]*; **5 guilders a bottle** 5 gulden per fles; *see page 107*

**about: about 25** ongeveer 25 *[onchevayr]*; **about 6 o'clock** rond 6 uur *[ront]*; **is the manager about?** is de chef aanwezig? *[ahnvayzich]*; **I was just about to leave** ik stond net op het punt om te vertrekken *[stont net op it poont om tuh vertrekkuh]*; **how about a drink?** heb je zin in een borrel? *[heb yuh zin in 'n borrel]*

**above** boven *[bohvuh]*

**abroad** in het buitenland *[it bowgtenlant]*

**abscess** een abces (het) *[absess]*

**absolutely: it's absolutely perfect** het is helemaal perfect *[it iss hayluhmahl perfekt]*; **you're absolutely right** je hebt volkomen gelijk *[yuh hebt volkohmuh cheleyk]*; **absolutely!** volkomen!

**absorbent cotton** de watten *[vattuh]*

**accelerator** het gaspedaal *[chaspedahl]*

**accept** accepteren *[akseptayruh]*

**accident** een ongeluk (het) *[onchelook]*; **there's been an accident** er is een ongeluk gebeurd *[er iss in onchelook cheburrt]*; **sorry, it was an accident** het spijt me, het was een ongeluk *[it speyt muh]*

**accommodation(s)** kamers *[kahmers]*; **we need accommodation(s) for four** we hadden graag kamers voor vier personen *[vuh hadduh chrahch kahmers vohr veer persohnuh]*

**accurate** precies *[preseess]*

**ache: I have an ache here** het doet hier pijn *[it doot heer peyn]*; **it aches** het doet zeer *[zayr]*

**across: across the street** aan de overkant van de straat *[ahn duh overkant van duh straht]*

**actor** de acteur *[akturr]*

**actress** de actrice *[aktreessuh]*

**adapter** een verdeelstekker (de) *[verdaylstekker]*

**address** het adres *[adress]*; **what's your address?** wat is uw adres? *[oow]*

**address book** een adresboek (het) *[adressbook]*

**admission: how much is admission?** hoeveel is de toegangsprijs? *[hoovayl iss duh toochangspreyss]*

**adore: I adore ...** ik ben dol op ...

**adult** een volwassene (de) *[volvassenuh]*

**advance: I'll pay in advance** ik betaal vooruit *[betahl vohrowgt]*

**advertisement** een advertentie (de) *[advertenssee]*

**advise: what would you advise?** wat zou u mij aanraden? *[wat zow oo mey ahnrahduh]*

**affluent** (*people*) welgesteld *[wellchestelt]*; (*country*) welvarend *[wellvahrent]*

**aeroplane** het vliegtuig *[vleechtowch]*

**afraid: I'm afraid of heights** ik heb hoogtevrees *[hohchtuhvrayss]*; **don't be afraid** wees niet bang *[vayss neet]*; **I'm not afraid** ik ben niet bang; **I'm afraid I can't help you** ik ben bang dat ik je niet kan helpen *[helpuh]*; **I'm afraid so** ik ben bang van wel; **I'm afraid not** ik ben bang van niet *[neet]*

**after: after you** na u *[nah oo]*; **after 9 o'clock** na 9 uur; **not until after 9 o'clock** niet tot na negen uur *[neet]*

**afternoon** de middag *[middach]*; **in the afternoon** 's middags *[smiddachs]*; **good afternoon** goedemiddag *[chooduhmiddach]*; **this afternoon** vanmiddag *[vanmiddach]*

**aftershave** een aftershave (de)

**afterwards** naderhand *[nahderhant]*

**again** opnieuw *[op'new']*

**against** tegen *[taychuh]*

**age** de leeftijd *[layfteyt]*; **not at my age!** op mijn leeftijd! *[meyn]*; **it takes ages** het duurt een eeuwigheid *[it d0rt in ayoovich-heyt]*; **I haven't been here for ages** ik ben hier in geen tijden geweest

[heer in CHayn teyduh CHevayst]
**agency** het bureau [booroh]
**ago: a year ago** een jaar geleden [in yahr
CHelayduh]; **it wasn't long ago** het is
niet lang geleden [it iss neet]
**agony: it's agony** het doet ontzettend zeer
[it doot ontzettent zayr]
**agree: do you agree?** ben jij het er mee
eens? [ben yey it er may ayns]; **I agree** ik
ben het er mee eens; **cheese doesn't
agree with me** ik kan geen kaas
verdragen [CHayn kahss verdrahCHuh]
**aggressive** agressief [agresseef]
**AIDS** AIDS
**air** de lucht [loocht]; **by air** per vliegtuig
[vleeCHtowCH]
**air-conditioning** de air-conditioning
**air hostess** de stewardess
**airmail: by airmail** per luchtpost
[looCHtposst]
**airmail envelope** een luchtpost-
enveloppe (de) [looCHtposst-enveloppuh]
**airplane** het vliegtuig [vleeCHtowCH]
**airport** de luchthaven [looCHthavuh]
**airport bus** de bus naar de luchthaven
[booss nahr duh looCHthavuh]
**airport tax** de luchthavenbelasting
[looCHthavuh—]
**alarm** het alarm
**alarm clock** een wekker (de) [vekker]
**alcohol** alcohol (de)
**alcoholic: is it alcoholic?** bevat het
alcohol?
**alive** in leven [layvuh]; **is he still alive?**
leeft hij nog? [layft hey noCH]
**all: all the hotels** alle hotels [alluh]; **all
my friends** al mijn vrienden [al meyn];
**all my money** al mijn geld; **all of it** alles
[alluhs]; **all of them** allemaal
[alluhmahl]; **all right** goed [CHoot]; **I'm
all right** ik ben oké [okay]; **that's all** dat
is alles; **it's all changed** het is helemaal
veranderd [haylemahl]; **thank you —
not at all** dank u wel — geen dank [CHayn
dank]
**allergic: I'm allergic to ...** ik ben
allergisch voor ... [allairCHees vohr]
**allergy** een allergie (de) [allerCHee]
**all-inclusive** alles inbegrepen [alluhs
inbeCHraypuh]
**allowed** toegestaan [tooCHestahn]; **is it
allowed?** is het toegestaan?; **I'm not
allowed to eat salt** ik mag geen zout eten

[maCH CHayn zowt aytuh]
**almost** bijna [beynah]
**alone** alleen [allayn]; **are you alone?** bent
u alleen? [oo]; **leave me alone** laat me
met rust [laht muh met roost]
**already** al
**also** ook [ohk]
**alteration** (to plans) een wijziging (de)
[veyziCHiHG]; (to clothes) een verandering
(de)
**alternative: is there an alternative?** is er
een andere mogelijkheid? [iss er in
anderuh mohCHeluhk-heyt]; **we had no
alternative** wij hadden geen keuze [vey
hadduh CHayn kurzuh]
**alternator** de wisselstroomdynamo
[visselstrohmdeenamoh]
**although** hoewel [hoovell]
**altogether** helemaal [hayluhmahl]; **what
does that come to altogether?** hoeveel is
dat alles bij elkaar? [hoovayl iss dat
alluhs bey elkahr]
**always** altijd [alteyt]
**a.m.: at 8 a.m.** 's morgens om 8 uur
[smorCHens]
**amazing** (surprising) verrassend
[verassent]; (very good) verbazingwekkend [verbahzingvekkent]
**ambassador** de ambassadeur
[ambassadurr]
**ambulance** een ziekenwagen (de)
[zeekuhvahCHuh]; **get an ambulance!**
bel een ziekenwagen! [bell in]
**America** Amerika [amayreekah]
**American** (adj) Amerikaans
[amayreekahns]; (man) de Amerikaan
[amayreekahn]; (woman) de
Amerikaanse [amayreekahnsuh]
**American plan** volpension [vollpen-
shon]
**among** onder
**amp: a 13-amp fuse** een stop van 13
ampère [in stop van ... ampair]
**an(a)esthetic** een verdoving (de)
[verdohving]
**ancestor** een voorouder (de) [vohrowder]
**anchor** het anker
**anchovies** ansjovissen [anshohvissuh]
**ancient** zeer oud [zayr owt]
**and** en
**angina** een angina (de) [anCHeena]
**angry** boos [bohss]; **I'm very angry
about it** ik ben er erg boos over [ik ben er

*airCH]*

**animal** een dier *(het) [deer]*

**ankle** de enkel

**anniversary: it's our (wedding) anniversary today** het is vandaag onze trouwdag *[it iss vandahcH onzuh trowdacH]*

**annoy: he's annoying me** hij valt me lastig *[hey valt muh lassticH]*; **it's so annoying** het is zo vervelend *[it iss zo vervaylent]*

**anorak** een anorak *(de)*

**another: can we have another room?** kunnen we een andere kamer krijgen? *[koonuh vuh in anderuh kahmer kreycHuh]*; **another bottle, please** nog een fles, alstublieft *[nocH in fless alstœbleeft]*

**answer: there was no answer** er was geen antwoord *[vass cHayn antwohrt]*; **what was his answer?** wat was zijn antwoord? *[vat vass zeyn]*

**ant: ants** mieren *[meeruh]*

**antibiotics** antibiotica *[anteebeeohteekah]*

**anticlimax** een anti-climax *(de) [—kleemax]*

**antifreeze** de antivries *[antivreess]*

**anti-histamine** een anti-histamine *(de) [anti-histameenuh]*

**antique: is it an antique?** is het antiek? *[iss it anteek]*

**antique shop** een antiekwinkel *(de) [anteekvinkel]*

**antisocial: don't be antisocial** wees niet zo ongezellig *[vayss neet zo oncHezellicH]*

**any: have you got any rolls/milk?** hebt u ook broodjes/melk? *[œ ohk]*; **I haven't got any ...** ik heb geen ... *[cHayn]*

**anybody** iemand *[eemant]*; **can anybody help?** kan iemand mij helpen? *[mey helpuh]*; **there wasn't anybody there** er was niemand *[er vass neemant]*

**anything** iets *[eets]*; **I don't want anything** ik wil niets; **don't you have anything else?** hebt u niets anders? *[œ neets]*

**apart from** afgezien van *[afcHezeen]*

**apartment** een flat *(de)*

**aperitif** een aperitief *(het)*

**apology** een verontschuldiging *(de) [verontscHooldicHing]*; **please accept**

**my apologies** neemt u mij alstublieft niet kwalijk *[naymt œ mey alstœbleeft neet kvahluhk]*

**appalling** verschrikkelijk *[verscHrikkeluhk]*

**appear: it would appear that ...** het schijnt dat ... *[it scHeynt]*

**appendicitis** een blindedarmontsteking *(de) [blinduhdarmontstayking]*

**appetite: I've lost my appetite** ik heb geen trek meer *[cHayn trek mayr]*

**apple** een appel *(de)*

**apple pie** een appeltaart *(de) [—tahrt]*

**application form** een aanvraagformulier *(het) [ahnvrahcHformœleer]*

**appointment** een afspraak *(de) [afsprahk]*; **I'd like to make an appointment** ik wil graag een afspraak maken *[vill cHrahcH ... mahkuh]*

**appreciate: thank you, I appreciate it** dank u wel, ik stel het op prijs *[dank œ vell, ik stell it op preyss]*

**approve: she doesn't approve** ze keurt het niet goed *[zuh kurrt it neet cHoot]*

**apricot** een abrikoos *(de) [abreekohss]*

**April** april *[aprill]*

**Arab** *(adj)* Arabisch *[arahbeess]*; *(man)* de Arabier *[arahbeer]*; *(woman)* de Arabische vrouw *[vrow]*

**archaeology** archeologie *[arcHayohlocHee]*

**architect** een architect *(de) [arsheetekt]*

**are** *see page 113*

**area: I don't know the area** ik ken de streek niet *[duh strayk neet]*

**area code** het netnummer *[netnoomer]*

**argument** een woordenwisseling *(de) [vohrduhvisseling]*

**arm** de arm

**around** *see* **about**

**arrangement: will you make the arrangements?** regel jij het? *[raycHel yey it]*

**arrest: he's been arrested** hij is gearresteerd *[hey iss cHe-arrestayrt]*

**arrival** de aankomst *[ahnkomst]*

**arrive: when do we arrive?** wanneer komen wij aan? *[vanayr kohmuh vey ahn]*; **has my parcel arrived yet?** is mijn pakket al gearriveerd? *[iss meyn pakket al cHe-arrivayrt]*; **let me know as soon as they arrive** laat me het weten zodra ze aankomen *[laht muh it vaytuh zodrah* zuh *ahn*kohmuh]; **we only arrived yesterday** we zijn gisteren pas aangekomen [*vuh zeyn* cH*isteruh pas* **ahn**cH*ekohmuh]*

**art** de kunst [*koonst*]

**art gallery** een museum (*het*) [*m*œ*sayum*]

**arthritis** een gewrichtsontsteking (*de*) [cH*E-vri*cH*tsontstayking*]

**artificial** (*leather etc*) kunst- [*koonst*]

**artist** een kunstenaar (*de*) [*k*oo*nstenahr*]

**as: as fast as you can** zo snel als je kunt [*so snell als yuh koont*]; **as much as you can** zoveel als je kunt [*zov*a*yl*]; **as you like** zoals je wilt [*zo-*a*ls yuh vilt*]; **as it's getting late** aangezien het laat wordt [*ahn*cH*ezeen it laht wort*]

**ashore: to go ashore** aan land gaan [*ahn lant* cH*ahn*]

**ashtray** een **a**sbak (*de*)

**aside from** afgezien van [*af*cH*ezeen*]

**ask** vragen [*vrah*cH*uh*]; **that's not what I asked for** daar heb ik niet om gevraagd [*dahr heb ik neet om* cH*E-vrahcht*]; **could you ask him to phone me back?** kunt u hem vragen mij terug te bellen? [*koont* œ *hem vr*ah*cHuh mey ter*oo*cH tuh belluh*]

**asleep: he's still asleep** hij slaapt nog steeds [*hey slahpt no*cH *stayts*]

**asparagus** de asperge [*asp*a*irjuh*]

**aspirin** een aspirine (*de*) [*aspi*r*eenuh*]

**assault: she's been assaulted** zij is aangevallen [*zey iss* **ahn**cH*evalluh*]; **indecent assault** het zedendelict [*z*a*ydendaylikt*]

**assistant** (*helper*) de assist**e**nt; (*in shop*) (*man*) de verkoper [*verk*oh*per*]; (*woman*) de verkoopster [*verk*oh*pster*]

**assume: I assume that …** ik neem aan dat … [*naym ahn*]

**asthma** astma

**astonishing** verbazingwekkend [*verbahzingv*e*kkent*]

**at: at the café** in het café [*in it kaf*a*y*]; **at the hotel** in het hotel; **at 8 o'clock** om 8 uur; **at the station** op het station; **see you**

**at dinner** tot straks aan tafel [*ahn* t*ah*f*el*]

**Atlantic** de Atlantische Oceaan [*atl*a*nteessuh ohsay*a*hn*]

**atmosphere** de sfeer [*sf*a*yr*]

**attractive** aantrekkelijk [*ahntr*e*kkeluhk*]; **you're very attractive** jij bent erg aantrekkelijk [*yey bent air*cH]

**aubergine** een aubergine (*de*)

**auction** een veiling (*de*) [*v*e*yling*]

**audience** het publiek [*p*œ*bleek*]

**August** augustus [*owcH*œ*stus*]

**aunt: my aunt** mijn tante [*meyn* t*antuh*]

**au pair (girl)** een au pair (*de*)

**Australia** Australië [*owstr*a*hlee-uh*]

**Australian** (*adj*) Australisch [*owstr*a*hleess*]; (*man*) de Australiër [*owstr*a*hlee-ur*]; (*woman*) de Australische [*owstr*a*hleessuh*]

**Austria** Oostenrijk [**oh***stereyk*]

**authorities** de overheid [*overheyt*]

**automatic** (*car*) een automaat (*de*) [*owtom*a*ht*]

**automobile** een auto (*de*) [**o***wtoh*]

**autumn** de herfst [*hairfst*]; **in the autumn** in de herfst

**available: when will it be available?** wanneer is het beschikbaar? [*v*a*nayr iss it* bescH*ikbahr*]; **when will he be available?** wanneer is hij beschikbaar?

**avenue** een laan (*de*) [*lahn*]

**average: the average Dutchman** de doorsnee Hollander [*d*oh*rsnay*]; **an above average hotel** een uitstekend hotel [*owtst*a*ykent*]; **a below average hotel** een zeer middelmatig hotel [*zayr middelm*ah*ti*cH]; **the food was only average** het eten was maar zo-zo [*it* a*ytuh vass mahr zo-zo*]; **on average** gemiddeld [cH*emiddelt*]

**awake: is she awake yet?** is ze al wakker? [*iss zuh al v*a*kker*]

**away: is it far away?** is het ver weg? [*iss it vair ve*cH]; **go away!** ga weg! [cH*ah*]

**awful** afschuwelijk [*afscH*œ*veluhk*]

**axle** de as

# B

**baby** de baby
**baby-carrier** de reiswieg [reyssveecH]
**baby-sitter** een baby-sitter (de); **can you get us a baby-sitter?** kunt u voor ons een baby-sitter regelen? [koont œ ... rayCHeluh]
**bachelor** een vrijgezel (de) [vreyCHezel]
**back: I've got a bad back** ik heb rugpijn [roocHpeyn]; **at the back** achter [acHter]; **in the back of the car** op de achterbank [acHterbank]; **I'll be right back** ik ben zo weer terug [zo vayr teroocH]; **when do you want it back?** wanneer wil je het terughebben? [vanayr vill yuh it]; **can I have my money back?** kan ik mijn geld terugkrijgen? [meyn cHelt teroocHkreycHuh]; **come back!** kom terug!; **I go back home tomorrow** ik ga morgen terug naar huis [cHah morcHuh ... nahr howss]; **we'll be back next year** we komen volgend jaar weer terug [vuh kohmuh volcHent yahr vayr]; **when is the last bus back?** wanneer gaat de laatste bus terug? [vanayr cHaht duh lahtstuh booss]; **he backed into me** hij is achteruit tegen mij opgereden [acHterowt taycHuh mey opcHerayduh]
**backache** rugpijn (de) [roocHpeyn]
**back door** de achterdeur [acHterdurr]
**backgammon** trik-trak (het)
**backpack** de rugzak [roocHzak]
**back seat** de achterbank [acHterbank]
**back street** een achterstraat (de) [acHterstraht]
**bacon** het spek; **bacon and eggs** eieren met spek [eyeruh]
**bad** (quality) slecht [slecHt]; **this meat's bad** het vlees is bedorven [it vlayss iss bedorvuh]; **a bad headache** een zware hoofdpijn [zwahruh hohftpeyn]; **it's not bad** het is niet slecht [it iss neet slecHt]; **too bad!** jammer! [yammer]
**badly: he's been badly injured** hij is zwaar gewond [hey iss zwahr cHevont]

**bag** de tas [tass]; (suitcase) de koffer
**baggage** de bagage [bacHahjuh]
**baggage allowance** het toegestane gewicht bagage [toocHestahnuh cHewicHt bacHahjuh]
**baggage checkroom** het bagagedepot [bacHahjuh—]
**baker** de bakker
**balcony** het balkon; **on the balcony** op het balkon
**bald** kaal [kahl]
**ball** een bal (de)
**ballet** het ballet [ballett]
**ball-point pen** een balpen (de)
**banana** een banaan (de) [banahn]
**band** (mus) de band [bant]
**bandage** een verband (het) [verbant]; **could you change the bandage?** kunt u het verband verschonen? [koont œ ... verscHohnuh]
**bandaid** de pleister [pleyster]
**bank** (money) de bank; **when are the banks open?** wanneer zijn de banken open? [vanayr zeyn duh bankuh]
**bank account** een bankrekening (de) [bankraykening]
**bar** de bar; **let's meet in the bar** laten we in de bar afspreken [lahtuh vuh in duh ... afspraykuh]; **a bar of chocolate** een reep chocolade (de) [rayp shokolahduh]
**barbecue** een barbecue (de)
**barber** de kapper
**bargain: it's a real bargain** het is echt een koopje [it iss ecHt in kohpyuh]
**barmaid** de barjuffrouw [baryuffrow]
**barman** de barman
**barrette** een haarspeld (de) [hahrspelt]
**bartender** de barkeeper
**basic: the hotel is rather basic** het hotel is nogal eenvoudig [nocHal aynvowdicH]; **will you teach me some basic phrases?** wilt u mij enkele elementaire uitdrukkingen leren? [vilt œ mey enkeluh ay lementairuh owtdruk-

*kinguh la*yruh]
**basket** de mand
**bath** het bad *[bat]*; **can I take a bath?** kan
ik een bad nemen? *[in bat na*ymuh]
**bathing** zwemmen *[zv*emmuh]
**bathing costume** een zwempak (het)
**bathrobe** een badjas (de) *[bat*yass]
**bathroom** de badkamer *[bat*kahmer]; **a
room with a private bathroom** een
kamer met eigen badkamer *[in kah*mer
met ey*c*Huh]; **can I use your bathroom?**
kan ik van het toilet gebruik maken? *[it
tva*lett *c*Hebr*o*wk m*a*hkuh]
**bath salts** het badzout *[bat*zowt]
**bath towel** een badhanddoek (de) *[bat*-
handook]
**battery** een batterij (de) *[batte*rey]; (car)
een accu (de) *[ak*k@]; **the battery's flat** de
accu is leeg *[duh ... iss lay*cH]
**bay** de baai *[ba*hi]
**be: be reasonable** wees redelijk *[vayss
ray*deluhk]; **don't be lazy** wees niet zo lui
*[neet zo low]*; **where have you been?**
waar bent u geweest? *[vahr bent @
cH*evayst]; **I've never been to ...** ik ben
nog nooit in ... geweest *[no*cH noyt in]*; see
**I, you, he** *etc and page 113*
**beach** het strand *[strant]*; **on the beach** op
het strand; **I'm going to the beach** ik ga
naar het strand *[cHah nahr it]*
**beach ball** een strandbal (de) *[strant*bal]
**beach café** het strandcafé
**beach restaurant** het strandpaviljoen
*[strant*pavilyoon]
**beach towel** een badhanddoek (de) *[bat*-
handook]
**beach umbrella** een strandparasol (de)
*[strant*parasol]
**beads** de kralen *[krah*luh]
**beans** de bonen *[boh*nuh]; **runner beans**
de stokbonen; **broad beans** de tuinbonen
(de) *[town—]*
**beard** een baard (de) *[bahrt]*
**beautiful** (person) mooi *[moy]*; (food)
heerlijk *[hayr*luhk]; (beach) prachtig
*[pra*cHticH]; (weather) schitterend
*[scH*itterent]; **thank you, that's
beautiful** dank u wel, dat is schitterend
*[dat iss]*
**beauty salon** een schoonheidssalon (de)
*[scHo*hnheyts-salon]
**because** omdat; **because of the weather**
vanwege het weer *[vanva*ycHuh it vayr]

**bed** het bed *[bet]*; **single bed** het
eenpersoonsbed *[ay*npersohns—];
**double bed** het tweepersoonsbed
*[tva*y—]; **you haven't made my bed** u
hebt mijn bed niet opgemaakt *[@ hebt
meyn ... neet o*pcHe*mahkt]; **I'm going to
bed** ik ga naar bed *[cHah nahr]*; **he's still
in bed** hij is nog steeds in zijn bed *[hey iss
nocH stayts in zeyn]*
**bed and breakfast** logies met ontbijt
*[lo*jeess met ontbeyt]
**bedclothes** het beddegoed *[bedduh-
cHoot]*
**bed linen** de beddelakens *[bedduh-
lahkens]*
**bedroom** de slaapkamer *[slah*pkahmer]
**bee** een bij (de) *[bey]*
**beef** het rundvlees *[roo*ntvlayss]
**beer** het bier *[beer]*; **two beers, please**
twee pils, alstublieft *[tvay pils
alst@*bleeft]
**before: before breakfast** voor het ontbijt
*[vohr it ontbeyt]*; **before I leave** voor ik
weg ga *[vohr ik vecH cHah]*; **I haven't
been here before** ik ben hier nog nooit
eerder geweest *[heer nocH noyt a*yrder
cH*evayst]*
**begin: when does it begin?** wanneer
begint het? *[va*nayr becHint it]
**beginner** een beginneling (de)
*[becH*inneling]; **I'm just a beginner** ik
ben maar een beginneling *[mahr in]*
**beginning: at the beginning** in het begin
*[becH*in]
**behavio(u)r** het gedrag *[cHedra*cH]
**behind** achter *[a*cHter]; **the driver
behind me** de automobilist achter mij
*[mey]*
**beige** beige
**Belgian** (adj) Belgisch *[bel*cHeess]; (man)
een Belg *[belcH]*; (woman) een Belgische
(de) *[bel*cHeessuh]
**Belgium** België *[bel*cHee-uh]
**believe: I don't believe you** ik geloof je
niet *[cHelo*hf yuh neet]; **I believe you** ik
geloof je
**bell** (door) deurbel (de) *[durr*bell]; (church)
de kerkklok *[kair*k-]
**belly-flop** een platte duik (de) *[pla*ttuh
dowk]
**belong: that belongs to me** dat is van mij
*[mey]*; **who does this belong to?** van wie
is dit? *[van vee iss dit]*

**belongings: all my belongings** al mijn bezittingen *[al meyn bezittinguh]*
**below** onder; **below the knee** onder de knie *[k-nee]*
**belt** de riem *[reem]*
**bend** (*in road*) de bocht *[bocht]*
**Benelux** Benelux *[baynuhlœx]*
**berries** bessen *[bessuh]*
**berth** (*on ship*) een hut (*de*) *[hoot]*; (*on train*) een couchette (*de*)
**beside: beside the church** naast de kerk *[nahst]*; **sit beside me** kom naast mij zitten *[mey zittuh]*
**besides: besides that** afgezien daarvan *[afcHezeen dahrvan]*
**best** best; **the best hotel in town** het beste hotel in de stad *[duh stat]*; **that's the best meal I've ever had** da is de beste maaltijd die ik ooit gehad heb *[iss duh bestuh mahlteyt dee ik oyt cHehat heb]*
**bet: I bet you 5 guilders** ik wed met u om 5 gulden *[vet met œ om veyf cHoolden]*
**better** beter *[bayter]*; **that's better** dat is beter; **are you feeling better?** voel je je nu beter? *[vool yuh yuh nœ]*; **I'm feeling a lot better** ik voel mij stukken beter *[stookkuh]*; **I'd better be going now** ik moest nu maar eens opstappen *[moost nœ mahr ayns opstappuh]*
**between** tussen
**beyond** verder dan *[vairder]*
**bicycle** de fiets *[feets]*; **can we rent bicycles here?** kunnen we hier fietsen huren? *[koonuh wuh heer feetsuh hooruh]*
**bidet** een bidet (*de*) *[beeday]*
**big** groot *[cHroht]*; **a big one** een grote *[cHrohtuh]*; **that's too big** dat is te groot *[tuh]*; **it's not big enough** het is niet groot genoeg *[it iss neet … cHenoocH]*
**bigger** groter *[cHrohter]*
**bike** de fiets *[feets]*; (*motorbike*) de motorfiets
**bikini** een bikini (*de*)
**bill** de rekening *[raykening]*; **could I have the bill, please?** kan ik afrekenen, alstublieft *[afraykenuh alstœbleeft]*
**billfold** een portefeuille (*de*) *[portefuhyuh]*
**billiards** het biljarten *[bilyartuh]*
**bingo** het bingo
**bird** een vogel (*de*) *[vohcHel]*
**biro** de balpen

**birthday** de verjaardag *[ver-yahrdacH]*; **it's my birthday** het is mijn verjaardag *[it iss meyn]*; **when is your birthday?** wanneer bent u jarig? *[vannayr bent œ yahricH]*; **happy birthday!** hartelijk gefeliciteerd! *[harteluhk cHefayleeseetayrt]*
**biscuit** een biscuit (*de*) *[biskwee]*
**bit: just a little bit for me** voor mij maar een klein beetje *[vohr mey mahr in kleyn baytyuh]*; **a big bit** een groot stuk *[cHroht stook]*; **a bit of that cake** een stuk van die taart *[dee tahrt]*; **it's a bit too big for me** het is een beetje te groot voor mij *[baytyuh tuh]*; **it's a bit cold today** het is wat fris vandaag *[it iss vat friss vandahcH]*
**bite** (*dog*) een beet (*de*) *[bayt]*; **I've been bitten** (*by insect*) ik ben gestoken *[cHestohkuh]*; **do you have something for insect bites?** hebt u iets tegen insektensteken? *[hebt œ eets taycHuh insektuhstaykuh]*
**bitter** (*taste etc*) bitter
**bitter lemon** een bitter lemon
**black** zwart *[zvart]*; *see* **coffee**
**black and white** (*photograph*) zwart-wit *[zvart-vit]*
**blackout: he's had a blackout** hij is bewusteloos geraakt *[hey iss bevoostelohss cHerahkt]*
**bladder** de blaas *[blahss]*
**blanket** de deken *[daykuh]*; **I'd like another blanket** ik zou graag nog een deken willen *[zow cHrahcH nocH in … villuh]*
**blast!** verdorie! *[verdohree]*
**blazer** een blazer (*de*)
**bleach** (*for loo etc*) een bleekmiddel (*het*) *[blaykmiddel]*
**bleed** bloeden *[blooduh]*; **he's bleeding** hij bloedt *[hey bloot]*
**bless you!** gezondheid! *[cHezontheyt]*
**blind** blind *[blint]*
**blinds** de rolgordijnen *[rollcHordeynuh]*
**blind spot** een blinde vlek (*de*) *[blinduh]*
**blister** een blaar (*de*) *[blahr]*
**blocked** (*road*) versperd *[verspairt]*; (*pipe*) verstopt
**block of flats** een flatgebouw (*het*) *[flatcHebow]*
**blond** blond
**blonde** een blondine (*de*) *[blondeenuh]*

**blood** bloed (*het*) [*bloot*]; **his blood group is ...** zijn bloedgroep is ... [*zeyn bloot*CHROOP *iss*]; **I have high blood pressure** ik heb een hoge bloeddruk [*hoh*CHUH *bloot*drook]

**bloody mary** een bloody mary (*de*)

**blouse** een blouse (*de*) [*blooss*]

**blow-dry** droogföhnen [*drohcH*furnuh]

**blue** blauw [*blow*]

**blusher** de rouge

**board: full board** volpension [*volpenshon*]; **half board** halfpension [*hal-f—*]

**boarding house** een pension (*het*) [*penshon*]

**boarding pass** een instapkaart (*de*) [*instapkahrt*]; (*ship*) een inschepings-kaart (*de*) [*inscH*aypingskahrt]

**boat** een boot (*de*) [*boht*]

**boatyard** de werf [*vairf*]

**body** het lichaam [*licH*ahm]

**boil** (*on skin*) een steenpuist (*de*) [*staynpowst*]; **to boil the water** het water koken [*kohkuh*]

**boiled egg** een gekookt ei (*het*) [*cH*e*kohkt ey*]

**boiling hot** kokend heet [*kohkent hayt*]

**bomb** de bom

**bone** het bot

**bonnet** (*of car*) de motorkap

**book** het boek [*book*]; (*reserve*) bespreken [*bespraykuh*]; **I'd like to book a table for two** ik wil graag een tafel voor twee personen bespreken [*vill cH*rahcH *in tah*fel vohr tvay *persohnuh*]

**bookshop, bookstore** een boekwinkel (*de*) [*bookvinkel*]

**boot** (*of car*) de kofferbak

**booze** sterke drank [*stairkuh drank*]; **I had too much booze** ik had teveel gedronken [*tevayl cH*edronkuh]

**border** (*of country*) de grens [*cH*rens]

**bored: I'm bored** ik verveel me [*vervayl muh*]

**boring** saai [*sahi*]

**born: I was born in ...** ik ben in ... geboren [*cH*ebohruh]

**borrow: may I borrow ...?** kan ik ... lenen? [*laynuh*]

**boss** de baas [*bahss*]

**both** beide [*beyduh*]; **I'll take both of them** ik neem ze alle twee [*naym zuh alluh tvay*]; **we'll both come** we komen

beiden [*vuh kohmuh*]

**bother: sorry to bother you** het spijt me dat ik u lastig val [*it speyt muh dat ik* ∞ *lastich val*]; **it's no bother** het geeft niets [*it cH*ayft *neets*]; **it's such a bother** het is zo lastig

**bottle** de fles [*fless*]; **a bottle of wine** een fles wijn [*veyn*]; **another bottle, please** nog een fles, alstublieft [*nocH in ... alst*∞*bleeft*]

**bottle-opener** een flesopener (*de*) [*fless—*]

**bottom** (*of person*) de bips; **at the bottom of the hill** aan de voet van de heuvel [*ahn duh voot van duh hurvel*]

**bottom gear** de eerste versnelling [*ayrstuh*]

**bouncer** een uitsmijter (*de*) [*owtsmeyter*]

**bow** (*of ship*) de boeg [*boocH*]

**bowels** de ingewanden [*incH*evanduh]

**bowling** (*ten pin*) bowling (*het*)

**bowls** (*game*) het kegelspel [*kaycH*el-spell]

**box** de doos [*dohss*]

**box lunch** een lunchpakket (*het*) [*loonsh*pakket]

**box office** het loket [*lohket*]

**boy** een jongen (*de*) [*yong-uh*]

**boyfriend: my boyfriend** mijn vriend [*meyn vreent*]

**bra** een b.h. (*de*) [*bayha*]

**bracelet** een armband (*de*)

**brake** de rem; **there's something wrong with the brakes** er is iets mis met de remmen [*er iss eets miss met duh remmuh*]; **can you check the brakes?** kunt u de remmen controleren? [*koont* ∞ ... *kontrolayruh*]; **I had to brake suddenly** ik moest plotseling remmen [*moost plotseling*]

**brake fluid** de remvloeistof [*remvlooy-stoff*]

**brandy** een cognac (*de*)

**brave** dapper

**bread** het brood [*broht*]; **could we have some bread and butter?** kunnen we brood en boter krijgen? [*koonnuh vuh ... en bohter kreycH*uh]; **some more bread, please** meer brood, alstublieft [*mayr ... alst*∞*bleeft*]; **white bread** het wittebrood [*vittuh—*]; **brown bread** het bruinbrood [*brown—*]; **wholemeal bread** het volkorenbrood [*vollkohruh—*];

**rye bread** het roggebrood *[roсnuh—]*
**break** breken *[braykuh]*; **I think I've broken my ankle** ik geloof dat ik mijn enkel gebroken heb *[сnelohf dat ik meyn enkel сnebrohkuh heb]*; **it keeps breaking** het breekt steeds *[it braykt stayts]*
**breakdown** *(car)* autopech *(de)* *[owtopeсn]*; **I've had a breakdown** *(car)* ik heb autopech gehad *[сne-hat]*; **nervous breakdown** een zenuwinzinking *(de)* *[zaynœwinzinking]*
**breakfast** het ontbijt *[ontbeyt]*; **English/full breakfast** een warm ontbijt *[in varm]*; **continental breakfast** een ontbijt zonder warm gerecht *[сnereсnt]*
**break in: somebody's broken in** er heeft iemand ingebroken *[er hayft eemant inсnebrohkuh]*
**breast** de borst
**breast-feed** de borst geven *[сnayvuh]*
**breath** adem *[ahdem]*; **out of breath** buiten adem *[bowtuh]*
**breathe** ademen *[ahdemuh]*; **I can't breathe** ik kan geen adem halen *[сnayn ahdem hahluh]*
**breathtaking** adembenemend *[ahdembenayment]*
**breeze** een bries *(de)* *[breess]*
**breezy** *(fresh, cool)* winderig *[vinderiсn]*
**bridal suite** *(in hotel)* de bruidssuite *[browtsweetuh]*
**bride** de bruid *[browt]*
**bridegroom** de bruidegom *[browduhсnom]*
**bridge** de brug *[brooсn]*; *(card game)* bridge
**brief** kort
**briefcase** de aktentas *[aktentass]*
**bright** *(light etc)* fel *[fell]*; **bright red** felrood *[fellroht]*
**brilliant** *(idea)* schitterend *[sсnitterent]*; *(person)* briljant *[brillyant]*
**bring** meebrengen *[maybrenguh]*; **could you bring it to my hotel?** kunt u het naar mijn hotel brengen? *[koont œ it nahr meyn hotel brenguh]*; **I'll bring it back** ik breng het terug *[terooсn]*; **can I bring a friend too?** kan ik ook een vriend meebrengen? *[ohk in vreent]*
**Britain** Groot-Brittannië *[сnroht-brittanyuh]*
**British** Brits

**brochure** de brochure *[broshœruh]*; **do you have any brochures on ...?** hebt u brochures over ...? *[hebt œ ... ]*
**broke: I'm broke** ik ben blut *[bloott]*
**broken** kapot; **you've broken it** je hebt het gebroken *[yuh hebt it сnebrohkuh]*; **it's broken** het is kapot; **broken nose** een gebroken neus *[nurss]*
**brooch** een broche *(de)* *[broshuh]*
**brother: my brother** mijn broer *[meyn broor]*
**brother-in-law: my brother-in-law** mijn zwager *[meyn zvahсner]*
**brown** bruin *[brown]*; **I don't go brown** ik word niet bruin *[vort neet]*
**brown paper** pakpapier *[pakpapeer]*
**browse: may I just browse around?** kan ik gewoon wat rondkijken? *[сnevohn vat rontkeykuh]*
**bruise** een blauwe plek *(de)* *[blowuh]*
**brunette** een brunette *(de)*
**brush** *(hair)* een borstel *(de)*; *(artist's)* het penseel *[pensayl]*
**Brussels sprouts** spruitjes *[sprowtyuhs]*
**bubble bath** het schuimbad *[sсnowmbat]*
**bucket** een emmer *(de)*
**buffet** het buffet *[bœfet]*
**bug** *(insect)* een insekt *(het)*; **she's caught a bug** ze heeft een virus opgelopen *[zuh hayft in veerus opсnelohpuh]*
**building** een gebouw *(het)* *[сnebow]*
**bulb** *(flower)* een bloembol *(de)* *[bloomboll]*; **we need a new (light)bulb** we moeten een nieuw lichtpeertje hebben *[vuh mootuh in 'new' liсntpayrtyuh hebbuh]*
**bulb fields** de bollenvelden *[—velduh]*
**bull** een stier *(de)* *[steer]*
**bump: I bumped my head** ik heb mijn hoofd gestoten *[meyn hohft сnestohtuh]*
**bumper** de bumper *[boomper]*
**bumpy** *(road)* hobbelig *[hobbeliсn]*
**bunch of flowers** een bos bloemen *(de)* *[boss bloomuh]*
**bungalow** de bungalow
**bunion** eeltknobbel *(de)* *[aylt-k-nobbel]*
**bunk** *(train)* een couchette; *(ship)* een kooi *(de)* *[koy]*
**bunk beds** stapelbedden *[stahpelbedduh]*
**buoy** de reddingsboei *[reddingsbooy]*

**burglar** een inbreker (de) [*inbrayker*]
**burn: do you have an ointment for burns?** hebt u een zalf voor brandwonden? [*hebt ∞ in zalf vohr brantvonduh*]
**burnt: this meat is burnt** dit vlees is aangebrand [*vlayss iss ahnchebrant*]; **my arms are so burnt** mijn armen zijn heel erg verbrand [*meyn armuh zeyn hayl airch verbrant*]
**burst: a burst pipe** een gesprongen leiding [*in chespronguh leyding*]
**bus** de bus [*booss*]; **is this the bus for …?** is dit de bus naar …? [*iss dit duh booss nahr*]
**bus driver** de buschauffeur
**business** zaken [*zahken*]; **I'm here on business** ik ben hier voor zaken [*heer vohr zahken*]
**bus station** het busstation [*booss-stashon*]
**bus stop** de bushalte [*booss-haltuh*]; **will you tell me which bus stop I get off at?** kunt u mij vertellen bij welke bushalte ik eruit moet? [*koont ∞ mey vertelluh bey velkuh … ik erowt moot*]
**bust** het borstbeeld [*borstbaylt*]
**bus tour** de busreis [*boossreyss*]

**busy** (*street, restaurant etc*) druk [*drook*]; **I'm busy this evening** ik heb het vanavond druk [*vanahvont*]; **the line was busy** de lijn was bezet [*duh leyn vass bezet*]
**but** maar [*mahr*]; **not … but …** niet … maar … [*neet*]
**butcher** de slager [*slahcher*]
**butter** de boter [*bohter*]
**butterfly** een vlinder (de)
**button** een knoop (de) [*k-nohp*]
**buy: I'll buy it** ik koop het [*kohp it*]; **where can I buy …?** waar kan ik … kopen? [*vahr kan ik … kohpuh*]
**by: by train/car** per trein/auto [*per treyn/owtoh*]; **who's it written by?** wie heeft het geschreven? [*vee hayft it cheschrayvuh*]; **it's by Van Gogh** het is een van Gogh [*it iss in*]; **I came by myself** ik ben alleen gekomen [*allayn chekohmuh*]; **a seat by the window** een plaats bij het raam [*in plahts bey it rahm*]; **by the sea** aan zee [*ahn zay*]; **can you do it by Wednesday?** kun je het voor woensdag klaar hebben? [*koon yuh it vohr woonsdach klahr hebbuh*]
**bye-bye** tot ziens [*tot zeens*]
**bypass** (*road*) een rondweg (de) [*rontvech*]

# C

**cab** (*taxi*) een taxi (de)
**cabaret** een cabaret (*het*)
**cabbage** de kool [*kohl*]; (*red cabbage*) de rode kool [*rohduh*]
**cabin** een hut (de) [*hoot*]
**cable** (*elec*) de kabel [*kahbel*]
**café** een café (*het*) [*kafay*]
**caffeine** cafeïne [*kafay-eenuh*]; **caffeine-free coffee** cafeïnevrije koffie [*—vrey-yuh koffee*]
**cake** een taart (de) [*tahrt*]; **a piece of cake** een stuk taart [*stook*]
**calculator** een rekenmachine (de) [*raykenmasheenuh*]
**calendar** de kalender
**call: what is this called?** hoe noem je dit?

[*hoo noom yuh dit*]; **call the police!** roep de politie! [*roop duh poleesee*]; **call the manager!** roep de chef! [*shelf*]; **I'd like to make a call to England** ik wil graag naar Engeland bellen [*vill chrahchh nahr engelant belluh*]; **I'll call back later** (*come back*) ik kom straks wel terug [*vell terooch*]; (*phone back*) ik bel straks wel terug; **I'm expecting a call from London** ik verwacht een telefoongesprek uit Londen [*vervacht 'n telefohnchesprek owt*]; **would you give me a call at 7.30 tomorrow morning?** kunt u mij morgen om half acht wekken? [*koont ∞ mey morchuh … vekkuh*]; **it's been called off** het is afgelast [*it iss*

*a*fcHe*last]*
**call box** een telefooncel (*de*) *[telef*oh*nsell]*
**calm** kalm; **calm down!** bedaar je!
*[bed*ah*r yuh]*
**calor gas** (*tm*) Butagas *[b*oo*tac*H*ass]*
**calories** calorieën *[kaloree-yuh]*
**camera** een camera (*de*)
**camp: is there somewhere we can
camp?** kunnen we ergens kamperen?
*[k*oo*nuh vuh* air*c*H*ens kamp*ay*ruh]*; **can
we camp here?** kunnen we hier
kamperen? *[heer]*
**campbed** een veldbed (*het*) *[*v*eltbet]*
**camping** kamperen *[kamp*ay*ruh]*
**campsite** een camping (*de*)
**can** een blik (*het*); **a can of beer** een blikje
bier *[b*lik*yuh beer]*
**can: can I …?** kan ik …?; **can you …?**
(*polite form*) kunt u …? *[k*oont oo*]*; (*familiar
form*) kun je …? *[k*oon *yuh]*; **can he …?**
kan hij …? *[kan hey]*; **can we …?** kunnen
wij …? *[k*oo*nuh* v*ey]*; **can they …?**
kunnen zij …? *[zey]*; **I can't …** ik kan niet
… *[neet]*; **he can't …** hij kan niet …; **can
I keep it?** kan ik het houden? *['t
howduh]*; **if I can** als ik het kan *[als ik 't
kan]*; **that can't be right** dat kan niet
goed zijn *[neet* c*H*oot *zeyn]*
**Canada** Canada
**Canadian** (*adj*) Canadees *[—*ay*ss]*; (*man*)
een Canadees (*de*); (*woman*) een Canadese
(*de*) *[—*ay*ssuh]*
**canal** (*in Amsterdam etc*) een gracht (*de*)
*[*c*H*rac*Ht]*; (*shipping*) een kanaal (*het*)
*[kan*ah*l]*
**cancel** annuleren *[ann*oo*l*ay*ruh]*; **can I
cancel my reservation?** kan ik mijn
reservering annuleren? *[meyn
resairv*ay*ring]*; **can we cancel dinner
for tonight?** kunnen we het diner voor
vanavond afzeggen? *[k*oo*nuh vuh 't
deen*ay *vohr van*ah*vont* af*zec*Huh]*; **I
cancelled it** ik heb het afgezegd
*[af*c*Heze*cHt]*
**cancellation** de annulering *[ann*oo*lay-
ring]*
**candle** een kaars (*de*) *[k*ah*rss]*
**candy** het snoepgoed *[sn*oo*pc*H*oot]*; **a
piece of candy** een snoepje (*het*)
*[sn*oo*pyuh]*
**canoe** een kano (*de*) *[k*ah*noh]*
**can-opener** een blikopener (*de*)
**cap** (*yachting etc*) een pet (*de*); (*of bottle*) de

dop; **bathing cap** een badmuts (*de*)
*[b*atmoots*]*
**capital city** de hoofdstad *[h*oh*fstat]*
**capital letters** de hoofdletters *[h*oh*ft—]*
**capsize: it capsized** het sloeg om *[sl*ooc*H
om]*
**captain** (*ship*) de kapitein *[kapit*eyn*]*;
(*plane*) de gezagvoerder *[*c*Heza*c*Hvoor-
der]*
**car** een auto (*de*) *[*ow*toh]*
**carafe** de karaf
**carat: is it 9/14 carat gold?** is het 9/14
karaats goud? *[iss it* n*ayc*H*uh/*v*ayrteen
kar*ah*ts* c*H*owt]*
**caravan** de caravan
**caravan site** een camping (*de*)
**carbonated** koolzuurhoudend *[k*ohl*z*oo*r-
howdent]*
**carburettor, carburetor** de carburateur
*[karb*oo*rat*u*rr]*
**card: do you have a (business) card?**
hebt u een visitekaartje? *[hebt* oo *in
vees*ee*tuhkahrtyuh]*
**cardboard box** een kartonnen doos (*de*)
*[kart*onn*uh dohss]*
**cardigan** een vest (*het*)
**cards: do you play cards?** speelt u kaart?
*[spaylt* oo *kahrt]*
**care: goodbye, take care** tot ziens, pas
goed op jezelf *[tot zeens, pass* c*Hoot op
yuhz*elf*]*; **will you take care of this bag
for me?** wilt u op deze letten? *[vilt* oo *op
d*ay*zuh tass lettuh]*; **care of …** per
adres …
**careful: be careful** wees voorzichtig
*[v*ayss *vohrzi*c*Hti*c*H]*
**careless: that was careless of you** dat
was slordig van je *[sl*ordi*c*H]*; **careless
driving** roekeloos rijden *[r*oo*kelohss
r*ey*duh]*
**car ferry** de autoveerboot *[*ow*tohvayr-
boht]*
**car hire** de autoverhuur *[*ow*toh-verh*oo*r]*
**car keys** de autosleutels *[*ow*toslurtels]*
**carnation** een anjelier (*de*) *[anyel*ee*r]*
**carnival** het carneval
**car park** het parkeerterrein *[park*ay*rter-
reyn]*
**carpet** het tapijt *[tap*ey*t]*
**car rental** (*shop*) de autoverhuur *[*ow*toh-
verh*oo*r]*
**carrot** de wortel *[*v*ortel]*
**carry** dragen *[dr*ah*c*H*uh]*; **could you**

**carry this for me?** kunt u dit voor mij dragen? *[koont oo dit vohr mey]*

**carry-all** een reistas (*de*) *[reysstass]*

**carry-cot** de reiswieg *[reyssveecH]*

**carry-on: what a carry-on!** wat een gedoe! *[vat in cHedoo]*

**car-sick: I get car-sick** ik word wagenziek *[vort vahcHenzeek]*

**carton** (*of cigarettes*) een slof cigaretten (*de*) *[sloff sicHarettuh]*; **a carton of milk** een pak melk

**carving** (*wood*) een houtsnijwerk (*het*) *[howtsneyvairk]*

**carwash** (*place*) een autowasplaats (*de*) *[owtovassplahts]*

**case** (*suitcase*) de koffer; **in any case** in ieder geval *[in eeder cHeval]*; **in that case** in dat geval; **it's a special case** het is een speciaal geval *[spayshahl]*; **in case he comes back** voor het geval hij terugkomt *[hey teroocHkomt]*; **I'll take two just in case** ik neem er twee voor alle zekerheid *[naym er tvay vohr alluh zaykerheyt]*

**cash** contant geld *[kontant cHelt]*; **I don't have any cash** ik heb helemaal geen geld *[hayluhmahl cHayn]*; **I'll pay cash** ik betaal contant *[betahl]*; **will you cash a cheque/check for me?** kunt u een cheque voor mij verzilveren? *[koont oo in shek vohr mey verzilveruh]*

**cashdesk** de kassa

**cash dispenser** de geldautomaat *[cHeltowtomaht]*

**cash register** het kasregister *[kassraycHister]*

**casino** het casino

**cassette** een cassette (*de*) *[kassetuh]*

**cassette player** de cassette-speler *[kassetuh-spayler]*

**cassette recorder** de cassette-recorder *[kassetuh—]*

**castle** het kasteel *[kastayl]*

**casual: casual clothes** de vrijetijdskleding *[vreyuhteyts-klayding]*

**cat** een kat (*de*)

**catamaran** een catamaran (*de*)

**catastrophe** een ramp (*de*)

**catch: the catch has broken** de sluiting is gebroken *[duh slowting iss cHebrohkuh]*; **where do we catch the bus?** waar kunnen we de bus nemen? *[vahr koonuh vuh duh booss naymuh]*;

**he's caught some strange illness** hij heeft een of andere vreemde ziekte opgelopen *[hey hayft ayn of anderuh vraymduh zeektuh opcHelohpuh]*

**catching: is it catching?** is het besmettelijk? *[iss it besmetteluhk]*

**cathedral** de kathedraal *[katedrahl]*

**Catholic** katholiek *[katoleek]*

**cauliflower** de bloemkool *[bloomkohl]*

**cause** de oorzaak *[ohrzahk]*

**cave** de grot *[cHrot]*

**caviar** de kaviaar

**ceiling** het plafond *[plafon]*

**celebrations** de festiviteiten *[festeeveeteytuh]*

**celery** de selderij *[selderee]*

**cellophane** het cellofaan *[sellofahn]*

**Celsius** Celsius

**cemetery** de begraafplaats *[becHrahfplahts]*

**center** (*city*) het centrum; *see also* **centre**

**centigrade** Celsius; *see page 121*

**centimetre, centimeter** een centimeter (*de*) *[senteemayter]*; *see page 119*

**central** centraal *[sentrahl]*; **we'd prefer something more central** we zitten liever dichter bij het centrum *[vuh zittuh leever dicHter bey]*

**central heating** de centrale verwarming *[sentrahluh vervarming]*

**central station** het centraal station *[sentrahl stashon]*

**centre** het centrum; **how do we get to the centre?** hoe komen we in het centrum? *[hoo kohmuh vuh]*; **in the centre** (*of town*) in het centrum

**century** de eeuw *[ayoo]*; **in the 19th/20th century** in de 19de/20ste eeuw *[naycHenteenduh/tvinticHstuh ayoo]*

**ceramics** de keramiek *[kayrameek]*

**certain** zeker *[zayker]*; **are you certain?** weet je het zeker? *[vayt yuh]*; **I'm absolutely certain** ik weet het absoluut zeker *[absoloot]*

**certainly** zeker *[zayker]*; **certainly not** beslist niet *[neet]*

**certificate** een certificaat (*het*) *[sairteefeekaht]*; **birth certificate** een geboortebewijs (*het*) *[cHebohrtuhbeveyss]*

**chain** de ketting

**chair** een stoel (*de*) *[stool]*

**chalet** (*on beach*) een zomerhuisje (*het*)

*[zohmerhowsyuh]*
**chambermaid** het kamermeisje
*[kahmermeyshuh]*
**champagne** de champagne *[shampanyuh]*
**chance: quite by chance** heel toevallig
*[hayl toovallicH]*; **no chance!** geen kans!
*[cHayn kanss]*
**change: could you change this into
guilders?** kunt u dit in guldens
omwisselen? *[koont* ∞ *dit in cHooldens
omvisseluh]*; **I haven't any change** ik
heb helemaal geen kleingeld
*[hayluhmahl cHayn kleyncHelt]*; **can
you give me change for a 100 guilder
note?** kunt u een biljet van honderd
gulden wisselen? *[koont* ∞ *'n beelyett van
hondert cHoolden]*; **can I change this
for …?** kan ik dit ruilen voor …? *[rowluh
vohr]*; **do we have to change (trains)?**
moeten we overstappen? *[mootuh vuh
overstappuh]*; **for a change** voor de
verandering *[vohr duh verandering]*;
**you haven't changed the sheets** u hebt
de lakens niet verschoond *[∞ hebt duh
lahkens neet verscHohnt]*; **the place has
changed so much** het is hier erg
veranderd *[heer aircH]*; **do you want to
change places with me?** wilt u mischien
met mij van plaats verwisselen? *[vilt* ∞
*miscHeen met mey van plahts
vervisselluh]*
**changeable** *(person)* wispelturig
*[vispelt∞ricH]*; *(weather)* veranderlijk
*[veranderluhk]*
**channel: the English Channel** het
Kanaal *[kanahl]*
**chaos** een chaos *(de)*
**chap** de man; **the chap at reception** de
meneer aan de receptie *[menayr ahn duh
resepsee]*
**chapel** een kapel *(de)*
**charge: is there an extra charge?** wordt
het extra in rekening gebracht? *[vort it
extra in raykening cHebracHt]*; **what do
you charge?** hoeveel vraagt u? *[hoovayl
vrahcHt* ∞*]*; **who's in charge here?** wie
heeft hier de leiding? *[vee hayft heer duh
leyding]*
**charmer: he's a real charmer** hij is een
echte charmeur *[hey iss in ecHtuh
sharmurr]*
**charming** *(person)* charmant *[sharmant]*

**chart** *(sea)* een zeekaart *(de)* *[zaykahrt]*;
*(weather)* de weerkaart *[vayrkahrt]*; **pop-
charts** de hitlijsten *[hit-leystuh]*
**charter flight** een chartervlucht *(de)*
*[—vloocHt]*
**cheap** goedkoop *[cHootkohp]*; **do you
have something cheaper?** hebt u iets
goedkopers? *[∞ eets cHootkohpers]*
**cheat: I've been cheated** ik ben bedrogen
*[bedrohcHuh]*
**check: will you check?** wilt u dat
nakijken? *[vilt* ∞ *dat nahkeykuh]*; **will
you check the steering?** kunt u de
stuurinrichting nakijken? *[koont* ∞*]*; **will
you check the bill?** wilt u de rekening
even controleren? *[vilt* ∞ *duh raykening
ayvuh kontrolayruh]*; **I've checked it** ik
heb het gecontroleerd *[cHekontrolayrt]*
**check** *(money)* een cheque *(de)* *[sheck]*;
**will you take a check?** accepteert u een
cheque? *[akseptayrt* ∞ *'n]*
**check** *(bill)* de rekening *[duh raykening]*;
**may I have the check please?** kan ik
afrekenen, alstublieft *[afraykenuh
alst∞bleeft]*
**checkbook** een chequeboek *(het)*
*[sheckbook]*
**checked** *(shirt etc)* geruit *[cHerowt]*
**checkers** het damspel
**check-in** *(at airport)* de 'check-in' balie
*[bahlee]*
**checkroom** de garderobe *[cHarderobuh]*
**cheek** de wang *[vang]*; **what a cheek!** wat
brutaal, zeg! *[vat br∞tahl zecH]*
**cheeky** brutaal *[br∞tahl]*
**cheerio** tot ziens *[tot zeens]*
**cheers** *(thank you)* bedankt; *(toast)* proost
*[prohst]*
**cheer up!** kop op!
**cheese** de kaas *[kahss]*
**cheesecake** de kwarktaart *[kvarktahrt]*
**chef** de chef de cuisine *[sheff duh kvee-
zeen]*
**chemist** de drogisterij *[drohcHisterey]*;
*(dispensing)* de apotheek *[apotayk]*
**cheque** een cheque *(de)* *[sheck]*; **will you
take a cheque?** neemt u een cheque aan?
*[naymt* ∞ *'n … ahn]*
**cheque book** een chequeboek *(het)*
*[sheckbook]*
**cheque card** een cheque kaart *(de)* *[sheck
kahrt]*
**cherry** een kers *(de)* *[kairss]*

chess het schaakspel *[scнahkspell]*
chest de borstkas
chewing gum het kauwgum *[kowcнoom]*
chicken de kip
chickenpox de waterpokken *[vahter-pokkuh]*
child een kind *(het)* *[kint]*; children de kinderen *[kin-deruh]*
child minder een kinderoppas *(de)*
child minding service de kinderoppasdienst *[kin-der-opass-deenst]*
children's playground een kinderspeelplaats *(de)* *[kin-der-spaylplahts]*
children's pool het kinderbad *[kin-derbat]*
children's portion een kinderportie *(de)* *[kin-derporsee]*
children's room de kinderkamer *[-kahmer]*
chilled *(wine)* gekoeld *[cнekoolt]*; it's not properly chilled het is niet goed gekoeld *[it iss neet cнoot]*
chilly *(weather)* fris
chimney de schoorsteen *[scнohrstayn]*
chin de kin
china het porselein *[porseleyn]*
chips de patates frites *[patat freet]*; potato chips de chips *[sheeps]*
chiropodist een chiropodist *(de)* *[cнeeropohdist]*
chocolate de chocolade *[shokolahduh]*; a chocolate bar een reep chocolade *(de)* *[rayp]*; a box of chocolates een doos chocolade *(de)* *[dohss]*; assorted chocolates bonbons; hot chocolate de warme chocolademelk *[varmuh —melk]*
choke *(car)* de choke *[shohk]*
choose: it's hard to choose het is moeilijk om een keuze te maken *[it iss mooyluhk om 'n kurzuh te mahkuh]*; you choose for us kies jij maar voor ons *[keess yey mahr vohr ons]*
chop: pork/lamb chop een varkens/lamskarbonade *(de)* *[-karbonahduh]*
Christian name de voornaam *[vohrnahm]*
Christmas Kerstmis *[kairstmiss]*; merry Christmas Vrolijk Kerstfeest *[vrohluhk kairstfayst]*
church een kerk *(de)*; where is the

Protestant/Catholic Church? waar is de protestantse/katholieke kerk?
cider een appelwijn *(de)* *[appelveyn]*
cigar een sigaar *(de)* *[sicнahr]*
cigarette een sigaret *(de)* *[sicнarett]*; tipped/plain cigarettes sigaretten met/zonder filter
cigarette lighter een aansteker *(de)* *[ahnstayker]*
cine-camera een filmcamera *(de)*
cinema de bioscoop *[bee-oskohp]*
circle de cirkel; *(cinema: seats)* het balcon
citizen een burger *(de)* *[boorcнer]*; I'm a British/American citizen ik ben een Brits/Amerikaans staatsburger *[stahts—]*
city een stad *(de)* *[stat]*
city centre, city center het stadscentrum *[statsentroom]*
claim *(insurance)* een vordering tot schadevergoeding *(de)* *[scнahduh-vercнooding]*
claim form *(insurance)* een schadeformulier *(het)* *[scнahduh-formœleer]*
clarify ophelderen *[op-helderuh]*
classical klassiek *[klasseek]*
clean *(adj)* schoon *[scнohn]*; may I have some clean sheets? kan ik schone lakens krijgen? *[kreycнuh]*; our room hasn't been cleaned today onze kamer is vandaag niet schoongemaakt *[kahmer iss vandahcн neet scнohncнemahkt]*; can you clean this for me? *(clothes)* kunt u dit voor mij schoonmaken *[koont œ dit vohr mey —mahkuh]*
cleansing cream een reinigingscrème *(de)* *[reynicнingskrem]*
clear: it's not very clear het is niet erg duidelijk *[it iss neet aircн dowdeluhk]*; OK, that's clear *(understood)* oké, dat is duidelijk *[okay dat iss]*
clever schrander *[scнrander]*
climate het klimaat *[klimaht]*
climb: it's a long climb to the top het is een lange klim naar de top *[it iss 'n languh klim nahr duh top]*
clinic een kliniek *(de)* *[kleeneek]*
cloakroom *(for coats)* de garderobe *[cнarderobuh]*; *(WC)* de W.C. *[vaysay]*
clock de klok
clog een klomp *(de)*
close: is it close? is het dichtbij? *[iss 't*

*diснтbey]*; **close to the hotel** vlakbij het hotel *[vlakbey 't]*; **close by** vlakbij; *(weather)* bedrukt *[bedrookt]*

**close: when do you close?** hoe laat sluit u? *[hoo laht slowt ∞]*

**closed** gesloten *[снeslohtuh]*; **they were closed** ze waren dicht *[zuh vahruh diснт]*

**closet** de kast

**cloth** *(material)* de stof; *(rag etc)* een doek *(de) [dook]*

**clothes** de kleren *[klayruh]*

**clothes line** de drooglijn *[drohснleyn]*

**clothes peg, clothes pin** de wasknijper *[vass-k-neyper]*

**cloud** een wolk *(de) [volk]*; **it's clouding over** het raakt bewolkt *[it rahkt bevolkt]*

**cloudy** bewolkt *[bevolkt]*

**club** een club *(de) [kloob]*

**clubhouse** het clubhuis *[kloobhowss]*

**clumsy** onhandig *[onhandiсн]*

**clutch** *(car)* de koppeling; **the clutch is slipping** de koppeling slipt

**coach** de touringcar

**coach party** het reisgezelschap *[reyssснezelsснap]*

**coach trip** een bustocht *(de) [boosstoснт]*

**coast** de kust *[koost]*; **at the coast** aan de kust *[ahn duh]*

**coastguard** de kustwacht *[koostvaснт]*

**coat** *(overcoat etc)* de overjas *[overyass]*; *(jacket)* de jas *[yass]*

**coathanger** een kleerhanger *(de) [klayr—]*

**cobbled street** een straat met ronde keien *[straht met ronduh keyuh]*

**cobbler** de schoenmaker *[снoonmahker]*

**cockroach** een kakkerlak *(de)*

**cocktail** een cocktail *(de)*

**cocktail bar** de cocktailbar

**cocoa** een warme chocolademelk *(de) [varmuh shokolahduhmelk]*

**coconut** een kokosnoot *(de) [kokosnoht]*

**cod** de kabeljauw *[kabelyow]*

**code: what's the (dialling) code for ...?** wat is het netnummer voor ...? *[vat iss it netnoomer vohr]*

**coffee** een koffie *(de) [koffee]*; **white coffee, coffee with milk** een koffie met melk; **black coffee** zwarte koffie *[zvartuh]*; **two coffees, please** twee koffie, alstublieft

**coin** de munt *[moont]*

**Coke** *(tm)* een coca cola *(de)*

**cold** koud *[kowt]*; **I'm cold** ik heb het koud; **I have a cold** ik ben verkouden *[verkowduh]*

**coldbox** *(for carrying food)* een koelbox *(de) [koolbox]*

**cold cream** de cold cream

**collapse: he's collapsed** hij is in elkaar gezakt *[hey iss in elkahr снezakt]*

**collar** *(coat)* de kraag *[krahсн]*; *(shirt)* het boord *[bohrt]*

**collar bone** het sleutelbeen *[slurtelbayn]*

**colleague: my colleague** mijn collega *[meyn kollayсна]*; **your colleague** uw collega *[oow]*

**collect: I've come to collect ...** ik kom ... ophalen *[ophahluh]*; **I collect ...** *(stamps etc)* ik verzamel ... *[verzahmel]*; **I want to call New York collect** ik had graag een b.o. gesprek met New York *[снrahсн 'n bay oh снesprek]*

**college** *(school)* de hogere beroepsschool *[hohснeruh ber∞psснohl]*

**collision** een botsing *(de)*

**cologne** de eau de cologne *[oh duh kolonyuh]*

**colo(u)r** de kleur *[klurr]*; **do you have any other colours?** hebt u ook andere kleuren? *[hebt ∞ anderuh klurruh]*

**colo(u)r film** een kleurenfilm *(de) [klurruh film]*

**comb** de kam

**come** komen *[kohmuh]*; **I come from London** ik woon in Londen *[vohn]*; **where do you come from?** waar komt u vandaan? *[vahr komt ∞ vandahn]*; **when are they coming?** wanneer komen ze? *[vanayr kohmuh zuh]*; **come here!** kom hier! *[kom heer]*; **come with me** kom met me mee *[muh may]*; **come back!** kom terug! *[ter∞сн]*; **I'll come back later** ik kom straks terug; **come in!** kom binnen! *[binnuh]*; **it just came off** het ging er zomaar af *['t сніng er zohmahr af]*; **he's coming on very well** *(improving)* hij maakt goede vorderingen *[hey mahkt снooduh vorderinguh]*; **it's coming on nicely** het begint er aardig uit te zien *['t beсніnt er ahrdiсн owt tuh zeen]*; **come on!** kom nou! *[now]*; **do you want to come out this evening?** heb je zin om vanavond uit te gaan? *[heb yuh zin om vanahvont owt tuh снahn]*; **these two pictures didn't come out** deze twee foto's zijn mislukt [d*a*yzuh tv*ay* f*o*htohs zeyn misl*oo*kt]; **the money hasn't come through yet** het geld is nog niet gearriveerd ['t cHelt iss nocH neet cHe-arreev*a*yrt]

**comfortable** comfortabel [—*ah*bel]; **it's not very comfortable** het is niet erg comfortabel [it iss neet aircH]

**Common Market** de E.E.G. [ay-ay-cH*a*y]

**company** (firm) het bedrijf [bedr*e*yf]

**comparison: there's no comparison** het is niet te vergelijken [it iss neet tuh vercHl*e*ykuh]

**compartment** (train) de coupé [k*oo*p*a*y]

**compass** het kompas

**compensation** de compensatie [kompen-s*ah*see]

**complain** klagen [kl*ah*cHuh]; **I want to complain about my room** ik wil mij beklagen over mijn kamer [vill mey bekl*ah*cHuh ... meyn k*ah*mer]

**complaint** een klacht (de) [kl*a*cHt]

**complete** compleet [kompl*a*yt]; **the complete set** de hele serie [duh h*a*yluh s*a*yree]; **it's a complete disaster** het is een volslagen ramp [v*o*lsl*ah*cHuh ramp]

**completely: completely finished** helemaal af [h*a*yluhm*ah*l aff]; **completely different** totaal anders [t*o*t*ah*l]

**complicated: it's very complicated** het is erg ingewikkeld [it iss aircH incHev*i*kkelt]

**compliment: my compliments to the chef** mijn complimenten aan de kok [meyn komplim*e*ntuh ahn de kok]

**comprehensive** (insurance) een 'all risk' verzekering (de) [v*e*rz*a*ykering]

**compulsory** verplicht [verpl*i*cHt]

**computer** een computer (de)

**concern: we are very concerned** wij zijn erg bezorgd [vey zeyn aircH bez*o*rcHt]

**concert** een concert (het)

**concrete** het beton

**concussion** een hersenschuding (de) [h*a*irsenscH*oo*ding]

**condenser** (car) de condensator [kondens*ah*tor]

**condition: it's not in very good condition** het is niet in een erg goede staat [it iss neet in 'n aircH cH*oo*duh staht]

**conditioner** (for hair) de crèmespoeling [kr*e*m-sp*oo*ling]

**condom** een condoom (het) [k*o*ndohm]

**conductor** (rail) de conducteur [kondukt*u*rr]

**conference** een conferentie (de) [konfer*e*nsee]

**confirm: can you confirm that?** kunt u dat bevestigen? [k*oo*nt ∞ dat bevesticH*u*h]

**confuse: it's very confusing** dat is erg verwarrend [aircH verv*a*rrent]

**congratulations!** gefeliciteerd! [cHef*a*yleeseet*a*yrt]

**conjunctivitis** bindvliesontsteking (de) [b*i*ntvleessontstayking]

**connecting flight** de aansluitende vlucht [*ah*nslowtenduh vl*oo*cHt]

**connection** (train) de aansluiting [*ah*nsl*o*wting]

**connoisseur** een kenner (de)

**conscious: he is conscious** hij is bij kennis [hey iss bey]

**consciousness: he's lost consciousness** hij is bewusteloos geraakt [hey iss bev*oo*stuhlohss cHer*ah*kt]

**constipation** de verstopping

**consul** de consul

**consulate** het consulaat [kons∞l*ah*t]

**contact: how can I contact ...?** hoe kan ik ... bereiken? [hoo ... ber*e*ykuh]; **I'm trying to contact ...** ik probeer ... te bereiken [prob*a*yr]

**contact lenses** contactlenzen (de) [kont*a*ktlenzuh]

**continent: on the continent** op het continent

**contraceptive** een voorbehoedsmiddel (het) [v*oh*rbehootsmiddel]

**contract** een contract (het)

**convenient** (time) gelegen [cHel*a*ycHuh]

**cook: it's not properly cooked** het is niet goed gaar [neet cH*oo*t cH*ah*hr]; **it's beautifully cooked** het is heel erg goed bereid [hayl aircH cH*oo*t ber*e*yt]; **he's a good cook** hij kan goed koken [hey kan cH*oo*t k*oh*hkuh]

**cooker** het fornuis [forn*o*wss]

**cookie** een koekje (het) [k*oo*kyuh]

**cool** koel [k*oo*l]

**corduroy** corduroy

**cork** de kurk [k*oo*rk]

**corkscrew** een kurketrekker (de)

*[koorkuh—]*
**corn** (*foot*) een likdoorn (*de*) *[likdohrn]*
**corner: on the corner** op de hoek *[hook]*; **in the corner** in de hoek; **a corner table** een hoektafel *[hooktahfel]*
**cornflakes** de cornflakes
**coronary** een hartinfarct (*het*)
**correct** (*adj*) correct; **please correct me if I make a mistake** verbeter mij alstublieft als ik een fout maak *[verbayter mey alstœbleeft ... fowt mahk]*
**corridor** de gang *[cHang]*
**corset** het korset
**cosmetics** de cosmetica *[kosmaytikah]*
**cost: what does it cost?** hoeveel kost het? *[hoovayl kost 't]*
**cot** een kinderbedje (*het*) *[kinderbettyuh]*
**cotton** het katoen *[katoon]*; **cotton dress** de katoenen jurk *[—uh yurk]*
**cotton buds** de wattenstokjes *[vattuhstokyuhs]*
**cotton wool** de watten *[vattuh]*
**couch** de bank
**couchette** een couchette (*de*)
**cough** hoesten *[hoostuh]*
**cough drops** de hoestpastilles *[hoostpasteeyuhs]*
**cough medicine** een hoestdrankje (*het*) *[hoostdrankyuh]*
**could: could you ...?** kunt u ...? *[koont œ ...]*; **could I have ...?** kan ik ... krijgen? *[kreycHuh]*; **I couldn't ...** ik kon ... niet *[neet]*
**country** het land *[lant]*; **in the country** op het platteland *[plattuh—]*
**countryside** het platteland *[plattuhlant]*
**couple** (*man and woman*) het paar *[pahr]*; (*married couple*) het echtpaar *[ecHt—]*; **a couple of ...** een paar ...
**courier** de koerier *[kooreer]*
**course** (*of meal*) de gang *[cHang]*; **of course** natuurlijk *[natœrluhk]*
**court** (*law*) de rechtbank *[recHtbank]*; (*tennis*) de tennisbaan *[—bahn]*
**cousin: my cousin** (*male*) mijn neef *[meyn nayf]*; (*female*) mijn nicht *[nicHt]*
**cover charge** het couvert *[koovair]*
**cow** een koe (*de*) *[koo]*
**crab** een krab (*de*)
**cracked: it's cracked** het is gebarsten *[it iss cHebarstuh]*
**cracker** (*for cheese*) de cracker
**craftshop** een kunstnijverheidswinkel (*de*)

*[koonstneyverheytsvinkel]*
**cramp** (*in leg etc*) de kramp
**crankshaft** de krukas *[krook-ass]*
**crash: there's been a crash** er heeft een botsing plaatsgevonden *[er hayft in botsing plahtscHevonduh]*
**crash course** een spoedcursus (*de*) *[spootkoorsooss]*
**crash helmet** de valhelm *[val-helm]*
**crawl** (*swimming*) de crawlslag *['crawl'slacH]*
**crazy** gek *[cHek]*
**cream** (*on milk*) de room *[rohm]*; (*whipped*) de slagroom *[slacH—]*; (*for skin*) de crème *[krem]*; (*colour*) roomkleurig *[—klurricH]*
**cream cheese** de roomkaas *[rohmkahss]*
**crèche** de crèche
**credit card** de creditcard
**crib** (*for baby*) een kinderbed (*het*) *[kinderbet]*
**crisis** de crisis *[kreesis]*
**crisps** de chips *[sheeps]*
**crockery** het aardewerk *[ahrduhvairk]*
**crook: he's a crook** hij is een boef *[hey iss in boof]*
**crossing** (*by sea*) de overtocht *[—tocHt]*
**crossroads** een kruispunt (*het*) *[krowspoont]*
**crosswalk** de voetgangersoversteek-plaats *[vootcHangers-overstaykplahts]*
**crowd** de menigte *[maynicHtuh]*
**crowded** druk *[drook]*
**crown** (*on tooth*) een kroon (*de*) *[krohn]*
**crucial: it's absolutely crucial** het is van doorslaggevende betekenis *[dohrslacHayvenduh betaykeniss]*
**cruise** een cruise (*de*) *[kroos]*
**crutch** een kruk (*de*) *[krook]*; (*of body*) het kruis *[krowss]*
**cry** (*weep*) huilen *[howluh]*; **don't cry** huil niet *[howl neet]*
**cucumber** een komkommer (*de*)
**cuisine** de keuken *[kurkuh]*
**cultural** cultureel *[kooltœrayl]*
**cup** een kop (*de*); **a cup of coffee** een kop koffie *[koffee]*
**cupboard** de kast
**cure: have you got something to cure it?** hebt u hier een middel tegen? *[œ heer 'n middel taycHuh]*
**curlers** haarkrullers (*de*) *[hahrkroolers]*
**current** (*elec*) stroom (*de*) *[strohm]*; (*in sea*)

stroming (*de*) [stro**h**ming]
**curry** de kerrie [**k**erree]
**curtains** dc gordijnen [c**h**ord**ey**nuh]
**curve** (*road*) de bocht [bocht]
**cushion** een kussen (*het*) [k**oo**ssuh]
**custom** een gewoonte (*de*) [c**h**ev**oh**ntuh]
**Customs** de douane [doo-**ah**nuh]
**cut: I've cut myself** ik heb me gesneden [muh c**h**esn**ay**duh]; **could you cut a little off here?** (*hair*) kunt u er hier een stukje afhalen? [k**oo**nt *oo* er heer in st**oo**kyuh af**hah**luh]; **we were cut off** de verbinding was verbroken [verbr**oh**kuh]; **the engine keeps cutting out** de motor

slaat steeds af [*slaht stayts af*]
**cutlery** het bestek
**cutlet** een kotelet (*de*)
**cycle: can we cycle there?** kunnen we er heen fietsen? [k**oo**nuh vuh er hayn f**ee**tsuh]
**cyclist** een fietser (*de*) [f**ee**tser]
**cylinder** (*car*) de cylinder; (*Calor gas*) de fles [fless]
**cylinder-head gasket** de cylinderkop pakking
**cynical** cynisch [s**ee**neess]
**cystitis** een blaasontsteking (*de*) [bl**ah**ssontstayking]

# D

**damage: you've damaged it** u hebt het beschadigd [*oo* hebt it besc**hah**dic**h**t]; **it's damaged** het is beschadigd ['t]; **there's no damage** er is geen schade [c**h**ayn sc**hah**duh]
**damn!** vervloekt! [vervl**oo**kt]
**damp** vochtig [v**oc**htic**h**]
**dance: do you want to dance?** wil je dansen? [vill yuh d**a**nsuh]
**dancer: he's a good dancer** hij kan goed dansen [hey kan c**h**oot d**a**nsuh]
**dancing: we'd like to go dancing** we willen graag uit gaan dansen [vuh villuh c**h**rahc**h** owt c**h**ahn d**a**nsuh]; **traditional (folk) dancing** volksdansen [v**o**lksd**a**nsuh]
**dandruff** roos [rohss]
**dangerous** gevaarlijk [c**h**ev**ah**rluhk]
**dare: I don't dare** ik durf niet [neet]
**dark** donker; **dark blue** donkerblauw [d**o**nkerblow]; **when does it get dark?** wanneer wordt het donker? [vanayr vort it d**o**nker]; **after dark** na het donker [nah]
**darling** schat [sc**h**at]
**darts** pijltjes gooien [p**ey**ltyuhs c**h**oh**y**uh]
**dashboard** het dash-bord
**date: what's the date?** wat is de datum? [d**ah**toom]; **on what date?** op welke datum? [v**e**lkuh]; **can we make a date?**

kunnen we een afspraak maken? [k**oo**nuh vuh in **a**fsprahk m**a**hkuh]
**dates** (*to eat*) dadels [d**ah**dels]
**daughter: my daughter** mijn dochter [meyn d**o**c**h**ter]
**daughter-in-law** mijn schoondochter [meyn sc**h**ohnd**o**c**h**ter]
**dawn** de zonsopgang [z**o**nsopc**h**ang]; **at dawn** bij het aanbreken van de dag [bey 't **ah**nbraykuh van duh dac**h**]
**day** de dag [dac**h**]; **the day after** de volgende dag [v**o**lc**h**enduh]; **the day before** de dag tevoren [tev**oh**ruh]; **every day** iedere dag [**ee**deruh]; **I'll do it one day** dat doe ik nog wel eens [dat doo ik noc**h** vell ayns]; **can we pay by the day?** kunnen we per dag betalen? [k**oo**nuh vuh per ... bet**ah**luh]; **have a good day!** prettige dag! [pr**e**ttic**h**uh]
**daylight robbery** je reinste nep [yuh r**ey**nstuh nep]
**day trip** een dagexcursie (*de*) [d**a**c**h**exkoorsee]
**dead** dood [doht]
**deaf** doof [dohf]
**deaf-aid** een gehoorapparaat (*het*) [c**h**eh**oh**rapparaht]
**deal** (*business*) de transactie [transaksee]; **it's a deal** dat is afgesproken [afc**h**esprohkuh]; **will you deal with it?**

wil jij het behandelen? *[vill yey it behanduhluh]*

**dealer** *(agent, drugs)* een handelaar *(de)* *[handelahr]*

**dear** *(expensive)* duur *[door]*; **Dear Sir** Geachte Heer *[cHe-acHtuh hayr]*; **Dear Madam** Geachte Mevrouw *[mevrow]*; **Dear Monique** Lieve Monique *[leevuh]*

**death** de dood *[doht]*

**decadent** decadent *[daykahdent]*

**December** december *[daysember]*

**decent: that's very decent of you** dat is erg vriendelijk van u *[aircH vreendehluhk van oo]*

**decide: we haven't decided yet** we hebben nog geen beslissing genomen *[vuh hebbuh nocH cHayn beslissing cHenohmuh]*; **you decide for us** beslis jij maar voor ons *[besliss yey mahr vohr ons]*; **it's all decided** het is allemaal besloten *[it iss alluhmahl beslohtuh]*

**decision** de beslissing

**deck** het dek

**deckchair** een dekstoel *(de)* *[dekstool]*

**declare: I have nothing to declare** ik heb niets aan te geven *[neets ahn tuh cHayvuh]*

**decoration** *(in room)* de stoffering *[stoffayring]*

**deduct** aftrekken *[aftrekkuh]*

**deep** diep *[deep]*; **is it deep?** is het diep?

**deep-freeze** de diepvries *[deepvreess]*

**definitely** beslist; **definitely not** beslist niet *[neet]*

**degree** *(university, temperature)* de graad *[cHraht]*

**de-icer** een ijsbestrijder *(de)* *[eyssbuhstreyder]*

**dehydrated** *(person)* uitgedroogd *[owtcHedrohcHt]*

**delay: the flight was delayed** de vlucht was vertraagd *[duh vloocHt vass vertrahcHt]*

**deliberately** opzettelijk *[opzetteluhk]*

**delicacy: a local delicacy** een plaatselijke delicatesse *[plahtseluhkuh delikatessuh]*

**delicious** heerlijk *[hayrluhk]*

**deliver: will you deliver it?** kunt u het bezorgen? *[koont oo it bezorcHuh]*

**delivery: is there another mail delivery?** wordt er nog een keer post bezorgd vandaag? *[vordt er nocH in kayr posst bezorcHt vandahcH]*

**de luxe** de luxe

**denims** een spijkerbroek *(de)* *[speykerbrook]*

**Denmark** Denemarken *[daynuhmarkuh]*

**dent: there's a dent in it** er zit een deuk in *[er zit 'n dowk in]*

**dental floss** de tandzijde *[tantzeyduh]*

**dentist** de tandarts

**dentures** het kunstgebit *[koonstcHebit]*

**deny: he denies it** hij ontkent het *[hey ontkent it]*

**deodorant** een deodorant *(de)*

**department store** een warenhuis *(het)* *[vahrenhowss]*

**departure** het vertrek

**departure lounge** de vertrekhal

**depend: it depends** het hangt er van af; **it depends on the ...** het hangt van de ... af

**deposit** *(downpayment)* de aanbetaling *[ahnbetahling]*

**depressed** depressief *[daypresseef]*

**depth** de diepte *[deeptuh]*

**description** de beschrijving *[bescHreyving]*

**deserted** *(beach etc)* verlaten *[verlahtuh]*

**dessert** het nagerecht *[nah-cHerecHt]*

**destination** de bestemming

**detergent** een wasmiddel *(het)* *[vasmiddel]*

**detour** de omweg *[omvecH]*

**devalued** gedevalueerd *[cHedayvaloo-ayrt]*

**develop: could you develop these films?** kunt u deze filmrolletjes ontwikkelen? *[koont oo dayzuh filmrolletyuhs ontwikkeluh]*

**diabetic** een suikerziekte-patiënt *(de)* *[sowkerzeektuh-pashent]*

**diagram** het diagram *[dee-acHram]*

**dialect** het dialect *[dee-alekt]*

**dialling code** het netnummer *[netnoomer]*

**diamond** een diamant *(de)* *[dee-amant]*

**diaper** een luier *(de)* *[low-yer]*

**diarrhoea, diarrhea** diarree *(de)* *[dee-aray]*; **do you have something to stop diarrhoea?** hebt u iets tegen diarree? *[hebt oo eets taycHuh]*

**diary** de agenda *[acHendah]*; *(for personal experience)* het dagboek *[dacHbook]*

**dictionary** het woordenboek *[vohrduhbook]*; **an English-Dutch**

**dictionary** een Engels-Nederlands woordenboek

**didn't** see **not** and page 117

**die** sterven [stairvuh]; **I'm absolutely dying for a drink** ik sterf van de dorst

**diesel** (fuel) diesel

**diet** het dieet [dee-ayt]; **I'm on a diet** ik ben op dieet

**difference** het verschil [verschill]; **what's the difference between ...?** wat is het verschil tussen ...? [vat iss it ... toossuh]; **it doesn't make any difference** het maakt geen verschil [it mahkt chayn]; **I can't tell the difference** ik kan het verschil niet zien [neet zeen]

**different: they are different** ze zijn verschillend [zuh zeyn verschillent]; **they are very different** ze zijn totaal verschillend [totahl]; **it's different from this one** het is anders dan deze [it iss anders dan dayzuh]; **may we have a different table?** kunnen we een andere tafel krijgen? [koonuh vuh in anderuh tahfel kreychuh]; **ah well, that's different** nou ja, dat verandert de zaak [now yah, dat verandert duh zahk]

**difficult** moeilijk [mooy-luhk]

**difficulty** de moeilijkheid [mooy-luhkheyt]; **without any difficulty** zonder problemen [zonder problaymuh]; **I'm having difficulties with ...** ik heb moeilijkheden met ... [mooy-luhkhay-duh]

**digestion** de spijsvertering [speyssver-tayring]

**dinghy** (rubber) de rubberboot [rooberboht]; (sailing) de zeilboot [zeylboht]

**dining car** de restauratiewagen [restorahseevahchuh]

**dining room** de eetzaal [aytzahl]

**dinner** (evening meal) het diner [deenay]

**dinner jacket** een smoking (de)

**dinner party** het diner [deenay]

**dipped headlights** de dimlichten [dimlichtuh]

**dipstick** de peilstok [peylstok]

**direct** rechtstreeks [rechtstrayks]; **does it go direct?** gaat het rechtstreeks? [chaht it rechtstrayks]

**direction** de richting [richting]; **in which direction is it?** in welke richting

is het? [in velkuh ... iss 't]; **is it in this direction?** is het in deze richting? [dayzuh]

**directory: telephone directory** het telefoonboek [telefohnbook]; **directory enquiries** inlichtingen [inlichtinguh]

**dirt** de vuiligheid [vowlichheyt]

**dirty** vuil [vowl]

**disabled** gehandicapt [chehandikapt]

**disagree: it disagrees with me** ik kan het niet verdragen [neet verdrahchuh]

**disappear** verdwijnen [verdveynuh]; **it's just disappeared** het is plotseling verdwenen [it iss plotseling verdvaynuh]

**disappointed: I was disappointed** ik was teleurgesteld [telurrchestelt]

**disappointing** teleurstellend [telurr-stellent]

**disaster** de ramp

**discharge** (pus) de afscheiding [afscheyding]

**disc jockey** de disc jockey

**disco** de disco

**disco dancing** disco-dansen

**discount** de korting

**disease** een ziekte (de) [zeektuh]

**disgusting** afschuwelijk [afschooveluhk]

**dish** (plate) het bord [bort]; (meal) het gerecht [cherecht]

**dishcloth** een vaatdoek (de) [vahdook]

**dishonest** oneerlijk [onayrluhk]

**dishwashing liquid** het afwasmiddel

**disinfectant** het ontsmettingsmiddel

**disk** (of film) een diskfilm (de)

**dislocated shoulder** een ontwrichtte schouder [ontvrichtuh schowder]

**dispensing chemist** de apotheker [apotayker]

**disposable nappies** wegwerpluiers [vechvairp-low-yers]

**distance** de afstand; **what's the distance from ... to ...?** wat is de afstand van ... naar ...? [vat iss duh afstant van ... nahr]; **in the distance** in de verte [vairtuh]

**distilled water** gedistilleerd water [chedistillayrt vahter]

**distributor** (in car) de stroomverdeler [strohmverdayler]

**disturb: the disco is disturbing us** de disco stoort ons [duh disko stohrt onss]

**ditch** de sloot [sloht]

**diversion** de wegomlegging [vechomlechging]

**diving board** de duikplank [*d*o*wkplank*]

**divorced** gescheiden [*c*нescн**ey**duh]

**dizzy** (*feel*) duizelig [*d*o*wzelich*]

**dizzy spells** aanvallen van duizeligheid [*ahnvalluh van d*o*wzelich*нeyt]

**do** doen [*doon*]; **what do you do?** (*job*) wat voor werk doe je? [*vat vohr verk doo yuh*]; **what shall I do?** wat zal ik doen? [*vat zal ik doon*]; **what are you doing tonight?** wat doe je vanavond? [*vat doo yuh vanahvont*]; **how do you do it?** hoe doe je het? [*hoo doo yuh it*]; **will you do it for me?** wilt u het voor mij doen? [*vilt* o *it vohr mey*]; **who did it?** wie heeft het gedaan? [*vee hayft it* cнe*dahn*]; **the meat's not done** het vlees is niet gaar [*it vlayss iss neet* cн*ahr*]; **do you have …?** hebt u …? [*o*]; *see page XYZ*

**docks** de haven [*hahvuh*]

**doctor** de dokter; **he needs a doctor** hij heeft een dokter nodig [*hey hayft in dokter nohdich*]; **can you call a doctor?** kunt u een dokter roepen? [*koont* o *… roopuh*]

**document** het document [*dohkooment*]

**dog** een hond (*de*)

**doll** een pop (*de*)

**dollar** de dollar

**donkey** een ezel (*de*) [**ay***zel*]

**don't!** niet doen! [*neet doon*]; *see page 117*

**door** de deur [*durr*]

**doorman** de portier [*port***eer**]

**dormobile** (*tm*) de kampeerauto [*kamp***ay***rowtoh*]

**dosage** de dosis

**double: double room** een tweepersoonskamer (*de*) [*tvaypers***ohn***skahmer*]; **double bed** het tweepersoonsbed [*—bet*]; **double brandy** een dubbele cognac [*d***oo***beluh*]; **double r** (*in spelling name*) dubbel r; **it's all double dutch to me** ik versta er totaal niets van [*verst***ah** *er tot***ah***l neets*]

**doubt: I doubt it** ik betwijfel het [*betw***ey***fel it*]

**douche** een douche (*de*) [*doosh*]

**doughnut** een oliebol (*de*) [**oh***leebol*]

**down: get down!** kom naar beneden! [*nahr ben***ay***duh*]; **he's not down yet** (*out of bed*) hij is nog niet beneden [*hey iss nocн neet*]; **further down the road** verderop [*vairder***op**]; **I paid 20% down** ik heb 20% aanbetaald [**ahn***betahlt*]

**downmarket** (*restaurant etc*) heel eenvoudig [*hayl aynv***ow***dich*]

**downstairs** beneden [*ben***ay***duh*]

**dozen** een dozijn (*het*) [*doz***eyn**]; **half a dozen** zes [*zess*]

**drain** de afvoerbuis [*afvoorb***ow***ss*]

**draughts** (*game*) dammen [*d***am***muh*]

**draughty: it's rather draughty** het tocht hier nogal [*it tocнt heer nocн***al**]

**drawing pin** een punaise (*de*) [*p***oo***naizuh*]

**dreadful** verschrikkelijk [*versc*н**rik***keluhk*]

**dream** de droom [*drohm*]; **it's like a bad dream** het is een nachtmerrie [*it iss 'n nacн*т*mairree*]; **sweet dreams** welterusten [*veltr***oo***stuh*]

**dress** (*woman's*) een japon (*de*) [*yap***on**]; **I'll just get dressed** ik kleed me gauw even aan [*klayt muh* cн*ow* **ay***vuh ahn*]

**dressing** (*for wound*) het verband; (*for salad*) de vinaigrette [*vinaygr***ett**]

**dressing gown** een kamerjas (*de*) [*k***ah***meryass*]

**drink** drinken [*drinkuh*]; (*spirit*) een borrel (*de*); **can I get you a drink?** wil je iets drinken? [*vill yuh eets*]; **I don't drink** ik drink niet [*neet*]; **a long cool drink** een lekker verfrissend drankje [*in lekker verfriss*ent *drankyuh*]; **may I have a drink of water?** hebt u alstublieft een glas water? [*o alst***oo***bleëft in* cн*lass vahter*]; **drink up!** drink leeg [*laycн*]; **I had too much to drink** ik had teveel gedronken [*hat tev***ay***l* cн*edr***on***kuh*]

**drinkable** drinkbaar [*drinkbahr*]

**drive: we drove here** we zijn met de auto [*vuh zeyn met duh* o*wtoh*]; **I'll drive you home** ik breng je naar huis met de auto [*breng yuh nahr howss*]; **do you want to come for a drive?** heb je zin in een autorit? [o*wtoh-rit*]; **is it a very long drive?** is het een lange rit? [*iss 't 'n languh rit*]

**driver** de bestuurder [*best***oor***der*]

**driver's license** het rijbewijs [*r***ey***beveyss*]

**drive shaft** de drijfas [*dr***ey***fass*]

**driving licence** het rijbewijs [*r***ey***beveyss*]

**drizzle: it's drizzling** het motregent [*it m***o***traycнent*]

**drop: just a drop** een klein beetje maar [*in*

*kleyn b*a*ytyuh mahr]*; **I dropped it** ik heb het laten vallen *['t l*a*htuh v*a*lluh]*; **drop in some time** kom eens langs *[ayns langs]*

**drown: he's drowning** hij verdrinkt *[hey]*

**drug** (*medical*) een medicijn (*de*) *[maydeeseyn]*; (*addictive*) een drug (*de*) *[drooc*н*]*

**drugstore** de drogisterij *[drohc*н*ister*e*y]*

**drunk** (*adj*) dronken *[dr*o*nkuh]*

**drunken driving** dronken achter het stuur *[dr*o*nkuh* a*c*н*ter it st*oo*r]*

**dry** droog *[drohc*н*]*

**dry-clean** stomen *[st*o*hmuh]*

**dry-cleaner** de stomerij *[st*o*hmer*e*y]*

**duck** de eend *[aynt]*

**due: when is the bus due?** hoe laat komt de bus aan? *[hoo laht komt duh booss ahn]*

**dumb** stom; (*stupid*) stom

**dummy** (*for baby*) een fopspeen (*de*) *[f*o*pspayn]*

**durex** (*tm*) een durex (*de*) *[d*o*orex]*

**during** tijdens *[t*e*ydens]*

**dust** het stof

**dustbin** de vuilnisbak *[v*o*wlnissbak]*

**Dutch** (*adj*) Nederlands *[n*a*yderlants]*; **in Dutch** in het Nederlands *[in 't]*

**Dutchman** de Nederlander *[n*a*yderlander]*

**Dutchwoman** de Nederlandse *[n*a*yderlandsuh]*

**duty-free** belastingvrij *[—vrey]*

**duvet** de donsdeken *[d*o*nsdaykuh]*

**dyke** de dijk *[deyk]*

**dynamo** de dynamo *[deen*a*hmoh]*

**dysentery** de dysenterie *[deesenter*ee*]*

# E

**each: each of them** ieder van hen *[eeder van hen]*; **one for each of us** voor ieder een *[vohr … ayn]*; **how much are they each?** hoeveel zijn ze per stuk? *[h*oo*vayl zeyn zuh per stuk]*; **we know each other** we kennen elkaar *[vuh k*e*nnuh elk*a*hr]*

**ear** het oor *[ohr]*

**earache** de oorpijn *[*o*hrpeyn]*

**early** vroeg *[vr*oo*c*н*]*; **early in the morning** 's morgens vroeg *[smorc*н*ens-vr*oo*c*н*]*; **it's too early** het is te vroeg *[it iss tuh]*; **a day earlier** een dag eerder *[in dac*н *a*yrder]*; **half an hour earlier** een half uur eerder *[in hal-f* oo*r]*; **I need an early night** ik heb een goede nachtrust nodig *['n c*н*ooduh nac*н*troost n*o*hdic*н*]*

**early riser: I'm an early riser** ik sta altijd vroeg op *[stah* a*lteyt vr*oo*c*н*]*

**earring** de oorring *[*o*hrring]*

**earth** (*soil*) de grond *[c*н*ront]*

**earthenware** het aardewerk *[*a*hr-duhvairk]*

**earwig** de oorworm *[*o*hrvorm]*

**east** het oosten *[*o*hstuh]*; **to the east** naar het oosten *[nahr]*

**Easter** Pasen *[p*a*hsuh]*

**easy** gemakkelijk *[c*н*em*a*kkeluhk]*; **easy with the cream!** voorzichtig met de room! *[vohrz*i*c*н*tic*н *met duh rohm]*

**eat** eten *[*a*ytuh]*; **something to eat** iets te eten *[eets tuh]*; **we've already eaten** wij hebben al gegeten *[vey h*e*bbuh al c*н*ec*н*a*ytuh]*

**eau-de-Cologne** de eau de cologne *[k*o*lonyuh]*

**eccentric** excentriek *[exsentr*ee*k]*

**edible** eetbaar *[*a*ytbahr]*

**efficient** (*staff, hotel etc*) bekwaam *[bekv*a*hm]*

**egg** een ei (*het*) *[ey]*

**eggplant** een aubergine (*de*) *[ohberj*ee*n]*

**Eire** Ierland *[*e*erlant]*

**either: either … or …** of … of … *[off … off]*; **I don't like either of them** ik vind ze geen van twee leuk *[vint zuh c*н*ayn van tvay lurk]*

**elastic** elastisch *[elast*ee*ss]*

**elastic band** een elastiek (*het*) *[elast*ee*k]*

**Elastoplast** (*tm*) een pleister (*de*) *[pl*e*yster]*

**elbow** de elleboog [*elleboch*]
**electric** elektrisch [*elektrees*]
**electric blanket** een elektrische deken
(*de*) [*elektreesuh daykuh*]
**electric cooker** het elektrisch fornuis
[*elektreess fornowss*]
**electric fire** de elektrische kachel
[*elektreessuh kachel*]
**electrician** een elektricien (*de*)
[*elektreeshan*]
**electricity** de elektriciteit [*elektreesee-teyt*]
**electric outlet** het elektrisch stopcontact
[*elektreess*]
**elegant** elegant [*aylechant*]
**elevator** de lift
**else: something else** iets anders [*eets
anders*]; **somewhere else** ergens anders
[*airchens*]; **let's go somewhere else**
laten we ergens anders heen gaan [*lahtuh
vuh ... hayn chahn*]; **nothing else,
thanks** dat is alles, dank u [*dat iss alluhs
dank ∞*]
**embarrassed** verlegen [*verlaychuh*]
**embarrassing** genant [*jenant*]
**embassy** de ambassade [*ambassahduh*]
**emergency** een spoedgeval
[*spootcheval*]; **this is an emergency** dit
is een spoedgeval [*dit iss 'n*]
**emotional** emotioneel [*emoshonayl*]
**empty** leeg [*laych*]
**end** het einde [*eynduh*]; **at the end of the
road** aan het einde van de weg [*ahn 't ...
van duh vech*]; **when does it end?**
wanneer is het afgelopen? [*vanayr iss 't
afchelohpuh*]
**energetic** energiek [*aynerjeek*]
**energy** de energie [*aynerjee*]
**engaged** (*toilet, telephone*) bezet; (*person*)
verloofd [*verlohft*]
**engagement ring** een verlovingsring (*de*)
[*verlohvingsring*]
**engine** de motor
**engine trouble** motorpech [*motorpech*]
**England** Engeland [*eng-elant*]
**English** Engels [*eng-els*]; **the English** de
Engelsen [*—uh*]; **I'm English** ik ben
Engels; **do you speak English?** spreekt u
Engels? [*spraykt ∞*]
**Englishman** de Engelsman
**Englishwoman** de Engelse [*eng-elsuh*]
**enjoy: I enjoyed it very much** ik heb er
erg van genoten [*airch van chenohtuh*];

**enjoy yourself!** veel plezier! [*vayl
plezeer*]
**enjoyable** aangenaam [*ahnchenahm*]
**enlargement** (*photo*) een vergroting (*de*)
[*verchrohting*]
**enormous** reusachtig [*rursachtich*]
**enough** genoeg [*chenooch*]; **there's not
enough ...** er is niet genoeg ... [*neet*]; **it's
not big enough** het is niet groot genoeg;
**thank you, that's enough** dat is genoeg,
dank u wel
**entertainment** het amusement
[*amoosement*]
**enthusiastic** enthousiast [*entooshast*]
**entrance** de ingang [*inchang*]
**envelope** een enveloppe (*de*)
[*enveloppuh*]
**epileptic** een epilepticus (*de*)
[*aypeelepteekoos*]
**equipment** de uitrusting [*owtroosting*]
**eraser** een gum (*het*) [*choom*]
**erotic** erotisch [*ayrohteess*]
**error** de fout [*fowt*]
**escalator** de roltrap
**especially** vooral [*vohral*]
**espresso** (*coffee*) een espresso (*de*)
**essential** essentieel [*essenshayl*]; **it is
essential that ...** het is essentieel dat ...
**estate agent** een makelaar (*de*)
[*mahkelahr*]
**ethnic** (*restaurant etc*) etnisch [*etneess*]
**Eurocheque** de Eurocheque [*urrosheck*]
**Eurocheque card** de Eurocheque kaart
[*urrosheck kahrt*]
**Europe** Europa [*urrohpa*]
**European** Europeaan [*urrohpay-ahn*]
**European plan** halfpension [*hal-f-
penshon*]
**even: even the British** zelfs de Britten;
**even if ...** zelfs als ...
**evening** de avond [*ahvont*]; **good
evening** goedenavond [*choodenah-
vont*]; **this evening** vanavond; **in the
evening** 's avonds; **evening meal** de
avondmaaltijd [*—mahlteyt*]
**evening dress** avondtoilet [*ahvontvalet*];
(*woman's*) de avondjapon [*—yapon*]
**eventually** uiteindelijk [*owteyndeluhk*]
**ever: have you ever been to ...?** ben je
ooit in ... geweest? [*oyt in ... chevayst*]; **if
you ever come to Britain** als je ooit nog
eens in Groot-Brittannië komt [*noch
ayns in chroht-brittanyuh komt*]

**every** iedere *[eederuh]*; **every day** iedere dag *[dacн]*

**everyone** iedereen *[eederayn]*

**everything** alles *[alluhs]*

**everywhere** overal

**exact** precies *[preseess]*; **exactly!** precies!

**exam** het examen *[exahmuh]*

**example** een voorbeeld *(het) [vohrbaylt]*; **for example** bijvoorbeeld *[bey—]*

**excellent** uitstekend *[owtstaykent]*

**except** behalve *[behal-vuh]*; **except Sunday** behalve zondag

**exception** een uitzondering *(de) [owtzondering]*; **as an exception** als uitzondering

**excess** het teveel *[tevayl]*; **excess baggage** het overgewicht *[overcнevicнt]*

**excessive** *(bill etc)* buitensporig *[bowtuhspohricн]*; **that's a bit excessive** dat is enigszins buitensporig *[aynicнzins]*

**exchange** *(money)* de wisselkoers *[visselkoors]*; *(telephone)* de telefooncentrale *[taylefohnsentrahluh]*; **in exchange** in ruil *[rowl]*

**exchange rate: what's the exchange rate?** wat is de wisselkoers? *[visselkoors]*

**exciting** opwindend *[opvindent]*

**exclusive** *(club etc)* exclusief *[exklœseef]*

**excursion** de excursie *[exkoorsee]*; **is there an excursion to ...?** is er een excursie naar ...?

**excuse me** *(to get past etc)* pardon; *(apology)* neemt u mij niet kwalijk *[naymt œ mey neet kvahleyk]*

**exhaust** *(car)* de uitlaat *[owtlaht]*

**exhausted** uitgeput *[owt-cнepoot]*

**exhibition** de tentoonstelling *[tentohn-stelling]*

**exist: does it still exist?** *(café etc)* is het er nog steeds? *[iss it er nocн stayts]*

**exit** de uitgang *[owtcнang]*

**expect: what do you expect!** wat had je dan verwacht! *[vat hat yuh dan vervacнt]*; **I expect so** ik verwacht van

wel; **she's expecting** ze is in verwachting *[vervacнting]*

**expensive** duur *[dœr]*

**experience: an absolutely unforgettable experience** een ervaring om nooit te vergeten *[airvahring om noyt tuh vercнaytuh]*

**experienced** ervaren *[ervahruh]*

**expert** de deskundige *[deskoondicнuh]*

**expire: it's expired** het is verlopen *[it iss verlohpuh]*

**explain** uitleggen *[owtlecнuh]*; **would you explain that to me?** zou u dat aan mij uit kunnen leggen? *[zow œ dat ahn mey owt koonuh lecнuh]*

**explore** verkennen *[verkennuh]*; **I just want to go and explore** ik wil er alleen maar op verkenning gaan *[allayn mahr op verkenning cнahn]*

**export** de export

**exposure meter** de belichtingsmeter *[belicнtingsmayter]*

**express** *(mail)* expresse *[express]*; **by express mail** per expresse post

**extra: can we have an extra chair?** kunnen we een extra stoel krijgen? *[stool kreycнuh]*; **is that extra?** is dat er niet bij inbegrepen? *[neet bey inbecнraypuh]*

**extraordinary** buitengewoon *[bowtuhcнevohn]*

**extremely** uiterst *[owterst]*

**extrovert** extravert *[extravairt]*

**eye** het oog *[ohcн]*; **will you keep an eye on it for me?** wilt u er voor mij een oogje op houden? *[vohr mey in ohcнyuh op howduh]*

**eyebrow** de wenkbrauw *[venkbrow]*

**eyebrow pencil** een wenkbrauwpotlood *(het) [venkbrow-potloht]*

**eye drops** de oogdruppels *[ohcнdroopels]*

**eyeliner** de eyeliner

**eye shadow** de oogschaduw *[ohcнscнa-doow]*

**eye witness** de ooggetuige *[ohcнetowcнuh]*

# F

**fabulous** fantastisch *[fantasteess]*

**face** het gezicht *[CHEziCHt]*

**face pack** een face pack (*de*)

**facilities: the hotel's facilities are excellent** de faciliteiten in het hotel zijn uitstekend *[faciliteytuh]*

**facing: facing the sea** met uitzicht op zee *[owtzicht op]*

**fact** het feit *[feyt]*

**factory** de fabriek *[fabreek]*

**Fahrenheit** *see page 121*

**faint: she's fainted** ze is flauwgevallen *[zuh iss flowchevalluh]*; **I think I'm going to faint** ik geloof dat ik flauw ga vallen *[CHelohf ... CHah valluh]*

**fair** (*fun-*) de kermis *[kermiss]*; (*commercial*) de beurs *[burrss]*; **it's not fair** het is niet eerlijk *[neet ayrluhk]*; **OK, fair enough** voor mekaar *[vohr mekahr]*

**fake** een vervalsing (*de*)

**fall: he's had a fall** hij is gevallen *[hey iss chevalluh]*; **he fell off his bike** hij is van zijn fiets gevallen *[van zeyn feets]*; **in the fall** (*autumn*) in de herfst *[hairfst]*

**false** vals

**false teeth** het kunstgebit *[koonstchebit]*

**family** het gezin *[chezin]*

**family hotel** een familiehotel (*het*) *[fameeleehotel]*

**family name** de familienaam *[fameeleenahm]*

**famished: I'm famished** ik ben uitgehongerd *[owtchehongert]*

**famous** beroemd *[beroomt]*

**fan** (*mechanical*) een ventilator (*de*) *[venteelahtor]*; (*hand-held*) de waaier *[vah-yer]*; (*football etc*) een supporter (*de*)

**fan belt** een ventilatorriem (*de*) *[—reem]*

**fancy: he fancies you** hij vindt je aardig *[hey vint yuh ahrdich]*

**fancy dress party** een gekostumeerd feest (*het*) *[chekostœmayrt fayst]*

**fantastic** fantastisch *[fantasteess]*

**far** ver *[vair]*; **is it far?** is het ver?; **how far is it to ...?** hoe ver is het naar ...? *[hoo vair iss 't nahr]*; **as far as I'm concerned** wat mij betreft *[vat mey betreft]*

**fare** het tarief *[tareef]*; **what's the fare to ...?** hoeveel is het naar ...? *[hoovayl iss it nahr]*

**farewell party** een afscheidsfeest (*het*) *[afscheytsfayst]*

**farm** de boerderij *[boorderey]*

**farther** verder *[vairder]*; **farther than ...** verder dan ...

**fashion** mode (*de*)

**fashionable** modieus *[modiurrs]*

**fast** snel; **not so fast** niet zo snel

**fastener** (*on clothes etc*) de sluiting *[slowting]*

**fat** dik; (*on meat*) vet

**father: my father** mijn vader *[meyn vahder]*

**father-in-law: my father-in-law** mijn schoonvader *[meyn schohn—]*

**fathom** een vadem (*de*); 1.83m

**fattening: it's fattening** je wordt er dik van *[yuh]*

**faucet** de kraan *[krahn]*

**fault** de fout *[fowt]*; **it was my fault** het was mijn fout *[meyn]*; **it's not my fault** het is niet mijn schuld *[neet meyn schoolt]*

**faulty** defect

**favo(u)rite** favoriet *[favoreet]*; **that's my favourite** dat is mijn favoriet

**fawn** (*colour*) geelbruin *[chaylbrown]*

**February** februari *[faybrœahree]*

**fed up: I'm fed up** ik heb er genoeg van *[chenooch]*; **I'm fed up with ...** ik heb genoeg van ...

**feeding bottle** de voedingsfles *[voodingsfless]*

**feel: I feel hot/cold** ik heb het warm/koud *[varm/kowt]*; **I feel like a ...** ik heb zin in 'n ...; **I don't feel like it** ik heb er geen zin in *[chayn]*; **how are you feeling today?** hoe voelt u zich vandaag?

*[hoo voolt ω zicH vandahcH]*; **I'm
feeling a lot better** ik voel me een stuk
beter *[ik vool muh 'n stook bayter]*
**felt-tip (pen)** een viltstift *(de)*
**fence** de omheining *[omheyning]*
**fender** *(of car)* het spatbord *[spatbort]*
**ferry** de veerboot *[vayrboht]*; **what time's
the last ferry?** hoe laat gaat de laatste
veerboot? *[hoo laht cHaht duh lahtstuh]*
**festival** het festival
**fetch: I'll go and fetch it** ik ga het halen
*[hahluh]*; **will you come and fetch me?**
kom je mij ophalen? *[yuh mey op—]*
**fever** koorts *(de)* *[kohrts]*
**feverish: I'm feeling feverish** ik voel me
koortsachtig *[kohrtsacHticH]*
**few: only a few** maar een paar *[mahr 'n
pahr]*; **a few minutes** maar een paar
minuten *[meenωtuh]*; **he's had a good
few** *(to drink)* hij heeft er al heel wat op
*[hayl vat op]*
**fiancé: my fiancé** mijn verloofde *[meyn
verlohfduh]*
**fiancée: my fiancée** mijn verloofde *[meyn
verlohfduh]*
**fiasco: what a fiasco!** wat een fiasco!
**field** een veld *(het)*
**fifty-fifty** sam-sam
**fight** het gevecht *[cHevecHt]*
**figs** vijgen *(de)* *[veycHuh]*
**figure** *(number)* het cijfer *[seyfer]*; **I have
to watch my figure** ik moet op mijn
figuur letten *[meyn ficHωr lettuh]*
**fill** vullen *[voolluh]*; **fill her up please**
volgooien alstublieft *[volcHoh-yuh
alstoobleeft]*; **will you help me fill out
this form?** wilt u mij helpen dit formulier
in te vullen? *[ω mey helpuh dit formωleer
in tuh voolluh]*
**fillet** filet *(de)* *[feelay]*
**filling** de vulling *[voolling]*
**filling station** het benzinestation
*[benzeenuhstahshon]*
**film** een film *(de)*; **do you have this type
of film?** hebt u dit type film? *[teepuh]*;
**16mm film** een 16 mm film *[zessteen
meeleemayter]*; **35mm film** een 35 mm
film *[veyf en dairticH]*
**film processing** ontwikkelen *[ontvik-
keluh]*
**filter** een filter *(de)*
**filter-tipped** met filter
**filthy** smerig *[smayricH]*

**find** vinden *[vinduh]*; **I can't find it** ik kan
het niet vinden *[neet]*; **if you find it** als u
het vindt; **I've found a ...** ik heb een ...
gevonden *[cHevonduh]*
**fine: it's fine weather** het is mooi weer
*[moy]*; **a 25 guilder fine** een bekeuring
van 25 gulden *[bekurring]*; **thank you,
that's fine** *(to waiter etc)* dank u, zo is het
goed *[ω zo iss 't cHoot]*; **that's fine by me**
ik heb er geen bezwaar tegen *[cHayn
bezvahr taycHuh]*; **how are you? — fine
thanks** hoe gaat het met u? — uitstekend,
dank u *[owtstaykent]*
**finger** de vinger
**fingernail** de vingernagel *[vinger-
nahcHel]*
**finish: I haven't finished** ik ben nog niet
klaar *[nocH neet klahr]*; **when I've
finished** als ik klaar ben; **when does it
finish?** wanneer is het afgelopen?
*[afcHelohpuh]*; **finish off your drink**
drink je glas leeg *[yuh cHlass laycH]*
**Finland** Finland *[finlant]*
**fire: fire!** brand! *[brant]*; **may we light a
fire here?** mogen we hier een vuur
maken? *[vωr mahkuh]*; **it's on fire** het
staat in brand *[staht]*; **it's not firing
properly** de motor hapert *[hahpert]*
**fire alarm** het brandalarm *[brantalarm]*
**fire brigade, fire department** de
brandweer *[brantvayr]*
**fire escape** de brandtrap *[brant-trap]*
**fire extinguisher** het blusapparaat
*[blωssapparaht]*
**firm** *(company)* de firma
**first** eerst *[ayrst]*; **I was first** ik was eerder
*[ayrder]*; **at first** eerst; **this is the first
time** dit is de eerste keer *[ayrstuh kayr]*
**first aid** eerste hulp *[ayrstuh hoolp]*
**first aid kit** een verbanddoos *(de)*
*[verbant-dohss]*
**first class** *(travel)* eerste klas *[ayrstuh
klass]*
**first name** de voornaam *[vohrnahm]*
**fish** vis *(de)*
**fish and chips** patates frites met vis
*[patat freet]*
**fisherman** de visser
**fishing** vissen *[vissuh]*
**fishing boat** de vissersboot *[vissersboht]*
**fishing net** het visnet
**fishing rod** de hengel
**fishing tackle** het vistuig *[vistowcH]*

**fishing village** een vissersdorp (*het*)
**fit** (*healthy*) gezond [*cHezont*]; **I'm not very fit** mijn conditie is niet erg goed [*kondeesee … neet aircH cHoot*]; **a keep fit fanatic** een gezondheidsfanatiekeling [*cHezont-heyts-fanateekeling*]; **it doesn't fit** het past niet [*passt neet*]
**fix: can you fix it?** (*arrange*) kunt u het regelen? [*raycHeluh*]; (*repair*) kunt u het maken? [*mahkuh*]; **let's fix a time** laten we een tijd afspreken [*lahtuh vuh in teyt afspraykuh*]; **it's all fixed up** het is allemaal al geregeld [*it iss alluhmahl al cHeraycHelt*]
**fizzy** bruisend [*browsent*]
**fizzy drink** een priklimonade (*de*) [*prikleemonahduh*]
**flab** (*on body*) de kwabben [*kvabbuh*]
**flag** de vlag [*vlacH*]
**flannel** (*for washing*) een washandje (*het*) [*vass-hantyuh*]
**flash** (*phot*) de flitser
**flashcube** een flitsblokje (*het*) [*flits-blokyuh*]
**flashlight** een zaklantaarn (*de*) [*—tahrn*]
**flashy** (*clothes*) opzichtig [*opzicHticH*]
**flat** (*adj*) plat; **this beer is flat** dit bier is dood [*doht*]; **I've got a flat (tyre)** ik heb een lekke band [*lekkuh bant*]; (*apartment*) een flat (*de*)
**flatterer** een vleier (*de*) [*vleyer*]
**flatware** het tafelgerei [*tahfelcHerey*]
**flavo(u)r** de smaak [*smahk*]
**flea** een vlo (*de*) [*vloh*]
**flea powder** het vlooienpoeder [*vloyenpooder*]
**Flemish** Vlaams [*vlahms*]
**flexible** flexibel [*flexeebel*]
**flies** (*on trousers*) de gulp [*cHoolp*]
**flight** een vlucht (*de*) [*vloocHt*]
**flippers** zwemvliezen (*de*) [*zvemvleezuh*]
**flirt** flirten
**float** drijven [*dreyvuh*]
**flood** een overstroming (*de*) [*overstrohming*]
**floor** (*of room*) de vloer [*vloor*]; (*storey*) de verdieping [*verdeeping*]; **on the floor** op de grond [*cHront*]; **on the second floor** (*UK*) op de tweede verdieping [*tvayduh verdeeping*]; (*USA*) op de eerste verdieping [*ayrstuh*]
**floorshow** een floorshow (*de*)
**flop** (*failure*) een flop (*de*)

**florist** een bloemist (*de*) [*bloomist*]
**flour** het meel [*mehl*]
**flower** een bloem (*de*) [*bloom*]
**flu** de griep [*cHreep*]
**fluent: he speaks fluent Dutch** hij spreekt vloeiend Nederlands [*vlooyent*]
**fly** vliegen [*vleecHuh*]; **can we fly there?** kunnen we er heen vliegen? [*koonuh wuh er hayn*]
**fly** (*insect*) een vlieg (*de*) [*vleecH*]
**fly spray** vliegenspray (*de*) [*vleecHuh-spray*]
**foggy** mistig [*misticH*]
**fog light** de mistlamp
**folk dancing** volksdansen [*volksdansuh*]
**folk music** de volksmuziek [*volksmœzeek*]
**follow** volgen [*volcHuh*]; **follow me** volg mij [*volcH mey*]
**fond: I'm quite fond of …** (*food*) ik ben verzot op …
**food** het voedsel [*vootsel*]; **the food's excellent** het eten is uitstekend [*aytuh*]
**food poisoning** de voedselvergiftiging [*vootselvercHifticHing*]
**food store** een kruidenierswinkel (*de*) [*krowdeneerswinkel*]
**fool** een dwaas (*de*) [*dvahss*]
**foolish** dwaas [*dvahss*]
**foot** de voet [*voot*]; **on foot** te voet [*tuh*]; *see page 119*
**football** (*game*) het voetbal [*vootbal*]; (*ball*) de voetbal
**for: is that for me?** is dat voor mij? [*vohr*]; **what's this for?** waarvoor dient dit? [*vahrvohr deent*]; **for two days** voor twee dagen [*tvay dahcHuh*]; **I've been here for a week** ik ben hier nu een week [*heer nœ 'n vayk*]; **a bus for …** een bus naar … [*nahr*]
**forbidden** verboden [*verbohduh*]
**forehead** het voorhoofd [*vohrhohft*]
**foreign** buitenlands [*bowtuhlants*]
**foreigner** een buitenlander (*de*) [*bowtuhlander*]
**foreign exchange** deviezen [*deveezuh*]
**forest** het bos
**forget** vergeten [*vercHaytuh*]; **I forget, I've forgotten** ik ben het vergeten ['*t vercHaytuh*]; **don't forget** vergeet 't niet [*vercHayt 't neet*]
**fork** een vork (*de*); (*in road*) een tweesprong (*de*) [*tvaysprong*]

**form** (*document*) het formulier [*form∞leer*]

**formal** (*person*) vormelijk [*vormeluhk*];
**formal dress** avondkleding [*ahvont-klayding*]

**fortnight** twee weken [*tvay vaykuh*]

**fortunately** gelukkig [*cHelookicH*]

**fortune-teller** de waarzegger [*vahr-zecHer*]

**forward: could you forward my mail?**
kunt u mijn post doorzenden?
[*dohrzenduh*]

**forwarding address** het adres voor het
nazenden van post [*vohr het nahzenden
van posst*]

**foundation cream** een basiscrème (*de*)
[*bahsiskrem*]

**fountain** een fontein (*de*) [*fonteyn*]

**foyer** (*of cinema etc*) de foyer

**fracture** een breuk (*de*) [*brurk*]

**fractured skull** een schedelbasisfractuur
(*de*) [*scHaydelbahsisfrakt∞r*]

**fragile** breekbaar [*braykbahr*]

**frame** (*picture*) de lijst [*leyst*]

**France** Frankrijk [*frankreyk*]

**fraud** de fraude [*frowduh*]

**free** vrij [*vrey*]; (*no charge*) gratis
[*cHrahtiss*]

**freeway** de autosnelweg [*owtohsnelvecH*]

**freezer** de diepvries [*deepvreess*]

**freezing cold** ijskoud [*eysskowt*]

**French** Frans

**French fries** de patates frites [*patat freet*]

**Frenchman** een Fransman (*de*)

**Frenchwoman** een Française (*de*)
[*fransaysuh*]

**frequent** veelvuldig [*vaylvoolдicH*]

**fresh** (*fruit etc*) vers; (*chilly*) fris; **don't get
fresh with me** (*physically*) hou je op een
afstand [*how yuh op 'n afstant*]

**fresh orange juice** een sinaasappelsap
(*het*) [*seenasappel—*]

**friction tape** een isolatieband (*het*)
[*eesolahseebant*]

**Friday** vrijdag [*vreydacH*]

**fridge** de koelkast [*koolkast*]

**fried egg** een spiegelei (*het*) [*speecHeley*]

**friend** een vriend (*de*) [*vreent*]

**friendly** vriendelijk [*vreendeluhk*]

**frog** een kikker (*de*)

**from** van; **I'm from London** ik woon in
Londen [*vohn*]; **from here to the beach**
hiervandaan naar het strand
[*heervandahn*]; **the next boat from
...** de volgende boot vanuit ...
[*vanowt*]; **as from Tuesday** vanaf
dinsdag [*vanaf*]

**front** de voorkant [*vohrkant*]; **in front**
vooraan [*vohrahn*]; **in front of us** voor
ons [*vohr*]; **at the front** aan de voorkant

**frost** de vorst

**frozen** bevroren [*bevrohruh*]

**frozen food** diepvriesvoedsel (*het*)
[*deepvreessvootsel*]

**fruit** het fruit [*frowt*]

**fruit juice** een vruchtensap (*het*)
[*vroocHtuhsap*]

**fruit machine** de speelautomaat
[*spaylowtomaht*]

**fruit salad** een vruchtensalade (*de*)
[*vroocHtuhsalahduh*]

**frustrating: it's very frustrating** het is
erg frustrerend [*froostrayrent*]

**fry** bakken [*bakkuh*]; **nothing fried** niets
gebakken [*neets cHebakkuh*]

**frying pan** een koekepan (*de*)
[*kookuhpan*]

**full** vol; **it's full of ...** het zit vol met ...;
**I'm full** ik zit vol

**full-board** volpension [*—penshon*]

**full-bodied** (*wine*) gecorseerd
[*cHekorsayrt*]

**fun: it's fun** het is leuk [*it iss lurk*]; **it was
great fun** het was heel erg leuk [*'t vass
hayl aircH*]; **just for fun** gewoon voor de
lol [*vohr duh lol*]; **have fun** veel plezier
[*vayl plezeer*]

**funeral** een begrafenis (*de*) [*becHrah-feniss*]

**funny** (*strange*) vreemd [*vraymt*]; (*comical*)
grappig [*cHrappicH*]

**furniture** het meubilair [*murbilair*]

**further** verder [*vairder*]; **2 kilometres
further** 2 kilometers verderop [*vairderop*]; **further down the road** verderop

**fuse** de zekering [*zaykering*]; **the lights
have fused** de zekeringen zijn
gesprongen [*duh zaykeringuh zeyn
cHespronguh*]

**fuse wire** het zekeringsdraad
[*zaykeringsdraht*]

**future** de toekomst [*tookomst*]; **in future**
van nu af aan [*n∞ aff ahn*]

# G

**gale** de storm

**gallon** see page 121

**gallstone** een galsteen (de) [CHalstayn]

**gamble** gokken [CHokkuh]; **I don't gamble** ik gok niet [CHok neet]

**game** (sport) de partij [partey]; (meat) het wild [vilt]

**games room** de recreatiezaal [raykray-ahsseezahl]

**gammon** de gerookte ham [CHerohktuh ham]

**garage** (repair) de garage [CHarahjuh]; (petrol) het benzinestation [benzeenuh-stashon]; (parking) de garage [CHarahjuh]

**garbage** het afval

**garden** de tuin [town]

**garlic** het knoflook [k-noflohk]

**gas** het gas [CHass]; (gasoline, petrol) de benzine [benzeenuh]

**gas cylinder** de gasfles [CHasfless]

**gasket** de pakking

**gas pedal** het gaspedaal [CHaspedahl]

**gas permeable lenses** de poreuze lenzen [porurzuh lenzuh]

**gas station** het benzinestation [benzeenuhstashon]

**gas tank** de benzinetank [benzeenuh—]

**gastroenteritis** de gastro-enteritis [CHastro-entereetis]

**gate** het hek; (at airport) de uitgang [owtCHang]

**gauge** (oil, fuel etc) de meter [mayter]

**gay** (homosexual) homofiel [homofeel]

**gear** (car) de versnelling; (equipment) de uitrusting [owtroosting]; **the gears stick** de versnelling blijft steken [bleyft staykuh]

**gearbox: I have gearbox trouble** ik heb moeilijkheden met de versnellingsbak [mooy-luhkhayduh met duh versnellingsbak]

**gear lever, gear shift** de versnellingshandel

**general delivery** poste restante [posst restant]

**generous: that's very generous of you** dat is heel aardig van u [hayl ahrdiCH van œ]

**gentleman: that gentleman over there** die meneer daar [dee menayr dahr]; **he's such a gentleman** hij is echt een heer [hey iss ECHt 'n hayr]

**gents** de heren [hayruh]

**genuine** (antique etc) echt [ECHt]

**German** (adj) Duits [dowts]; (man) een Duitser (de); (woman) een Duitse (de)

**German measles** rodehond [rohduh-hont]

**Germany** Duitsland [dowtslant]

**get: have you got ...?** hebt u ...? [hebt œ]; **how do I get to ...?** hoe kom ik in ...? [hoo]; **where do I get them from?** waar kan ik ze krijgen? [vahr kan ik zuh kreyCHuh]; **can I get you a drink?** wil je iets drinken? [vill yuh eets drinkuh]; **will you get it for me?** kunt u het voor mij halen? [koont œ 't vohr mey hahluh]; **when do we get there?** wanneer komen we daar aan? [vanayr kohmuh wuh dahr ahn]; **I've got to go** ik moet nu gaan [moot nœ CHahn]; **where do I get off?** waar moet ik eruit? [vahr moet ik erowt]; **it's difficult to get to** het is moeilijk te bereiken [it iss mooy-luhk tuh bereykuh]; **when I get up** (in morning) wanneer ik opsta [vanayr ik opstah]

**ghastly** (food, taste) vies [veess]; (hotel, people) vreselijk [vrayseluhk]

**ghost** het spook [spohk]

**giddy: it makes me giddy** ik word er duizelig van [dowzeliCH]

**gift** een cadeau (het) [kadoh]

**gigantic** reusachtig [rursaCHtiCH]

**gin** een gin (de); **a gin and tonic** een gin tonic

**girl** het meisje [meyshuh]

**girlfriend** de vriendin [vreendin]

**give** geven *[CHayvuh]*; **will you give me
...?** kunt u mij ... geven? *[koont ω mey ...
CHayvuh]*; **I gave it to him** ik heb het
aan hem gegeven *['t ahn hem
cHecHayvuh]*; **I'll give you 25 guilders**
ik geef u 25 gulden *[CHayf]*; **will you give
it back?** geef je het wel terug? *[terooCH]*
**glad** blij *[bley]*; **I'm so glad** ik ben zo blij
**glamorous** zeer aantrekkelijk *[zayr
ahntrekkeluhk]*
**gland** een klier (*de*) *[kleer]*
**glandular fever** de ziekte van Pfeiffer
*[zeektuh van pfeyfer]*
**glass** (*substance*) het glas *[CHlass]*;
(*drinking*) een drinkglas (*het*)
*[drinkCHlass]*; **a glass of water** een glas
water *[vahter]*
**glasses** een bril (*de*)
**glasshouse** de kas *[kass]*
**gloves** de handschoenen *[hantsCHoonuh]*
**glue** de lijm *[leym]*
**gnat** een mug (*de*) *[mooCH]*
**go** gaan *[CHahn]*; **we want to go to ...** we
willen naar ... gaan *[vuh villuh nahr ...
CHahn]*; **I'm going there tomorrow** ik
ga er morgen heen *[CHah er morcHuh
hayn]*; **when does it go?** (*leave*) wanneer
vertrekt het? *[vanayr vertrekt 't]*; **where
are you going?** waar gaat u heen? *[vahr
CHaht ω hayn]*; **let's go** laten we gaan
*[lahtuh wuh CHahn]*; **he's gone** (*left*) hij
is vertrokken *[hey iss vertrokkuh]*; **it's all
gone** het is helemaal op *[iss hayluhmahl
op]*; **I went there yesterday** ik ben daar
gisteren geweest *[dahr cHisteruh
cHevayst]*; **a hotdog to go** een hotdog om
mee te nemen *[om may tuh naymuh]*; **go
away!** ga weg! *[CHah vecH]*; **it's gone off**
(*food*) het is bedorven *[bedorvuh]*; **we're
going out tonight** we gaan vanavond uit
*[vuh CHahn vanahvont owt]*; **do you
want to go out tonight?** heb je zin om
vanavond uit te gaan? *[heb yuh zin om
vanahvont owt tuh CHahn]*; **has the
price gone up?** is de prijs omhoog
gegaan? *[iss duh preyss omhohcH
cHecHahn]*
**goal** (*sport*) het doel *[dool]*
**goat** de geit *[CHeyt]*
**God** God *[CHot]*
**gold** het goud *[CHowt]*
**golf** het golf *[CHolf]*
**golf clubs** de golfstokken *[CHolfstokkuh]*

**golf course** de golfbaan *[CHolfbahn]*
**good** goed *[CHoot]*; **good!** goed zo!; **that's
no good** daar heb ik niets aan *[dahr heb
ik neets ahn]*; **good heavens!** goeie
hemel! *[CHoo-yuh haymel]*
**goodbye** tot ziens *[tot zeens]*
**good-looking** knap *[k-nap]*
**gooey** (*food etc*) kleverig *[klayvericH]*
**goose** de gans *[CHans]*
**gooseberries**              de             kruisbessen
*[krowsbessuh]*
**gorgeous** (*food*) heerlijk *[hayrluhk]*;
(*woman*) heel erg mooi *[hayl aircH moy]*;
(*view*) prachtig *[pracHticH]*
**gourmet** een gourmet (*de*) *[goormay]*
**gourmet food** het gourmet voedsel
*[goormay vootsel]*
**government** de regering *[rechayring]*
**gradually** geleidelijk *[CHeleydeluhk]*
**grammar** de grammatica *[CHrammah-
teekah]*
**gram(me)** een gram (*de*) *[CHram]*; *see page
119*
**granddaughter** de kleindochter *[kleyn-
docHter]*
**grandfather** de grootvader *[CHrohtvah-
der]*
**grandmother** de grootmoeder *[CHroht-
mooder]*
**grandson** de kleinzoon *[kleynzohn]*
**grapefruit** een grapefruit (*de*)
**grapefruit juice** een grapefruitsap (*het*)
**grapes** de druiven *[drowvuh]*
**grass** het gras *[CHrass]*
**grateful** dankbaar *[dankbahr]*; **I'm very
grateful to you** ik ben u erg dankbaar *[ω
aircH]*
**gravy** de jus *[jω]*
**gray** grijs *[CHreyss]*
**grease** (*on food*) het vet; (*for car*) de smeer
*[smayr]*
**greasy** (*cooking*) vet
**great** groot *[CHroht]*; (*very good*) fantastisch
*[fantasteess]*; **that's great!** dat is
fantastisch!
**Great Britain** Groot-Brittannië *[CHroht-
brittanyuh]*
**Greece** Griekenland *[CHreekuhlant]*
**greedy** (*for food*) gulzig *[CHoolzicH]*
**green** groen *[CHroon]*
**green card** (*insurance*) de groene kaart
*[CHroonuh kahrt]*
**greengrocer**               de              groenteboer

[*chroontuhboor*]
**greenhouse** de kas [*kass*]
**grey** grijs [*chreyss*]
**grilled** geroosterd [*cherohstert*]
**gristle** (*on meat*) het kraakbeen [*krahkbayn*]
**grocer** de kruidenier [*krowdeneer*]
**ground** de grond [*chront*]; **on the ground** op de grond; **on the ground floor** op de begane grond [*bechahnuh*]
**ground beef** de gemalen biefstuk [*chemahluh beefstook*]
**group** de groep [*chroop*]
**group insurance** de groepsverzekering [*chroopsverzaykering*]
**group leader** de groepsleider [*chroopsleyder*]
**guarantee** de garantie [*charansee*]; **is it**

**guaranteed?** is dat gegarandeerd? [*checharandayrt*]
**guardian** (*of child*) de voogd [*vohcht*]
**guest** de gast [*chast*]
**guesthouse** het pension [*penshon*]
**guest room** de logeerkamer [*lojayrkahmer*]
**guide** (*tourist*) de gids [*chits*]
**guidebook** de reisgids [*reyschits*]
**guilder** de gulden [*choolden*]
**guilty** schuldig [*schooldich*]
**guitar** de gitaar [*cheetahr*]
**gum** (*in mouth*) het tandvlees [*tantvlayss*]
**gun** de revolver
**gymnasium** de gymnastiekzaal [*chimnasteekzahl*]
**gyn(a)ecologist** de gynaecoloog [*cheenahkolohch*]

# H

**hair** het haar [*hahr*]
**hairbrush** de haarborstel [*hahrborstel*]
**haircut** de coupe [*koop*]; **just an ordinary haircut please** gewoon knippen alstublieft [*chevohn k-nippuh alstœbleeft*]
**hairdresser** (*man*) de kapper; (*woman*) de kapster
**hairdryer** de haardroger [*hahrdrohcher*]
**hair gel** de haargel [*hahr—*]
**hair grip** de haarspeld [*hahrspelt*]
**hair lacquer** de haarlak [*hahr—*]
**half** half [*hal-f*]; **half an hour** een half uur ['*n hal-f œr*]; **a half portion** een halve portie [*halvuh porsee*]; **half a litre** een halve liter; **half as much** de helft; **half as much again** anderhalf maal zoveel [*anderhal-f mahl zovayl*]; **not half!** reken maar! [*raykuhn mahr*]; *see page 118*
**half corona** een halve corona (*de*) [*halvuh kohrohnah*]
**halfway: halfway to Den Bosch** halverwege Den Bosch [*halvervaychuh*]
**ham** de ham
**hamburger** een hamburger (*de*) [*hamburcher*]

**hammer** de hamer [*hahmer*]
**hand** de hand [*hant*]; **will you give me a hand?** wilt u mij even helpen? [*vilt œ mey ayvuh helpuh*]
**handbag** de handtas [*hantass*]
**hand baggage** de handbagage [*hantbachahjuh*]
**handbrake** de handrem
**handkerchief** een zakdoek (*de*) [*zakdook*]
**handle** (*door*) de deurknop [*durr-k-nop*]; (*cup*) het oor [*ohr*]; **will you handle it?** regel jij het? [*raychel yey it*]
**hand luggage** de handbagage [*hantbachahjuh*]
**handmade** handgemaakt [*hantchemahkt*]
**handsome** knap [*k-nap*]
**hanger** (*for clothes*) een kleerhanger (*de*) [*klayrhanger*]
**hangover** kater [*kahter*]; **I've got a terrible hangover** ik heb een ontzettende kater [*ontzettenduh*]
**happen** gebeuren [*cheburruh*]; **how did it happen?** hoe is het gebeurd? [*hoo iss 't cheburrt*]; **what's happening?** wat gebeurd er? [*vat*]; **it won't happen again**

het zal niet weer gebeuren *[it zal neet vayr cheburruh]*

**happy** gelukkig *[chelookkich]*; **we're not happy with the room** we zijn niet tevreden met de kamer *[vuh zeyn neet tevrayduh]*

**harbo(u)r** de haven *[hahvuh]*

**hard** hard *[hart]*; *(difficult)* moeilijk *[mooy-luhk]*

**hard-boiled egg** een hardgekookt ei *(het)* *[hartchekohkt ey]*

**hard lenses** de harde lenzen *[lenzuh]*

**hardly** nauwelijks *[noweluhks]*; **hardly ever** haast nooit *[hahst noyt]*

**hardware store** een ijzerwarenwinkel *(de)* *[eyzervahruhvinkel]*

**harm** kwaad *[kvaht]*

**hassle: it's too much hassle** het is zo'n gedoe *[it iss zo 'n chedoo]*; **a hassle-free holiday** een vakantie zonder problemen *[in vakansee zonder problaymuh]*

**hat** de hoed *[hoot]*

**hatchback** *(car)* een auto met vijf deuren *(de)* *[owtoh met veyf durruh]*

**hate: I hate …** ik heb een (ontzettende) hekel aan … *['n (ontzettenduh) haykel ahn]*

**have** hebben *[hebbuh]*; **do you have …?** hebt u …? *[hebt oo]*; **can I have …?** kan ik … hebben?; **can I have some water?** kan ik een beetje water krijgen? *['n baytyuh vahter kreychuh]*; **I have …** ik heb …; **I don't have …** ik heb geen … *[chayn]*; **can we have breakfast in our room?** kunnen we in onze kamer ontbijten? *[koonuh vuh in onzuh kahmer ontbeytuh]*; **have another** *(drink etc)* neem er nog een *[naym er noch ayn]*; **I have to leave early** ik moet vroeg weg *[moot vrooch vech]*; **do I have to …?** moet ik …? *[moot]*; **do we have to …?** moeten we …? *[mootuh vuh]*; *see page 113, 116*

**hay fever** de hooikoorts *[hoykohrts]*

**he** hij *[hey]*; **is he here?** is hij hier? *[iss hey heer]*; *see page 110*

**head** het hoofd *[hohft]*; **we're heading for Friesland** we zijn op weg naar Friesland *[vuh zeyn op vech nahr]*

**headache** de hoofdpijn *[hohftpeyn]*

**headlight** de koplamp

**headphones** de koptelefoon *[koptelefohn]*

**head waiter** de ober

**head wind** de tegenwind *[taychuhvint]*

**health** de gezondheid *[chezontheyt]*; **your health!** gezondheid!

**healthy** gezond *[chezont]*

**hear: can you hear me?** kun je me verstaan? *[koon yuh muh verstahn]*; **I can't hear you** ik kan je niet verstaan *[neet]*; **I've heard about it** ik heb er van gehoord *[che-hohrt]*

**hearing aid** het gehoorapparaat *[chehohrapparaht]*

**heart** het hart

**heart attack** de hartaanval *[hartahnval]*

**heat** de hitte *[hittuh]*; **not in this heat!** niet bij deze hitte! *[neet bey dayzuh hittuh]*

**heater** *(in car)* de verwarming *[vervarming]*

**heating** de verwarming *[vervarming]*

**heat rash** de hittepuistjes *[hittuhpowstyuhs]*

**heat stroke** een zonnesteek *(de)* *[zonnuhstayk]*

**heatwave** een hittegolf *(de)* *[hittuhcholf]*

**heavy** zwaar *[zvahr]*

**hectic** hectisch *[hekteess]*

**heel** *(of foot)* de hiel *[heel]*; *(of shoe)* de hak; **could you put new heels on these?** kunt u hier nieuwe hakken onder zetten? *[koont oo heer 'new'uh hakkuh onder zettuh]*

**heelbar** de hakkenbar

**height** *(building)* de hoogte *[hohchtuh]*; *(person)* de lengte *[lengtuh]*

**helicopter** de helikopter *[haylikopter]*

**hell: oh hell!** verdikkeme! *[verdikkuhmuh]*; **go to hell!** loop naar de maan! *[lohp nahr duh mahn]*

**hello!** hallo!; *(in surprise)* hé *[hay]*

**helmet** *(motorcycle)* de valhelm *[val-helm]*

**help** helpen *[helpuh]*; **can you help me?** kunt u mij helpen? *[koont oo mey]*; **thanks for your help** bedankt voor uw hulp *[bedankt vohr oow hoolp]*; **help!** help!

**helpful: he was very helpful** hij was erg behulpzaam *[hey vass airch behoolpzahm]*; **that's helpful** dat is nuttig *[nootich]*

**helping** *(of food)* een portie *(de)* *[porsee]*

**hepatitis** de leverontsteking *[layverontstayking]*

**her: I don't know her** ik ken haar niet [hahr neet]; **will you send it to her?** wilt u het naar haar opsturen? [vilt ɷ 't nahr hahr opstɷruh]; **it's her** zij is het [zey iss 't]; **with her** met haar; **for her** voor haar [vohr]; **that's her suitcase** dat is haar koffer; see pages 109, 110

**herbs** de kruiden [krowdduh]

**here** hier [heer]; **here you are** (giving something) alstublieft [alstɷbleeft]; **here he comes** daar komt hij [dahr komt hey]

**hers: that's hers** dat is van haar [van hahr]; see page 112

**hey!** hé! [hay]

**hi** hallo; (more informal) hoi [hoy]

**hiccups** de hik

**hide** verbergen [verbaircɦuh]

**hideous** afschuwelijk [afscɦɷoveluhk]

**high** hoog [hohcɦ]

**highbeam** het grote licht [cɦrohtuh licɦt]

**highchair** (for baby) een kinderstoel (de) [kinderstool]

**highlighter** (cosmetic) de highlighter

**highway** de autosnelweg [owtohsnel-vecɦ]

**hiking** wandelen [vandeluh]

**hill** de heuvel [hurvel]; **it's further up the hill** het ligt hoger op de heuvel [it licɦt hohcɦer op duh]

**hilly** heuvelachtig [hurvelacɦticɦ]

**him: I don't know him** ik ken hem niet [neet]; **will you send it to him?** stuur jij het naar hem [stɷr yey 't nahr]; **it's him** hij is het [hey iss 't]; **with him** met hem; **for him** voor hem [vohr]; see page 110

**hip** de heup [hurp]

**hire: can I hire a car?** kan ik een auto huren [hɷruh]; **do you hire them out?** verhuurt u ze? [verhɷrt ɷ zuh]

**his: it's his drink** het is zijn borrel [it iss zeyn]; **it's his** het is van hem; see pages 109, 112

**history: the history of Nijmegen** de geschiedenis van Nijmegen [cɦescɦee-deniss]

**hit: he hit me** hij heeft me geslagen [hey hayft muh cɦeslahcɦuh]; **I hit my head** ik heb mijn hoofd gestoten [cɦestohtuh]

**hitch: is there a hitch?** zijn er problemen? [zeyn er problaymuh]

**hitch-hike** liften [liftuh]

**hitch-hiker** een lifter (de)

**hit record** een top record (het)

**hole** een gat (het) [cɦat]

**holiday** de vakantie [vakansee]; **I'm on holiday** ik ben op vakantie

**Holland** Nederland [nayderlant]

**home** een huis (het) [howss]; **at home** thuis [towss]; (in my own country) bij ons (in Amerika, Engeland) [bey]; **I go home tomorrow** ik ga morgen naar huis [ik cɦah morcɦuh nahr]; **home sweet home!** oost west, thuis best! [ohst]

**home address** het thuisadres [towsadress]

**homemade** eigengemaakt [eycɦuhcɦe-mahkt]

**homesick: I'm homesick** ik heb heimwee [heymvay]

**honest** eerlijk [ayrluhk]

**honestly?** werkelijk? [vairkeluhk]

**honey** de honing

**honeymoon** de huwelijksreis [hɷove-luhksreyss]; **it's our honeymoon** het is onze huwelijksreis [it iss onzuh]; **a second honeymoon** een tweede huwelijksreis [in tvayduh]

**honeymoon suite** de bruidssuite [browts-sweetuh]

**hood** (of car) de motorkap

**hoover** (tm) de stofzuiger [stofzowcɦer]

**hope** de hoop [hohp]; **I hope so** ik hoop het; **I hope not** ik hoop van niet [neet]

**horn** (car) de toeter [tooter]

**horrible** afschuwelijk [afscɦɷoveluhk]

**hors d'oeuvre** de hors d'oeuvre

**horse** een paard (het) [pahrt]

**horse riding** paardrijden [pahrtreyduh]

**hose** de slang

**hospital** het ziekenhuis [zeekuh-howss]

**hospitality** de gastvrijheid [cɦastvrey-heyt]; **thank you for your hospitality** dank u voor uw gastvrijheid [dank ɷ vohr oow]

**hostel** de jeugdherberg [jurcɦt-hairbaircɦ]

**hot** heet [hayt]; **I'm hot** ik heb het heet; **something hot to eat** iets warms te eten [eets varms tuh aytuh]; **it's so hot today** het is zo warm vandaag [varm]

**hotdog** een hotdog (de)

**hotel** het hotel; **at my hotel** in mijn hotel [meyn]

**hotel clerk** de hotel-receptionist [resepshonist]; (woman) de hotel-receptionste [—istuh]

**hotplate** (*on cooker*) de kookplaat [**koh**kplaht]

**hot-water bottle** een warme kruik (*de*) [**var**muh krowk]

**hour** een uur (*het*) [*œr*]; **on the hour** op het uur [*op 't œr*]

**house** het huis [*howss*]

**housewife** de huisvrouw [**how**svrow]

**hovercraft** de hovercraft [**hoov**er—]

**how** hoe [*hoo*]; **how many?** hoeveel? [**hoo**vayl]; **how much?** hoeveel?; **how often?** hoe vaak? [*hoo vahk*]; **how are you?** hoe gaat het met u? [*сHaht 't met œ*]; **how do you do?** aangenaam kennis te maken [**ahn**сHenahm **k**ennis tuh **mah**kuh]; **how about a beer?** heb je zin in een pilsje? [*heb yuh zin in 'n p*i*lshuh*]; **how nice!** wat leuk! [*vat lurk*]; **would you show me how to?** kunt u mij laten

zien hoe? [*koont œ mey l**ah**tuh zeen hoo*]

**humid** vochtig [*v**oc**HtiсH*]

**humidity** de vochtigheid [*voCHtiсHheyt*]

**humo(u)r:** **where's your sense of humo(u)r?** waar is je gevoel voor humor? [*vahr iss yuh сHev**oo**l vohr h**œ**mor*]

**hundredweight** *see page 120*

**hungry:** **I'm hungry** ik heb honger; **I'm not hungry** ik heb geen honger [*сHayn*]

**hurry:** **I'm in a hurry** ik heb haast [*hahst*]; **hurry up!** schiet op! [*sсH**ee**t op*]; **there's no hurry** er is geen haast bij [*er iss сHayn hahst bey*]

**hurt:** **it hurts me** het doet pijn [*'t doot peyn*]; **my back hurts** mijn rug doet pijn [*meyn r**oo**сH*]

**husband:** **my husband** mijn echtgenoot [*e**сH**tсHenoht*]

**hydrofoil** de vleugelboot [*vl**ur**сHelboht*]

# I

**I** ik; **I am English** ik ben Engels; *see page 110*

**ice** het ijs [*eyss*]; **with ice** met ijs; **with ice and lemon** met ijs en citroen [*seetr**oo**n*]

**ice-cream** een ijsje (*het*) [**eys**huh]

**ice-cream cone** een ijshoorn (*de*) [**eys**hohrn]

**ice skates** de schaatsen [*sсH**ah**tsuh*]

**ice skating** schaatsen [*sсH**ah**tsuh*]

**iced coffee** een ijsgekoelde koffie (*de*) [*eysсHek**oo**lduh k**o**ffee*]

**idea** een idee (*het*) [*eed**ay*]; **good idea!** goed idee, zeg! [*сHoot eed**ay** zeсH*]

**ideal** ideaal [*eeday**ahl*]

**identity papers** de legitimatiepapieren [*layсHeeteem**ah**sseepapeeruh*]

**idiot** een idioot (*de*) [*eedeey**oht*]

**idyllic** idyllisch [*eed**i**lleess*]

**if** als; **if you could** als je … zou kunnen … [*zow k**oo**nuh*]; **if not** zo neen [*zo nayn*]; **if so** zo ja [*zo yah*]

**ignition** de ontsteking [*ontst**ay**king*]

**ill** ziek [*zeek*]; **I feel ill** ik voel me niet goed [*vool muh neet сHoot*]

**illegal** illegaal [*ill**ay**сHahl*]

**illegible** onleesbaar [*onl**ay**sbahr*]

**illness** de ziekte [*z**ee**ktuh*]

**imitation** (*leather etc*) kunst- [*koonst*]

**immediately** onmiddellijk [*onm**i**ddeluhk*]

**immigration** de immigratie [*imm**ee**сHr**ah**see*]

**import** importeren [*import**ay**ruh*]

**important** belangrijk [*bel**a**ngreyk*]; **it's very important** het is erg belangrijk [*it iss airсH*]; **it's not important** het is niet belangrijk [*neet*]

**import duty** de invoerrechten [*i**n**voorreсHtuh*]

**impossible** onmogelijk [*onm**oh**сHeluhk*]

**impressive** indrukwekkend [*indr**oo**kvekkent*]

**improve:** **it's improving** het wordt beter [*'t vort b**ay**ter*]; **I want to improve my Dutch** ik wil mijn Nederlands verbeteren [*vill meyn n**ay**derlants verb**ay**teruh*]

**improvement** een verbetering (*de*) [*verb**ay**tering*]

**in:** **in my room** in mijn kamer; **in the town centre** in het centrum van de stad;

**in London** in Londen; **in one hour's time** over een uur *[over ayn œr]*; **in August** in augustus *[in owcHoostus]*; **in English** in het Engels *[in 't]*; **is he in?** is hij thuis? *[iss hey towss]*
**inch** de duim *[dowm]*; *see page 119*
**include** omvatten *[omvattuh]*; **does that include meals?** zijn de maaltijden daarbij inbegrepen? *[zeyn duh mahlteyduh dahrbey inbecHraypuh]*; **is that included in the price?** is dat bij de prijs inbegrepen? *[iss dat bey duh preyss]*
**inclusive** inclusief *[inklœseef]*
**incompetent** onbekwaam *[onbekvahm]*
**inconvenient** *(time)* ongelegen *[oncHelaycHuh]*
**increase** de toename *[toonahmuh]*; *(price)* de prijsverhoging *[preyssverhohcHing]*
**incredible** ongelooflijk *[oncHelohfluhk]*
**indecent** onfatsoenlijk *[onfatsoonluhk]*
**independent** onafhankelijk *[onafhankeluhk]*
**India** Indië *[indeeyuh]*
**Indian** Indisch *[indeess]*; *(man)* de Indiër *[indeeyer]*; *(woman)* de Indische *[indeessuh]*
**indicator** *(car)* de richtingaanwijzer *[ricHting-ahnveyzer]*
**indigestion** de indigestie *[indeecHestee]*
**indoor pool** het binnenbad *[binnuhbat]*
**indoors** binnen *[binnuh]*
**industry** de industrie *[indoòstree]*
**inefficient** ondoelmatig *[ondoolmahticH]*
**infection** de infectie *[infeksee]*
**infectious** besmettelijk *[besmetteluhk]*
**inflammation** een ontsteking *(de)* *[ontstayking]*
**inflation** de inflatie *[inflahssee]*
**informal** informeel *[informayl]*
**information** informatie *(de)* *[informahssee]*
**information desk** *(at airport etc)* de informatiebalie *[informahsseebahlee]*
**information office** het inlichtingenkantoor *[inlicHtinguhkantohr]*
**injection** een injectie *(de)* *[inyeksee]*
**injured** gewond *[cHevont]*; **she's been injured** ze is gewond *[zuh iss]*
**injury** de verwonding *[vervonding]*
**in-law: my in-laws** mijn schoonouders *[meyn scHohnowders]*
**innocent** onschuldig *[onscHooldicH]*

**inquisitive** nieuwsgierig *['news'cHeericH]*
**insect** een insekt *(het)*
**insect bite** een insektebeet *(de)* *[insektuhbayt]*
**insecticide** een insekticide *(het)* *[insekteesseeduh]*
**insect repellent** een insektenverdrijver *(de)* *[insektuhverdreyver]*
**inside: inside the tent** in de tent; **let's sit inside** laten we binnen zitten *[lahtuh vuh binnuh zittuh]*
**insincere** onoprecht *[onoprecHt]*
**insist: I insist** ik sta erop *[stah erop]*
**insomnia** de slapeloosheid *[slahpelohsheyt]*
**instant coffee** de oploskoffie *[oploskoffee]*
**instead** in plaats daarvan *[plahts dahrvan]*; **I'll have that one instead** ik neem die ervoor in de plaats *[naym dee ervohr in duh plahts]*; **instead of …** in plaats van …
**insulating tape** het isolatieband *[eesolahsseebant]*
**insulin** de insuline *[insœleenuh]*
**insult** een belediging *(de)* *[belaydicHing]*
**insurance** de verzekering *[verzaykering]*; **write the name and address of your insurance company here** schrijf hier de naam en het adres van uw verzekeringsmaatschappij *[scHreyf heer duh nahm en 't adress van oow verzaykerings-mahtscHappey]*
**insurance policy** de verzekeringspolis *[verzaykeringspohliss]*
**intellectual** een intellectueel *(de)* *[intellektœ-ayl]*
**intelligent** intelligent *[intelleecHent]*
**intentional: it wasn't intentional** het was niet opzettelijk *['t vass neet opzetteluhk]*
**interest: places of interest** bezienswaardigheden *[bezeensvahrdicH-hayduh]*
**interested: I'm very interested in …** ik ben erg geïnterresseerd in … *[aircH cHeinterressayrt]*
**interesting** interessant; **that's very interesting** dat is erg interessant *[dat iss aircH]*
**international** internationaal *[internashonahl]*

**interpret** tolken *[tolkuh]*; **would you interpret?** wilt u tolken? *[vilt oo]*

**interpreter** de tolk

**intersection** de wegkruising *[vecHkrowsing]*

**interval** een pauze (*de*) *[powzuh]*

**into: I'm not into that** (*don't like*) dat interesseert mij niet *[dat interessayrt mey neet]*

**introduce: may I introduce ...?** mag ik ... aan u voorstellen? *[macH ik ... ahn oo vohrstelluh]*

**introvert** de introvert *[introhvairt]*

**invalid** (*person*) een invalide (*de*) *[invaleeduh]*

**invalid chair** de rolstoel *[rolstool]*

**invitation** de uitnodiging *[owtnohdicHing]*; **thank you for the invitation** dank u voor uw uitnodiging *[dank oo vohr oow]*

**invite** uitnodigen *[owtnohdicHuh]*; **can I invite you out for a meal?** mag ik u uitnodigen om ergens te eten? *[macH ik oo ... aircHens tuh aytuh]*

**involved: I don't want to get involved in it** ik wil er niet bij betrokken raken *[vill er neet bey betrokkuh rahkuh]*

**iodine** het jodium *[yohdee-um]*

**Ireland** Ierland *[eerlant]*

**Irish** Iers *[eers]*

**Irishman** een Ier (*de*) *[eer]*

**Irishwoman** een Ierse (*de*) *[eersuh]*

**iron** (*for clothes*) een strijkijzer (*het*) *[streykeyzer]*; **can you iron these for me?** kunt u deze voor mij strijken? *[koont oo dayzuh vohr mey]*

**ironmonger** de ijzerwarenhandelaar *[eyzervahruh-handelahr]*

**is** *see page 113*

**island** een eiland (*het*) *[eylant]*; **on the island** op het eiland *[op 't]*

**isolated** geïsoleerd *[cHe-eezohlayrt]*

**it** het *['t, it]*; **is it ...?** is het ...? *[iss 't]*; **where is it?** waar is het? *[vahr iss 't]*; **it's her** zij is het *[zey iss 't]*; **it's only me** ik ben het maar *[ik ben 't mahr]*; **it was ...** het was ... *[it vass]*; **that's just it!** dat is het 'm nu juist *[dat iss 't 'm noo yowst]*; **that's it** (*that's right*) dat is het; *see page 110*

**Italian** (*adj*) Italiaans *[eetalyahns]*; (*man*) een Italiaan (*de*) *[eetalyahn]*; (*woman*) een Italiaanse (*de*) *[eetalyahnsuh]*

**Italy** Italië *[eetaleeyuh]*

**itch: it itches** het jeukt *[it yurkt]*

**itinerary** het reisplan *[reysplan]*

# J

**jack** (*for car*) de krik

**jacket** de jas *[yass]*

**jacuzzi** het massagebad *[massahjuhbat]*

**jam** de jam *[jem]*; **traffic jam** de verkeersopstopping *[verkayrs—]*; **I jammed on the brakes** ik stond op de remmen *[stont op duh remmuh]*

**January** januari *[yanooahree]*

**jaundice** de geelzucht *[cHaylzoocHt]*

**jaw** de kaak *[kahk]*

**jazz** jazz

**jazz club** een jazz club (*de*) *[kloob]*

**jealous** (*in love*) jaloers *[yaloors]*; **he's jealous** hij is jaloers *[hey]*

**jeans** de spijkerbroek *[speykerbrook]*

**jellyfish** een kwal (*de*) *[kval]*

**jet-setter** een jet-setter (*de*)

**jetty** de aanlegsteiger *[ahnlecHsteycHer]*

**Jew** een Jood (*de*) *[yoht]*

**jewel(le)ry** de juwelen *[yoovayluh]*

**Jewish** Joods *[yohts]*

**jiffy: just a jiffy!** een ogenblik alstublieft! *[ohcHenblik alstoobleeft]*

**job** de baan *[bahn]*; **just the job!** net wat we nodig hebben! *[net vat vuh nohdicH hebbuh]*; **it's a good job you told me!** het is maar goed dat je het mij verteld hebt! *['t iss mahr cHoot dat yuh 't mey vertelt hebt]*

**jog: I'm going for a jog** ik ga joggen *[jogguh]*

**jogging** joggen *[jogguh]*

**join** (*club etc*) lid worden van *[lit vorduh]*;
**I'd like to join** ik wil graag lid worden
*[vill chrahch]*; **can I join you?** (*at table*)
kan ik hier zitten? *[heer zittuh]*; **do you
want to join us?** wilt u zich bij ons
aansluiten? *[vilt œ zich bey ons
ahnslowtuh]*

**joint** (*in body*) het gewricht *[chevricht]*; (*to
smoke*) een joint (*de*)

**joke** een grap (*de*) *[chrap]*; **you've got to
be joking!** dat moet een grapje zijn *[dat
moot 'n chrapyuh zeyn]*; **it's no joke** het
is geen grap *[chayn]*

**jolly: it was jolly good** het was prima *[it
vass preemah]*; **jolly good!** uitstekend!
*[owtstaykent]*

**journey** de reis *[reyss]*; **have a good
journey!** goeie reis! *[chooyuh]*; **safe
journey home!** veilig thuis! *[veylich
towss]*

**jug** de kan; **a jug of water** een kan water
*[vahter]*

**July** juli *[yœlee]*

**jump: you made me jump** je liet me
schrikken *[yuh leet muh schrikkuh]*;
**jump in!** (*to car*) spring erin!

**jumper** een trui (*de*) *[trow]*

**jump leads, jumper cables** de accu-
kabels *[akkœ-kahbels]*

**junction** de wegkruising *[vechkrowsing]*

**June** juni *[yœnee]*

**junior: Mr Jones junior** de heer Jones
junior *[duh hayr … yœneeor]*

**junk** (*rubbish*) de rommel

**just: just one for me** voor mij maar een
*[vohr mey mahr ayn]*; **just me** alleen ik
*[allayn]*; **just for me** alleen voor mij; **just
a little** maar een beetje *[mahr 'n
baytyuh]*; **just here** hier *[heer]*; **not just
now** nu even niet *[nœ ayvuh neet]*; **he
was here just now** hij was zojuist nog
hier *[hey vass zoyowst noch heer]*; **that's
just right** dat is precies goed *[preseess
choot]*; **it's just as good** het is net zo
goed; **that's just as well** dat is maar goed
ook *[mahr choot ohk]*

# K

**kagul** een lichte anorak (*de*) *[lichtuh]*

**keen: I'm not keen** ik heb er weinig zin in
*[veynich]*

**keep: can I keep it?** kan ik het houden
*[howduh]*; **you can keep it** u kunt het
houden; **keep the change** zo is het goed *[zo iss 't choot]*; **will it keep?**
(*food*) blijft het lang goed? *[bleyft 't lang
choot]*; **it's keeping me awake** ik lig er
wakker van *[lich er vakker]*; **it keeps on
breaking** het breekt steeds *[it braykt
stayts]*; **I can't keep anything down**
(*food*) ik kan er niets inhouden *[neets
inhowduh]*

**kerb** de trottoirband *[trotvahrbant]*

**ketchup** de ketchup

**kettle** de ketel *[kaytel]*

**key** de sleutel *[slurtel]*

**kid: the kids** de kinderen *[kin-deruh]*; **I'm
not kidding** ik hou je niet voor de gek
*[how yuh neet vohr duh chek]*

**kidneys** nieren (*de*) *[neeruh]*

**kill** doden *[dohduh]*; **my feet are killing
me** ik heb vreselijke last van mijn voeten
*[vrayseluhkuh lasst van meyn vootuh]*

**kilo** een kilo (*de*); *see page 120*

**kilometre, kilometer** een kilometer (*de*)
*[keelomayter]*; *see page 119*

**kind: that's very kind** dat is erg
vriendelijk *[airch vreendeluhk]*; **this
kind of …** dit soort … *[sohrt]*

**kiss** een kus (*de*) *[kooss]*

**kitchen** de keuken *[kurkuh]*

**kitchenette** een kleine keuken (*de*)
*[kleynuh kurkuh]*

**Kleenex** (*tm*) Kleenex

**knackered** (*tired*) doodop *[dohtop]*

**knee** de knie *[k-nee]*

**knickers** het damesslipje *[dahmesslip-
yuh]*

**knife** het mes

**knitting** het breiwerk *[breyvairk]*

**knitting needles** de breinaalden [*breynahlduh*]

**knobbly knees** knobbelige knieën [*knobbelichuh k-nee-uh*]

**knock: there's a knocking noise from the engine** de motor maakt een kloppend geluid [*mahkt in kloppent chelowt*]; **he's had a knock on the head** hij heeft een klap op zijn hoofd gehad [*hey hayft 'n klap op zeyn hohft chehat*]; **he's been**

**knocked over** hij is aangereden [*ahncherayduh*]

**knot** (*in rope*) een knoop (*de*) [*k-nohp*]

**know** (*somebody, place*) kennen [*kennuh*]; (*something*) weten [*vaytuh*]; **I didn't know that** dat wist ik niet [*vist ik neet*]; **I don't know** ik weet het niet [*vayt 't neet*]; **do you know a good restaurant?** weet u een goed restaurant?; **who knows?** wie weet? [*vee vayt*]

# L

**label** (*suitcase*) de label; (*stick on*) het etiket [*ayteeket*]

**laces** (*shoes*) de veters [*vayters*]

**lacquer** de haarlak [*hahrlak*]

**ladies' (room)** het damestoilet [*dahmestvalet*]

**lady** een dame (*de*) [*dahmuh*]; **ladies and gentlemen!** dames en heren! [*dahmuhs en hayruh*]

**lager** een lager bier (*het*) [*lahcher beer*], een pils (*de*)

**lake** een meer (*het*) [*mayr*]

**lamb** een lam (*het*); (*meat*) het lamsvlees [*lamsvlayss*]

**lamp** een lamp (*de*)

**lamppost** de lantaarnpaal [*lantahrnpahl*]

**lampshade** een lampekap (*de*) [*lampuhkap*]

**land** (*ground*) het land [*lant*]; **when does the plane land?** hoe laat landt het vliegtuig? [*hoo laht ... 't vleechtowch*]

**landscape** het landschap [*lantschap*]

**lane** (*car*) een rijstrook (*de*) [*reystrohk*]; (*narrow road*) een weggetje (*het*) [*vechetyuh*]

**language** de taal [*tahl*]

**language course** een taalcursus (*de*) [*tahlkoorsooss*]

**large** groot [*chroht*]

**laryngitis** ontsteking van het strottehoofd [*ontstayking ... strottuh-hohft*]

**last** laatst(e) [*lahtst(uh)*]; **last year** verleden jaar [*verlayduh yahr*]; **last Wednesday** afgelopen woensdag

[*afchelohpuh*]; **last night** gisteravond [*chisterahvont*]; **when is the last bus?** hoe laat gaat de laatste bus? [*hoo laht chaht duh lahtstuh booss*]; **one last drink** nog een laatste borrel [*noch 'n*]; **when were you last in London?** wanneer was je voor het laatst in Londen? [*vanayr vass yuh vohr 't lahtst*]; **at last!** eindelijk! [*eyndeluhk*]; **how long does it last?** (*film etc*) hoe lang duurt het? [*hoo lang doort 't*]; **last name** de achternaam [*achternahm*]

**late: sorry I'm late** sorry dat ik zo laat ben [*laht*]; **don't be late** kom niet te laat [*neet tuh*]; **the bus was late** de bus was te laat; **we'll be back late** we komen laat terug [*vuh kohmuh laht terooch*]; **it's getting late** het wordt laat [*vort*]; **is it that late!** is het al zo laat!; **it's too late now** het is nu te laat [*noe*]; **I'm a late riser** ik sta altijd laat op [*stah alteyt*]

**lately** de laatste tijd [*lahtstuh teyt*]

**later** later [*lahter*]; **later on** later; **I'll come back later** ik kom straks terug [*terooch*]; **see you later** tot straks; **no later than Tuesday** niet later dan dinsdag [*neet*]

**latest: the latest news** het laatste nieuws [*lahtstuh 'new's*]; **at the latest** op zijn laatst [*zeyn lahtst*]

**laugh** lachen [*lachuh*]; **don't laugh** lach niet [*lach neet*]; **it's no laughing matter** het is helemaal niet grappig [*hayluhmahl neet chrappich*]

**launderette, laundromat** de wasserette
[vasser*ett*]
**laundry** (*clothes*) het wasgoed [vasc*hoot*];
(*place*) de wasserij [vasser*ey*]; **could you
get the laundry done?** kunt u de was
voor mij doen? [koont *oo* duh vass vohr
mey doon]
**lavatory** de w.c. [vays*ay*]
**law** de wet [vet]; **against the law** tegen de
wet [tayc*huh*]
**lawn** het grasveld [c*hr*assvelt]
**lawyer** de advocaat [advok*aht*]
**laxative** een laxeermiddel (*het*)
[lax*ay*rmiddel]
**lay-by** een parkeerhaven (*de*)
[park*ay*rhahvuh]
**laze around: I just want to laze around**
ik wil alleen wat luieren [all*ay*n vat
l*ow*yeruh]
**lazy** lui [low]; **don't be lazy** wees niet zo
lui [vayss neet]; **a nice lazy holiday** een
lekkere luie vakantie [in lekkeruh l*ow*yuh
vak*an*see]
**lead** (*elec*) de snoer [snoor]; **where does
this road lead?** waar gaat deze weg naar
toe? [vahr c*h*aht d*ay*zuh vec*h* nahr too]
**leaf** een blad (*het*) [blat]
**leaflet** de brochure [brosh*oo*ruh]; **do you
have any leaflets on ...?** hebt u ook
brochures over ...? [*oo* ohk]
**leak** een lekkage (*de*) [lekk*ah*juh]; **the roof
leaks** het dak lekt
**learn: I want to learn ...** ik wil leren ...
[l*ay*ruh]
**learner: I'm just a learner** ik ben maar
een beginneling [mahr 'n bec*h*inneling]
**lease** verhuren [verh*oo*ruh]
**least: not in the least** helemaal niet
[h*ay*luhmahl neet]; **at least 50** minstens
50
**leather** het leer [layr]
**leave: when does the bus leave?**
wanneer vertrekt de bus? [v*an*ayr
vertr*ekt*]; **I leave tomorrow** ik vertrek
morgen [morc*h*uh]; **he left this
morning** hij is vanochtend vertrokken
[hey iss vanoc*h*tent vertr*o*kkuh]; **may I
leave this here?** kan ik dit hier laten
liggen? [heer l*ah*tuh lic*h*uh]; **I left my
bag in the bar** ik heb mijn tas in de bar
laten liggen [meyn tass]; **she left her bag
here** ze heeft haar tas hier laten liggen
[zuh hayft hahr]; **leave the window**

**open please** laat het raam open
alstublieft [laht 't rahm open
alst*oo*bl*ee*ft]; **there's not much left** er is
niet veel meer over [neet vayl mayr *o*ver];
**I've hardly any money left** ik heb haast
geen geld meer over [hahst c*h*ayn c*h*elt];
**I'll leave it up to you** ik laat het aan jou
over
**lecherous** wellustig [vell*oo*stic*h*]
**left** links; **on the left** aan de linkerkant
**lefthand drive** een links stuur (*het*) [links
st*oo*r]
**left-handed** linkshandig [links-handic*h*]
**left luggage (office)** de bagage-depot
[bac*h*ahjuh-d*e*poh]
**leg** het been [bayn]
**legal** wettig [vettic*h*]
**legal aid** de rechtskundige bijstand
[rec*h*tsk*oo*ndic*h*uh b*ey*stant]
**lemon** een citroen (*de*) [sitr*oo*n]
**lemonade** een limonade (*de*)
[leemon*ah*duh]
**lemon tea** een citroenthee (*de*)
[sitr*oo*ntay]
**lend: would you lend me your ...?** kunt u
mij uw ... lenen? [koont *oo* mey ... l*ay*nuh]
**lens** de lens
**lens cap** de lensdop
**Lent** de vastentijd [v*a*stenteyt]
**lesbian: she is a lesbian** zij is lesbisch
[zey iss lesbeess]
**less: less than an hour** nog geen uur
[noc*h* c*h*ayn *o*r]; **less than that** minder
dan dat [minder]; **less hot** niet zo heet
[neet zo hayt]
**lesson** een les (*de*) [less]; **do you give
lessons?** geeft u les? [c*h*ayft *oo*]
**let: will you let me know?** laat u het me
weten? [laht *oo* 't muh v*ay*tuh]; **I'll let
you know** ik laat het u weten; **let me try**
laat mij het eens proberen [laht mey it
ayns prob*ay*ruh]; **let me go!** laat me los!;
**let's leave now** laten we nu gaan [l*ah*tuh
vuh n*oo* c*h*ahn]; **let's not go yet** laten we
nog even blijven [noc*h* *ay*vuh bl*ey*vuh];
**will you let me off at ...?** (*bus*) wilt u mij
uit laten stappen bij [vilt *oo* muh owt
l*ah*tuh st*a*ppuh bey]; (*taxi*) wilt u mij
afzetten bij [afz*e*ttuh]; **would you let me
use it?** mag ik het van u gebruiken? [mac*h*
ik 't van *oo* c*h*ebr*ow*kuh]; **room to let**
kamer te huur [k*ah*mer tuh h*oo*r]
**letter** een brief (*de*) [breef]; **are there any**

**letters for me?** is er post voor me? *[iss er posst vohr mey]*

**letterbox** de brievenbus *[breevuhbooss]*

**lettuce** de sla *[slah]*

**level crossing** de spoorwegovergang *[spohrvechoverchang]*

**lever** de hendel

**liable** (*responsible*) verantwoordelijk *[verantvohrdeluhk]*

**liberated: a liberated woman** een geëmancipeerde vrouw (*de*) *[cheaymansseepayrduh vrow]*

**library** de bibliotheek *[beebleeotayk]*

**licence, license** de vergunning *[verchoonning]*

**license plate** de nummerplaat *[noomerplaht]*

**lid** het deksel

**lido** een natuurbad (*het*) *[natoorbat]*

**lie** (*untruth*) een leugen (*de*) *[lurchuh]*; **can she lie down for a while?** kan ze even gaan liggen? *[ayvuh chahn lichuh]*; **I want to go and lie down** ik ga een poosje rusten *[chah 'n poh-shuh roostuh]*

**lie-in: I'm going to have a lie-in tomorrow** ik slaap morgen uit *[slahp … owt]*

**life** het leven *[layvuh]*; **not on your life!** om de dood niet! *[om duh doht neet]*; **that's life** zo is het leven

**lifebelt** de reddingsboei *[reddingsbooy]*

**lifeboat** de reddingsboot *[reddingsboht]*

**lifeguard** (*on beach*) de strandwacht *[strantvacht]*

**life insurance** de levensverzekering *[layvensverzaykering]*

**life jacket** een reddingsvest (*het*)

**lift** (*in hotel*) de lift; **could you give me a lift?** kunt u mij een lift geven? *[koont oo mey 'n lift chayvuh]*; **do you want a lift?** wil je een lift hebben? *[vill yuh 'n … hebbuh]*; **thanks for the lift** bedankt voor de lift *[bedankt vohr]*; **I got a lift** ik kreeg een lift *[kraych]*

**light** het licht *[licht]*; (*not heavy*) licht; **the light was on** het licht was aan *[ahn]*; **do you have a light?** hebt u vuur? *[oo voor]*; **a light meal** een lichte maaltijd *[lichtuh mahlteyt]*; **light blue** lichtblauw *[lichtblow]*

**light bulb** een lichtpeertje (*het*) *[lichtpayrtyuh]*

**lighter** (*cigarette*) de aansteker *[ahnstayker]*

**lighthouse** de vuurtoren *[voortohruh]*

**light meter** de belichtingsmeter *[belichtingsmayter]*

**lightning** de bliksem

**like: I'd like a …** ik wil graag een … *[vill chrahch]*; **I'd like to …** ik wil graag …; **would you like a …?** heb je zin in een …? *[heb yuh zin in 'n]*; **would you like to come too?** heb je zin om ook te komen? *[ohk tuh kohmuh]*; **I like it** ik hou ervan *[how]*; (*food*) ik vind het lekker *[vint it lekker]*; **I like you** ik vind je aardig *[ahrdich]*; **I don't like it** ik hou er niet van *[how er neet]*; **he doesn't like it** hij houdt er niet van *[hey howt]*; **do you like …?** hou je van …? *[how yuh van]*; **I like swimming** ik zwem graag *[zvem chrahch]*; **OK, if you like** oké als jij dat wilt *[als yuh dat vilt]*; **what's it like?** hoe is het?; **do it like this** doe het op deze manier *[op dayzuh maneer]*; **can I have one like that?** kan ik er zo een hebben? *[zo ayn hebbuh]*

**lilo** (*tm*) het luchtbed *[loochtbett]*

**lime cordial, lime juice** een limoensiroop (*de*) *[leemoonseerohp]*

**line** (*on paper*) een regel (*de*) *[raychel]*; (*on road*) een streep (*de*) *[strayp]*; (*of people*) een rij (*de*) *[rey]*; (*telephone*) de lijn *[leyn]*; **would you give me a line?** (*tel*) kunt u mij een lijn geven? *[koont oo mey 'n leyn chayvuh]*

**linen** (*for beds*) het linnengoed *[linnuhchoot]*

**linguist** een linguist (*de*); **I'm no linguist** ik heb geen talenknobbel *[chayn tahlen-k-nobbel]*

**lining** (*of coat*) de voering *[vooring]*

**lip** de lip

**lip brush** een lippenpenseel (*het*) *[lippuhpensayl]*

**lip gloss** de lip gloss

**lip pencil** een lippenpotlood (*het*) *[lippuhpotloht]*

**lip salve** de lippenzalf *[lippuhzalf]*

**lipstick** de lippenstift *[lippuhstift]*

**liqueur** een likeur (*de*) *[likurr]*

**liquor** de sterke drank *[stairkuh]*

**liquor store** een slijterij (*de*) *[sleyter-rey]*

**list** de lijst *[leyst]*

**listen: I'd like to listen to …** ik wil graag naar … luisteren *[vill chrahch nahr …*

*lowsteruh]*; **listen!** luister! *[lowster]*

**liter, litre** een liter (*de*); *see page 120*

**litter** het afval

**little** klein *[kleyn]*; **just a little, thanks** een klein beetje, graag *[kleyn baytyuh chrahch]*; **just a very little** een heel klein beetje maar *[hayl ... mahr]*; **a little milk** een klein scheutje melk *[schurtyuh]*; **a little more** een ietsje meer *[eetsyuh mayr]*; **a little better** iets beter *[eets]*; **that's too little** (*not enough*) dat is niet genoeg *[neet chenooch]*

**live** leven *[layvuh]*; **I live in Manchester/ Texas** ik woon in Manchester/Texas *[vohn]*; **where do you live?** waar woon je? *[vahr ... yuh]*; **where does he live?** waar woont hij? *[vohnt hey]*; **we live together** we wonen samen *[vuh vohnuh sahmuh]*

**lively** (*town*) druk *[drook]*; (*person*) levendig *[layvendich]*

**liver** de lever *[layver]*

**lizard** de hagedis *[hahchediss]*

**loaf** een brood (*het*) *[broht]*

**lobby** de lounge

**lobster** een kreeft (*de*) *[krayft]*

**local: a local newspaper** een plaatselijke krant *[plahtseluhkuh]*; **a local restaurant** een restaurant in de buurt *[boort]*

**lock** het slot; (*on canal*) de sluis *[slowss]*; **it's locked** het is op slot; **I've locked myself out (of my room)** ik heb mezelf buitengesloten *[bowtuhchesIohtuh]*

**locker** (*for luggage etc*) een bagagekluis (*de*) *[bachahjuhklowss]*

**log: I slept like a log** ik heb geslapen als een os *[cheslahpuh als 'n oss]*

**lollipop** een lollie (*de*)

**London** Londen

**lonely** eenzaam *[aynzahm]*; **are you lonely?** ben je eenzaam? *[yuh]*

**long** lang; **how long does it take?** hoe lang duurt het? *[hoo lang dort 't]*; **is it a long way?** is het ver? *[vair]*; **a long time** een lange tijd *[languh teyt]*; **I won't be long** ik ben zo terug *[zo terooch]*; **don't be long** blijf niet te lang weg *[bleyf neet tuh ... vech]*; **that was long ago** dat is lang geleden *[chelayduh]*; **I'd like to stay longer** ik zou graag langer willen blijven *[zow chrahch langer villuh bleyvuh]*; **long time no see!** dat is lang

geleden! *[chelayduh]*; **so long!** tot ziens! *[tot zeens]*

**long distance call** een interlokaal gesprek (*het*) *[interlokahl chesprek]*

**long drink** een longdrink (*de*)

**loo: where's the loo?** waar is de w.c.? *[vaysay]*; **I want to go to the loo** ik moet naar de w.c. *[moot nah duh]*

**look: that looks good** dat ziet er goed uit *[zeet er choot owt]*; **you look tired** je ziet er moe uit *[moo owt]*; **I'm just looking, thanks** nee, dank u, ik kijk alleen wat rond *[nay ... keyk allayn vat]*; **you don't look it** (*your age*) je ziet er niet naar uit *[yuh zeet er neet nahr owt]*; **look at him** kijk naar hem; **I'm looking for ...** ik ben op zoek naar ... *[op zook nahr]*; **look out!** kijk uit! *[keyk owt]*; **can I have a look?** kan ik even kijken? *[keykuh]*; **can I have a look around?** kan ik wat rondkijken? *[ront—]*

**loose** (*button, handle etc*) los *[loss]*

**loose change** kleingeld *[kleynchelt]*

**lorry** een vrachtwagen (*de*) *[vrachtvahchuh]*

**lorry driver** de vrachtwagenchauffeur *[vrachtvahchuh—]*

**lose** verliezen *[verleezuh]*; **I've lost my ...** ik heb mijn ... verloren *[meyn ... verlohruh]*; **I'm lost** ik ben verdwaald *[verdvahlt]*

**lost property office, lost and found** het bureau voor gevonden voorwerpen *[boroh vohr chevonduh vohrvairpuh]*

**lot: a lot, lots** veel *[vayl]*; **not a lot** niet veel *[neet]*; **a lot of money** veel geld; **a lot of women** veel vrouwen; **a lot cooler** heel wat frisser *[hayl vat]*; **I like it a lot** ik vind het heel erg leuk *[hayl airch lurk]*; **is it a lot further?** is het nog veel verder? *[noch vayl]*; **I'll take the (whole) lot** ik neem ze allemaal *[naym zuh alluhmahl]*

**lotion** een lotion (*de*)

**loud** luid *[lowt]*; **the music is rather loud** de muziek is nogal hard *[nochal hart]*

**lounge** (*in hotel, airport*) de lounge

**lousy** rot

**love: I love you** ik hou van je *[how van yuh]*; **he's fallen in love (with)** hij is verliefd geworden (op) *[verleeft chevorduh (op)]*; **I love Holland** ik hou van Holland; **let's make love** wil je met

me vrijen? *[vill yuh met muh vreyuh]*
**lovely** prachtig *[prachtich]*
**low** laag *[lahch]*
**low beam** het dimlicht *[dimlicht]*
**LP** een LP (*de*) *[elpay]*
**luck** geluk *[chelook]*; **hard luck!** pech! *[pech]*; **good luck!** veel succes! *[vayl sooksess]*; **just my luck!** dat moet mij weer overkomen! *[moot mey vayr overkohmuh]*; **it was just pure luck** het was zuiver toeval *['t vass zowver tooval]*

**lucky: that's lucky!** dat is boffen *[boffuh]*
**lucky charm** een mascotte (*de*) *[maskottuh]*
**luggage** de bagage *[bachahjuh]*
**lumbago** het spit
**lump** een bult (*de*) *[boolt]*
**lunch** de lunch *[loonsh]*
**lungs** de longen *[longuh]*
**Luxembourg** Luxemburg *[looxemburch]*
**luxurious** luxueus *[looxoeurs]*
**luxury** luxe *[looxuh]*

# M

**macho** macho
**mad** gek *[chek]*
**madam** mevrouw *[mevrow]*
**magazine** een tijdschrift (*het*) *[teytschrift]*
**magnificent** prachtig *[prachtich]*
**maid** (*in hotel*) het kamermeisje *[kahmermeyshuh]*
**maiden name** de meisjesnaam *[meyshusnahm]*
**mail: is there any mail for me?** is er post voor mij? *[iss er posst vohr mey]*
**mailbox** een brievenbus (*de*) *[breevuhbooss]*
**main** hoofd *[hohft]*; **where's the main post office?** waar is het hoofdpostkantoor? *[vahr iss 't hohftposstkantohr]*; **that's the main thing** dat is het belangrijkste *[dat iss 't belangreykstuh]*
**main road** de hoofdweg *[hohftvech]*
**make** maken *[mahkuh]*; **do you make them yourself?** maakt u ze zelf? *[mahkt oo zuh zelf]*; **it's very well made** het is heel erg goed vervaardigd *['t iss hayl airch choot vervahrdicht]*; **what does that make altogether?** hoeveel is dat alles bij elkaar? *[hoovayl iss dat alluhs bey elkahr]*; **I make it only 75 guilders** ik kom maar op 75 gulden *[mahr op]*
**make-up** de make-up
**make-up remover** de make-up remover
**male chauvinist pig** een seksist

**man** de man
**manager** (*big hotel, business*) de manager; (*restaurant*) de chef *[sheff]*
**manageress** (*big hotel, business*) de manageress; (*restaurant*) de chef *[sheff]*
**manicure** de manicure *[manikoor]*
**many** veel *[vayl]*
**map** de kaart *[kahrt]*; **it's not on this map** het staat niet op deze kaart *['t staht neet op dayze kahrt]*
**marble** het marmer
**March** maart *[mahrt]*
**marijuana** marihuana *[marihoo-ana]*
**marina** de jachthaven *[yachthahvuh]*
**mark: there's a mark on it** er zit een vlek op *[er zit 'n vlek op]*; **could you mark it on the map for me?** kunt u het voor mij op de kaart aanduiden? *[koont oo it vohr mey op duh kahrt ahndowduh]*
**market** de markt *[mart]*
**marmalade** de marmelade *[marmelahduh]*
**married: are you married?** bent u getrouwd? *[bent oo chetrowt]*; **I'm married** ik ben getrouwd
**mascara** de mascara
**mass: I'd like to go to mass** ik wil graag naar de mis gaan *[vill chrahch nahr duh miss chahn]*
**mast** de mast
**masterpiece** een meesterstuk (*het*) *[maysterstook]*

**matches** lucifers (de) *[loossifairs]*; **a box of matches** een doos lucifers *[dohss]*

**material** (*cloth*) de stof

**matter: it doesn't matter** het geeft niets *[it cHayft neets]*; **what's the matter?** wat is er? *[vat iss er]*

**mattress** de matras

**maximum** maximum

**May** mei *[mey]*

**may: may I have another bottle?** mag ik nog een fles hebben? *[macH]*; **may I?** mag ik?

**maybe** misschien *[misscHeen]*; **maybe not** misschien niet *[neet]*

**me: come with me** kom met me mee *[muh may]*; **it's for me** het is voor mij *[it iss vohr mey]*; **it's me** ik ben het; **me too** ik ook *[ik ohk]*; *see page 110*

**meal: that was an excellent meal** dat was een uitstekende maaltijd *[owtstaykenduh mahlteyt]*

**mean: what does this word mean?** wat betekent dit woord? *[vat betaykuhnt dit vohrt]*; **what does he mean?** wat bedoelt hij? *[vat bedoolt hey]*

**measles** de mazelen *[mahzeluh]*

**measurements** de afmetingen *[afmaytinguh]*

**meat** het vlees *[vlayss]*

**mechanic: do you have a mechanic here?** is er hier een monteur? *[iss er heer 'n monturr]*

**medicine** een medicijn (*het*) *[maydeeseyn]*

**medieval** middeleeuws *[middelay-oos]*

**medium** gemiddeld *[cHemidduhlt]*

**medium-sized** middelgroot *[middelcHroht]*

**meet: pleased to meet you** aangenaam *[ahncHenahm]*; **where shall we meet?** waar zullen we afspreken? *[vahr zooluh vuh afspraykuh]*; **let's meet up again** zullen we nog 'ns afspreken? *[zooluh vuh nocH 'ns afspraykuh]*

**meeting** (*business etc*) een vergadering (de) *[vercHahdering]*

**meeting place** de ontmoetingsplaats *[ontmootingsplahts]*

**melon** een meloen (de) *[meloon]*

**member** een lid (*het*) *[lit]*; **I'd like to become a member** ik wil graag lid worden *[ik vill cHrahcH lit vorduh]*

**mend: can you mend this?** kunt u dit maken? *[koont oo dit mahkuh]*

**men's room** het herentoilet *[hayruhtvalet]*

**mention: don't mention it** geen dank *[cHayn dank]*

**menu** het menu *[menoo]*

**mess** een puinhoop (de) *[pownhohp]*

**message** een boodschap (de) *[bohtscHap]*; **are there any messages for me?** heeft iemand een boodschap voor me achtergelaten? *[hayft eemant 'n ... vohr muh acHtercHelahtuh]*; **I'd like to leave a message for ...** ik wil graag een boodschap achterlaten voor ... *[ik vill cHrahcH ... acHterlahtuh]*

**metal** het metaal *[metahl]*

**metre, meter** een meter (de) *[mayter]*; *see page 119*

**midday: at midday** tussen de middag *[toossuh de middacH]*; (*at noon*) om twaalf uur 's middags *[om tvahlf oor smiddacHs]*

**middle: in the middle** in het midden *[in 't midduh]*; **in the middle of the road** in het midden van de weg *[van duh vecH]*

**Middle Ages** de middeleeuwen *[middelay-oovuh]*

**midnight: at midnight** om 12 uur 's nachts *[tvahlf oor snacHts]*

**might: I might want to stay another 3 days** ik wil misschien 3 dagen langer blijven *[ik vill miscHeen ... bleyvuh]*; **you might have warned me!** je had me weleens mogen waarschuwen *[yuh hat muh vellayns mohcHuh vahrscHoovuh]*

**migraine** een migraine (de) *[micHraynuh]*

**mild** zacht *[zacHt]*

**mile** een mijl (de) *[meyl]*; **that's miles away!** dat is 'n heel eind *[dat iss 'n hayl ent]*; *see page 119*

**mileometer** de kilometerteller *[keelomayterteller]*

**military** militair *[meeleetair]*

**milk** de melk

**milkshake** een milkshake (de)

**millimetre, millimeter** een millimeter (de) *[meeleemayter]*

**minced meat** het gehakt *[cHe-hakt]*

**mind: I don't mind** ik vind het niet erg *[vint 't neet aircH]*; **I don't mind which** het kan me niet schelen welke *[it kan muh neet scHayluh vellkuh]*; **would you**

**mind if I ...?** hebt u er bezwaar tegen als ik ...? *[ʊ er bezvahr taycнuh als ik]*; **never mind** het geeft niks *[it cнayft niks]*; **I've changed my mind** ik ben van gedachte veranderd *[cнedacнtuh verandert]*

**mine: it's mine** het is van mij *[it iss van mey]*; *see page 112*

**mineral water** een mineraalwater *(het)* *[minerahl vahter]*

**minimum** minimum *[meeneemum]*

**mint** *(sweet)* een pepermunt *(de)* *[paypermoont]*

**minus** min; **minus 3 degrees** 3 graden onder nul *[cнrahduh onder nool]*

**minute** een minuut *(de)* *[minoot]*; **in a minute** zo meteen *[zo metayn]*; **just a minute** een ogenblikje *['n ohcнenblikyuh]*

**mirror** de spiegel *[speecнel]*

**Miss** juffrouw *[yoofrow]*

**miss: I miss you** ik mis je *[miss yuh]*; **there is a ... missing** er ontbreekt een ... *[er ontbraykt 'n]*; **there is one child missing** er is een kind zoek *[er iss 'n kint zook]*; **we missed the bus** we hebben de bus gemist *[wuh hebbuh duh booss cнemist]*

**mist** de mist

**mistake** de fout *[fowt]*; **I think there's a mistake here** ik geloof dat er hier een fout zit *[cнelohf dat er heer'n fowt zit]*

**misunderstanding** een misverstand *(het)* *[missverstant]*

**mixture** een mengsel *(het)* *[mengsel]*

**mix-up: there's been some sort of mix-up with ...** er is iets in de war gelopen met ... *[er iss eets in duh var cнelohpuh met]*

**modern** modern *[modairn]*; **a modern art gallery** een museum van moderne kunst *['n moosayum van modairnuh koonst]*

**moisturizer** de moisturizer

**moment** een moment *(het)*; **I won't be a moment** ik ben zo terug *[zo teroocн]*

**monastery** een mannenklooster *(het)* *[mannuhklohster]*

**Monday** maandag *[mahndacн]*

**money** het geld *[cнelt]*; **I don't have any money** ik heb helemaal geen geld *[hayluhmahl cнayn]*; **do you take English/American money?** accepteert u Engels/Amerikaans geld? *[akseptayrt*

**ʊ ... cнelt]*

**month** een maand *(de)* *[mahnt]*

**monument** een monument *(het)* *[monoment]*; *(statue)* een standbeeld *(het)* *[stantbaylt]*

**moon** de maan *[mahn]*

**moorings** de ligplaats *[licнplahts]*

**moped** een bromfiets *(de)* *[bromfeets]*

**more** meer *[mayr]*; **may I have some more?** mag ik nog wat hebben? *[macн ik nocн vat hebbuh]*; **more water, please** nog wat water alstublieft *[nocн vat vahter alstoobleeft]*; **no more** niet meer *[neet]*; **more expensive** duurder *[doorder]*; **more than 50** meer dan 50 *[mayr dan]*; **a lot more** veel meer *[vayl]*; **not any more** niet meer; **I don't stay there any more** ik logeer daar niet meer *[lojayr dahr]*

**morning** de morgen *[morcнuh]*; **good morning** goedemorgen *[cнooduh-morcнuh]*; **this morning** vanochtend *[vanocнtent]*; **in the morning** 's morgens *[smorcнens]*

**Moroccan** Marokkaans *[marokkahns]*

**most: I like this one most** deze bevalt me het beste *[dayzuh bevalt muh 't bestuh]*; **most of the time** meestal *[maystal]*; **most of the hotels** de meeste hotels *[duh maystuh]*

**mother: my mother** mijn moeder *[meyn mooder]*

**motif** een motief *(het)* *[moteef]*

**motor** de motor

**motorbike** een motorfiets *(de)* *[—feets]*

**motorboat** een motorboot *(de)* *[—boht]*

**motorist** de automobilist *[owtohmo-beelist]*

**motorway** de (auto)snelweg *[(owtoh)snellvecн]*

**motor yacht** een motorjacht *(het)* *[—yacнt]*

**mountain** de berg *[baircн]*

**mouse** een muis *(de)* *[mowss]*

**moustache** de snor

**mouth** de mond

**move: he's moved to another hotel** hij is naar een ander hotel verhuisd *[hey iss nahr 'n ander hotel verhowst]*; **could you move your car?** zou u uw auto kunnen verzetten? *[zow ʊ oow owtoh koonuh verzettuh]*

**movie** een film *(de)*; **let's go to the movies**

laten we naar de bioscoop gaan *[lahtuh vuh nahr duh bee-oskohp снаhn]*

**movie camera** een filmcamera *(de)*

**movie theater** een bioscoop *(de) [bee-oskohp]*

**moving: a very moving tune** een erg ontroerende melodie *['n airсн ontrooruhnduh maylohdee]*

**Mr** mijnheer *[menayr]*

**Mrs** mevrouw *[mevrow]*

**Ms** no equivalent in Holland

**much** veel *[vayl]*; **much better** veel beter *[bayter]*; **much cooler** veel frisser; **not much** niet veel *[neet]*; **not so much** niet zo veel

**muffler** *(on car)* de knaldemper *[k-naldemper]*

**mug: I've been mugged** ik ben beroofd *[berohft]*

**muggy** benauwd *[benowt]*

**mumps** de bof

**murals** de muurschilderingen *[moorsснilderinguh]*

**muscle** de spier *[speer]*

**museum** het museum *[moosayum]*

**mushrooms** de champignons *[shampin-yons]*

**music** de muziek *[moozeek]*; **do you have the sheet music for ...?** hebt u de partij voor ...? *[hebt oo duh partey vohr]*

**musician** een musicus *(de) [moosikooss]*

**mussels** de mosselen *[mosseluh]*

**must: I must ...** ik moet ... *[moot]*; **I mustn't drink ...** ik moet geen ... drinken *[moot сhayn ... drinkuh]*; **you mustn't forget** je moet het niet vergeten *[yuh moot 't neet verснaytuh]*

**mustache** de snor

**mustard** de mosterd

**my** mijn *[meyn]*; *see page 109*

**myself: I'll do it myself** ik doe het zelf *[doo 't zelf]*

# N

**nail** *(finger)* de nagel *[nahснel]*; *(wood)* de spijker *[speyker]*

**nail clippers** een nageltangetje *(het) [nahснeltangetyuh]*

**nailfile** een nagelvijltje *(het) [nahснelveyltyuh]*

**nail polish** de nagellak *[nahснellahk]*

**nail polish remover** de nagellakremover *[nahснellak—]*

**nail scissors** een nagelschaartje *(het) [nahснelsснahrtyuh]*

**naked** naakt *[nahkt]*

**name** de naam *[nahm]*; **what's your name?** wat is uw naam? *[vat iss oow nahm]*; **what's its name?** hoe wordt het genoemd? *[hoo vordt 't снenoomd]*; **my name is ...** ik heet ... *[hayt]*

**nap: he's having a nap** hij doet een dutje *[hey doot 'n dootyuh]*

**napkin** het servet

**nappy** de luier *[low-yer]*

**nappy-liners** de inlegluiers *[inlecнlow-yers]*

**narrow** nauw *[now]*

**nasty** *(person, weather)* akelig *[ahkeliсн]*; *(taste)* vies *[veess]*; *(cut)* lelijk *[layluhk]*

**national** nationaal *[nashonahl]*

**nationality** de nationaliteit *[nashona-liteyt]*

**natural** natuurlijk *[natoorluhk]*

**naturally** natuurlijk *[natoorluhk]*

**nature** *(trees etc)* de natuur *[natoor]*

**naturist** een naturist *[natoorist]*

**nausea** de misselijkheid *[misseluhkheyt]*

**near: is it near here?** is het hier vlakbij? *[iss 't heer vlakbey]*; **near the window** bij het raam *[bey 't rahm]*; **do you go near ...?** komt u in de buurt van ...? *[komt oo in duh boort van]*; **where is the nearest ...?** waar is de dichtstbijzijnde ...? *[vahr iss duh dicнtsbeyzeynduh]*

**nearby** dichtbij *[dicнtbey]*

**nearly** bijna *[beynah]*

**nearside: the nearside front wheel** het rechter voorwiel *[recнter vohrveel]*

**neat** *(drink)* puur *[poor]*

**necessary** noodzakelijk [*nohtzahkeluhk*]; **is it necessary to ...?** is het noodzakelijk om ...? [*iss 't ... om*]; **it's not necessary** het is niet noodzakelijk [*it iss neet*]

**neck** de nek

**necklace** een halsketting (*de*)

**necktie** een stropdas (*de*)

**need: I need a ...** ik moet een ... hebben [*ik moot 'n ... hebbuh*]; **it needs more salt** er moet meer zout bij [*er moot mayr zowt bey*]; **do I need to ...?** moet ik ...?; **there's no need** het is niet nodig [*it iss neet nohdich*]; **there's no need to shout!** je hoeft niet te schreeuwen! [*yuh hooft neet tuh schrayoovuh*]

**needle** een naald (*de*) [*nahld*]

**negative** (*film*) het negatiefje [*naychateefyuh*]

**negotiation** de onderhandeling

**neighbo(u)r** (*man*) de buurman [*boorman*]; (*woman*) de buurvrouw [*boorvrow*]

**neighbo(u)rhood** de buurt [*boort*]

**neither: neither of us** geen van beiden [*chayn van beyduh*]; **neither one (of them)** geen van beide; **neither ... nor ...** noch ... noch ... [*noch*]; **neither do I** ik ook niet [*ohk neet*]

**nephew: my nephew** mijn neef [*meyn nayf*]

**nervous** zenuwachtig [*zaynoovachtich*]

**net** (*fishing, tennis*) het net; **£100 net** £100 netto

**nettle** de brandnetel [*brantnaytel*]

**neurotic** neurotisch [*nurrohteess*]

**neutral** (*gear*) de vrijloop [*vreylohp*]

**never** nooit [*noyt*]

**new** nieuw ['*new*']

**news** (*TV*) het journaal [*joornahl*]; **is there any news?** is er nog nieuws? [*iss er noch 'new'ss*]

**newspaper** de krant; **do you have any English newspapers?** verkoopt u ook Engelse kranten? [*verkohpt oo ohk engelsuh krantuh*]

**newsstand** de krantenkiosk [*krantuhkiosk*]

**New Year** Nieuwjaar ['*new'-yahr*]; **Happy New Year** Gelukkig Nieuwjaar [*chelookkich*]

**New Year's Eve** Oudejaarsavond [*owduhyahrsahvont*]

**New Zealand** Nieuw-Zeeland ['*new'-zaylant*]

**New Zealander** (*man*) een Nieuw-Zeelander (*de*) ['*new'-zaylander*]; (*woman*) een Nieuw-Zeelandse (*de*)

**next** volgend [*volchent*]; **next to the post office** naast het postkantoor [*nahst 't posstkantohr*]; **the one next to that** die daarnaast [*dee dahrnahst*]; **it's at the next corner** het is op de volgende hoek [*it iss op duh volchuhnduh hook*]; **next week/next Monday** volgende week/aanstaande maandag [*volchuhnduh .../ahnstahnduh ...*]

**nextdoor** hiernaast [*heernahst*]

**next of kin** naaste familie [*nahstuh fameelee*]

**nice** (*person*) aardig [*ahrdich*]; (*meal*) lekker [*lekker*]; (*town*) leuk [*lurk*]; **that's very nice of you** dat is erg aardig van je [*dat iss airch ... van yuh*]; **a nice cold drink** een lekker fris drankje ['*n ... friss drankyuh*]

**nickname** de bijnaam [*beynahm*]

**niece: my niece** mijn nicht [*meyn nicht*]

**night** de nacht [*nacht*]; **for one night** voor een nacht [*vohr ayn*]; **for three nights** voor drie nachten; **good night** goedenavond [*chooduhnahvont*]; (*late*) goedenacht [*chooduhnacht*]; **at night** 's nachts [*snachts*]

**nightcap** (*drink*) een slaapmutsje [*slahpmootsyuh*]

**nightclub** de nachtclub [*nachtkloob*]

**nightdress** een nachtjapon (*de*) [*nachtyapon*]

**night flight** een avondvlucht (*de*) [*ahvontfloocht*]

**nightie** een nachtjapon (*de*) [*nachtyapon*]

**night-life** het nachtleven [*nachtlayvuh*]

**nightmare** een nachtmerrie (*de*) [*nachtmerree*]

**night porter** de nachtportier [*nachtporteer*]

**nit** (*bug*) een neet (*de*) [*nayt*]

**no** nee [*nay*]; **I've no money** ik heb geen geld [*chayn chelt*]; **there's no more** er is niets meer [*er iss neets mayr*]; **no more than ...** niet meer dan ...; **oh no!** (*upset*) oh nee toch! [*toch*]

**nobody** niemand [*neemahnt*]

**noise** het lawaai [*lavahi*]

**noisy** luidruchtig [*lowdroochtich*]; **it's too noisy** het is te luidruchtig [*it iss tuh*]

**non-alcoholic** niet-alcoholisch *[neet alkohohleess]*

**none** niets *[neets]*; *(no-one)* niemand *[neemant]*; **none of them** niemand van hen; **there are none left** er is er geen een over *[er iss er сHayn ayn over]*; **there is none left** het is op *[it]*

**nonsense** de onzin

**non-smoking** niet-rokers *[neet rohkers]*

**non-stop** *(drive etc)* non-stop

**no-one** niemand *[neemant]*

**nor: nor do I** ik ook niet *[ohk neet]*

**normal** normaal *[normahl]*

**north** het noorden *[nohrduh]*; **to the north** naar het noorden *[nahr it]*

**northeast** het noordoosten *[nohrtohstuh]*; **to the northeast** naar het noordoosten *[nahr]*

**Northern Ireland** Noord-Ierland *[nohrt eerlant]*

**northwest** het noordwesten *[nohrtvestuh]*; **to the northwest** naar het noordwesten *[nahr]*

**nose** de neus *[nurss]*

**nosebleed** een neusbloeding *(de)* *[nursblooding]*

**not** niet *[neet]*; **I don't smoke** ik rook niet *[rohk]*; **he didn't say anything** hij zei

niets *[hey zey neets]*; **it's not important** het is niet belangrijk *[it iss]*; **not that one** niet die *[dee]*; **not for me** niet voor mij *[vohr mey]*; *see page 117*

**note** *(bank note)* het bankbiljet *[bankbiljet]*

**notebook** een zakboek *(het)* *[zakbook]*

**nothing** niets *[neets]*

**November** november

**now** nu *[noo]*; **not now** niet nu *[neet]*

**nowhere** nergens *[naircHuhns]*

**nudist** de nudist *[noodist]*

**nudist beach** het nudistenstrand *[noodistuhstrant]*

**nuisance: he's being a nuisance** hij valt me lastig *[hey valt muh lasticH]*

**numb** verdoofd *[verdohft]*

**number** het nummer *[it noomer]*; **what number?** welk nummer? *[velk]*

**number plate** de nummerplaat *[noomerplaht]*

**nurse** de verpleegster *[verplaycHster]*

**nursery** *(at airport etc)* de creche *[kresh]*; *(for plants)* de kwekerij *[kvaykerey]*

**nut** een noot *(de)* *[noht]*; *(for bolt)* een moer *(de)* *[moor]*

**nutter: he's a nutter** hij is een idioot *[hey iss 'n eedeeoht]*

# O

**oar** de roeispaan *[rooy-spahn]*

**obligatory** verplicht *[verplicHt]*

**oblige: much obliged** hartelijk dank *[harteluhk]*

**obnoxious** *(person)* onaangenaam *[onahncHuhnahm]*

**obvious: that's obvious** dat is duidelijk *[dat iss dowdeluhk]*

**occasionally** af en toe *[af en too]*

**o'clock** *see page 118*

**October** oktober

**odd** *(number)* oneven *[onayvuh]*; *(strange)* vreemd *[vraymt]*

**odometer** de kilometerteller *[keelomayterteller]*

**of** van; **the name of the hotel** de naam van

het hotel; **have one of mine** neem er een van mij *[naym er ayn van mey]*

**off: it just broke off** het is zo maar afgebroken *[it iss zo mahr afcHebrohkuh]*; **20% off** 20% korting; **the lights were off** de lichten waren uit *[duh licHtuh vahruh owt]*; **just off the main road** vlak bij de hoofdweg *[bey duh hohftvecH]*

**offend: don't be offended** wees niet beledigd *[vayss neet belaydicHt]*

**office** het kantoor *[kantohr]*

**officer** *(said to policeman)* agent *[acHent]*

**official** de functionaris *[foonkshonahriss]*; **is that official?** is dat officieel? *[iss dat offishayl]*

**off-season** het laagseizoen *[lahCH-seyzoon]*

**off-side: the off-side front wheel** het linker voorwiel *[vohrveel]*

**often** vaak *[vahk]*; **not often** niet vaak *[neet]*

**oil** *(for car)* de olie *[ohlee]*; *(on salad)* de slaolie *[slah-ohlee]*; **it's losing oil** het lekt olie *[it lekt]*; **will you change the oil?** wilt u de olie verversen? *[vilt ω duh ... vervairsuh]*; **the oil light's flashing** het licht voor het oliepeil flitst *[it licht vohr 't ohleepeyl]*

**oil painting** een olieverfschilderij *(het)* *[ohleevairfsCHilderey]*

**oil pressure** de oliedruk *[ohleedruk]*

**ointment** de zalf

**OK** oké *[okay]*; **are you OK?** bent u in orde? *[bent ω in orduh]*; **that's OK thanks** dat is goed, dank u *[dat iss CHoot dank ω]*; **that's OK by me** ik vind het best

**old** oud *[owt]*; **how old are you?** hoe oud bent u? *[hoo owt bent ω]*

**old-age pensioner** een A.O.W.er *(de)* *[ah-oh-vayer]*

**old-fashioned** ouderwets *[owdervets]*

**old town** *(old part of town)* het oude stadsgedeelte *[it owduh statsCHedayl-tuh]*

**olive** een olijf *(de)* *[oleyf]*

**olive oil** de olijfolie *[oleyfohlee]*

**omelet(te)** een omelet *(de)*

**on** op; **on the beach** op het strand *[op 't strant]*; **on Friday** op vrijdag; **on television** op de televisie; **I don't have it on me** ik heb het niet bij me *[heb 't neet bey muh]*; **this drink's on me** ik betaal deze ronde *[betahl dayzuh ronduh]*; **a book on Arnhem** een boek over Arnhem *[in book over]*; **the warning light comes on** het waarschuwingslicht gaat aan *[it vahrsCHoovingslicht cHaht ahn]*; **the light was on** het licht was aan *[it licht vass ahn]*; **what's on in town?** wat is er in de stad te doen? *[vat iss er in duh stat tuh doon]*; **it's just not on!** *(not acceptable)* dat kan gewoon niet *[cHevohn neet]*

**once** *(one time)* een keer *[ayn kayr]*; **at once** meteen *[metayn]*

**one** een *[ayn]*; **that one** die daar *[dee dahr]*; **the green one** de groene *[duh cHroonuh]*; **the one with the black**

**dress on** degene in de zwarte jurk *[decHaynuh]*; **the one in the blue shirt** degene met het blauwe overhemd

**onion** een ui *(de)* *[ow]*

**only: only one** maar een *[mahr ayn]*; **only once** maar een keer *[kayr]*; **it's only 9 o'clock** het is pas 9 uur *[it iss pass ... ωr]*; **I've only just arrived** ik ben net pas aangekomen *[ahncHekohmuh]*

**open** *(adj)* geopend *[cHeopent]*; **when do you open?** wanneer gaat u open? *[vanayr cHaht ω]*; **in the open** *(open air)* buiten *[bowtuh]*; **it won't open** het gaat niet open *[it cHaht neet]*

**opening times** *(of bank etc)* de openingstijden *[—teyduh]*

**open top** *(car)* het open dak

**opera** de opera

**operation** *(med)* de operatie *[operahsee]*

**operator** *(tel)* de telefoniste *[taylefohn-istuh]*

**opportunity** de kans

**opposite: opposite the church** tegenover de kerk *[taycHenover]*; **it's directly opposite** het is er recht tegenover *[it iss recHt]*

**oppressive** *(heat)* drukkend *[drookent]*

**optician** een opticien *(de)* *[optishan]*

**optimistic** optimistisch *[opteemisteess]*

**optional** facultatief *[fakooltateef]*

**or** of *[off]*

**orange** *(fruit)* een sinaasappel *(de)* *[seenahsappel]*; *(colour)* oranje *[oranyuh]*

**orange juice** *(fresh)* een sinaasappelsap *(het)* *[seenahsappelsap]*; *(fizzy)* een sinas *(de)*; *(diluted)* een sinaasappellimonade *(de)* *[—leemonahduh]*

**orchestra** het orkest

**order: could we order now?** zouden we nu kunnen bestellen? *[zowduh vuh nω koonuh bestelluh]*; **I've already ordered** ik heb al besteld *[bestellt]*; **I didn't order that** ik heb dat niet besteld *[neet]*; **it's out of order** *(elevator etc)* het is defect *[it iss dayfekt]*

**ordinary** gewoon *[cHevohn]*

**organization** de organisatie *[orcHani-sahssee]*

**organize** organiseren *[orcHanisayruh]*; **could you organize it?** zou u het kunnen organiseren? *[zow ω it koonuh]*

**original** origineel *[oreejeenayl]*; **is it an**

**original?** (*painting etc*) is het authentiek? *[iss 't owthenteek]*

**ornament** een ornament (*het*)

**ostentatious** opzichtig *[opzɪcHtɪcH]*

**other: the other waiter** de andere ober *[duh anderuh]*; **the other one** de andere; **do you have any others?** hebt u ook andere? *[hebt ω ohk]*; **some other time, thanks** een andere keer, dankuwel *[in … kayr dankoovell]*

**otherwise** anders

**ouch!** au! *[ow]*

**ought: he ought to be here soon** hij zou hier eigenlijk zo moeten zijn *[hey zow heer eycHeluhk zo mootuh zeyn]*

**ounce** *see page 120*

**our: our car** onze auto *[onzuh owtoh]*; **our house** ons huis *[ons howss]*; *see page 109*

**ours** van ons; *see page 112*

**out: he's out** (*of building etc*) hij is er niet *[hey iss er neet]*; **get out!** maak dat je weg komt! *[mahk dat yuh vecH komt]*; **I'm out of money** ik heb geen geld meer *[cHayn cHelt mayr]*; **a few kilometres out of town** een paar kilometers buiten de stad *[in pahr keelomayters bowtuh duh stat]*

**outboard (motor)** een buitenboordmotor (*de*) *[bowtuhbohrtmotor]*

**outdoors** buiten *[bowtuh]*

**outlet** (*elec*) een stopcontact (*het*)

**outside: can we sit outside?** kunnen we buiten zitten? *[koonuh wuh bowtuh zittuh]*

**outskirts: on the outskirts of …** in de buitenwijken van … *[in duh bowtuh-veykuh van]*

**oven** de oven *[ohvuh]*

**over: over here** hier *[heer]*; **over there** daar *[dahr]*; **over 100** meer dan 100 *[mayr dan]*; **over 16** (*age*) boven de 16 *[bohvuh duh]*; **I'm burnt all over** ik ben helemaal verbrand *[hayluhmahl verbrant]*; **the holiday's over** de vakantie is voorbij *[duh vakansee iss vohrbey]*

**overcharge: you've overcharged me** u hebt teveel in rekening gebracht *[ω hebt tevayl in raykening cHebracHt]*

**overcoat** een overjas (*de*) *[overyass]*

**overcooked** te gaar *[tuh cHahr]*

**overdrive** de overversnelling

**overexposed** (*photograph*) overbelicht *[overbelicHt]*

**overheat: it's overheating** (*car*) het raakt oververhit *[it rahkt ooververhit]*

**overland** over land

**overlook: overlooking the sea** met uitzicht op zee *[met owtzicHt op zay]*

**overnight** (*travel*) 's nachts *[snacHts]*

**oversleep: I overslept** ik heb me verslapen *[muh verslahpuh]*

**overtake** inhalen *[inhahluh]*

**overweight** (*person*) te zwaar *[tuh zvahr]*

**owe: how much do I owe you?** hoeveel krijgt u van me? *[hoovayl kreycHt ω van muh]*

**own: my own …** mijn eigen … *[meyn eycHuh]*; **are you on your own?** bent u alleen? *[bent ω allayn]*; **I'm on my own** ik ben alleen

**owner** de eigenaar *[eycHenahr]*

**oyster** een oester (*de*) *[ooster]*

# P

**pack: a pack of cigarettes** een pakje sigaretten *[in pakyuh sicHarettuh]*; **I'll go and pack** ik ga pakken *[cHah pakkuh]*

**package** een pakje *[pakyuh]*

**package holiday** een volledig verzorgde vakantie *[vollaydicH verzorcHduh vakansee]*

**package tour** een volledig verzorgde reis *[vollaydicH verzorcHduh reyss]*

**packed lunch** een lunchpakket *[loonshpakket]*

**packed out: the place was packed out** het was er stampvol *[it vass er stampvoll]*

**packet** (*parcel*) een pakket (*het*); **a packet**

**of cigarettes** een pakje sigaretten *[in pakyuh sicharettuh]*
**paddle** (*oar*) de peddel
**padlock** het hangslot
**page** (*of book*) de bladzijde *[blatzeyduh]*; **could you page him?** kunt u hem omroepen? *[koont oo hem omroopuh]*
**pain** de pijn *[peyn]*; **I have a pain here** het doet hier pijn *[it doot heer peyn]*
**painful** pijnlijk *[peynluhk]*
**painkillers** de pijnstillende middelen *[peynstillenduh middeluh]*
**paint** de verf *[vairf]*; **I'm going to do some painting** (*pictures*) ik ga schilderen *[chah schilderuh]*
**paintbrush** (*for wall*) een kwast (*de*) *[kvast]*; (*artist's*) een penseel (*het*) *[pensayl]*
**painting** het schilderij *[schilderey]*
**pair: a pair of ...** een paar ... *[in pahr]*
**pajamas** de pyjama *[peeyahmah]*
**Pakistan** Pakistan
**Pakistani** (*adj*) Pakistaans *[—ahns]*; (*man*) een Pakistaan (*de*); (*woman*) een Pakistaanse (*de*)
**pal** een kameraad (*de*) *[kameraht]*
**palace** het paleis *[paleyss]*
**pale** bleek *[blayk]*; **pale blue** lichtblauw *[lichtblow]*
**palpitations** de hartkloppingen *[hartkloppinguh]*
**panatella** een panatella (*de*)
**pancake** een pannekoek (*de*) *[pannuhkook]*
**panic: don't panic** blijf rustig *[bleyf roosticH]*
**panties** een damesslipje (*het*) *[dahmuhs-slipyuh]*
**pants** (*trousers*) een broek (*de*) *[brook]*; (*underpants*) een onderbroek (*de*) *[onderbrook]*
**panty girdle** een pantybroekje (*het*) *[—brookyuh]*
**pantyhose** een panty (*de*)
**panty liners** de inlegkruisjes *[inlech-krowshus]*
**paper** het papier *[papeer]*; (*newspaper*) de krant; **a piece of paper** een stuk papier *[in stook]*
**paper handkerchiefs** papieren zakdoekjes *[papeeruh zakdookyuhs]*
**paraffin** de petroleum *[petrohlee-um]*
**parallel: parallel to ...** evenwijdig aan ...

*[ayvuhnveydicH ahn]*
**paralytic** (*drunk*) stomdronken *[stomdronkuh]*
**parasol** (*over table*) de parasol
**parcel** het pakket
**pardon (me)?** (*didn't understand*) pardon, wat zei u? *[vatt zey oo]*
**parents: my parents** mijn ouders *[meyn owders]*
**parents-in-law** de schoonouders *[schohnowders]*
**park** parkeren *[parkayruh]*; **where can I park?** waar kan ik parkeren? *[vahr]*; **there's nowhere to park** er is nergens een parkeerplaats *[er iss naircHens 'n parkayrplahts]*
**parka** de parka
**parking lights** de parkeerlichten *[parkayrlicHtuh]*
**parking lot** een parkeerterrein (*het*) *[parkayrterreyn]*
**parking place: there's a parking place!** daar is een parkeerplaats! *[dahr iss 'n parkayrplahts]*
**parking ticket** een parkeerbon (*de*) *[parkayrbon]*
**part** (*in play*) de rol; **a part of Limburg** een deel van Limburg *[in dayl van]*
**part exchange** de inruil *[inrowl]*
**partner: my partner** mijn partner *[meyn]*; (*business*) mijn compagnon *[kompanyon]*
**party** (*group*) het gezelschap *[cHezellschap]*; (*celebration*) het feest *[fayst]*; **let's have a party** laten we een feestje geven *[lahtuh vuh 'n faystyuh cHayvuh]*
**pass** (*overtake*) inhalen *[inhahluh]*; **he passed out** hij is bewusteloos geraakt *[hey iss bevoostuhlohss cHerahkt]*; **he made a pass at me** hij probeerde me te versieren *[hey probayrduh muh tuh verseeruh]*
**passable** (*road*) begaanbaar *[becHahnbahr]*
**passenger** een passagier (*de*) *[passajeer]*
**passport** het paspoort *[paspohrt]*
**past: in the past** in het verleden *[in 't verlayduh]*; **just past the bank** net voorbij de bank *[net vohrbey duh bank]*; *see page 118*
**pastry** het korstdeeg *[korstdaycH]*; (*cake*) een taart (*de*) *[tahrt]*; (*small cake*) een

gebakje (*het*) [снеbakyuh]
**patch: could you put a patch on this?**
kunt u hier een lapje op zetten? *[koont ∞ heer 'n lapyuh op zettuh]*
**pâté** pâté
**path** het pad *[pat]*
**patient: be patient** wees geduldig *[vayss снеdooldiсн]*
**patio** de patio
**pattern** (*on cloth etc*) het patroon *[patrohn]*; **a dress pattern** een patroon voor een jurk *[in ... vohr 'n yurk]*
**paunch** de buik *[bowk]*
**pavement** (*sidewalk*) het trottoir, *[trottvar]*, de stoep *[stoop]*
**pay** betalen *[betahluh]*; **can I pay, please?** kan ik afrekenen alstublieft? *[afraykenuh alst∞bleeft]*; **it's already paid for** het is al betaald *[it iss al betahlt]*; **I'll pay for this** dit is op mijn rekening *[dit iss op meyn raykening]*
**pay phone** een telefooncel (*de*) *[taylefohnsell]*
**peace and quiet: I want some peace and quiet** ik wil rust hebben *[vill roost hebbuh]*
**peach** een perzik (*de*)
**peanuts** de pinda's
**pear** een peer (*de*) *[payr]*
**pearl** een parel (*de*) *[pahrel]*
**peas** de doperwten *[dop-airtuh]*
**peculiar** (*taste, custom etc*) merkwaardig *[mairkvahrdiсн]*
**pedal** het pedaal *[pedahl]*
**pedalo** een waterfiets (*de*) *[vahterfeets]*
**pedestrian** een voetganger (*de*) *[vootcнanger]*
**pedestrian crossing** een voetgangers-oversteekplaats (*de*) *[vootcнangers-оverstaykplahtss]*
**pedestrian precinct** het voetgangersgebied *[vootcнangers-снebeet]*
**pee: I need to go for a pee** ik moet plassen *[moot plassuh]*
**peeping Tom** een gluurder (*de*) *[cнl∞rder]*
**peg** (*for washing*) een wasknijper (*de*) *[vas-k-neyper]*; (*for tent*) een tentharing (*de*) *[tent-hahring]*
**pen** een pen (*de*); **do you have a pen?** hebt u een pen? *[hebt ∞ 'n]*
**pencil** een potlood (*het*) *[potloht]*

**penfriend** (*boy*) een penvriend (*de*) *[penvreent]*; (*girl*) een penvriendin *[penvreendin]*; **shall we be penfriends?** zullen we elkaar schrijven? *[z∞luh vuh elkahr scнreyvuh]*
**penicillin** de penicilline *[penisilleenuh]*
**penknife** een zakmes (*het*) *[zakmess]*
**pen pal** een penvriend (*de*) *[penvreent]*
**pensioner** een gepensioneerde (*de*) *[снepenshonayrduh]*
**people** mensen *[mensuh]*; **a lot of people** veel mensen *[vayl]*; **Dutch people** de Nederlanders *[nayderlanders]*
**pepper** (*spice*) de peper *[payper]*; **green pepper** een groene paprika (*de*) *[cнroonuh pahprikah]*; **red pepper** een rode paprika (*de*) *[rohduh]*
**peppermint** (*sweet*) een pepermunt (*de*) *[paypermoont]*
**per: per night** per nacht *[per nacнt]*; **how much per hour?** hoeveel per uur? *[hoovayl per ∞r]*
**percent** procent
**perfect** perfect
**perfume** een parfum (*de*) *[parfam]*
**perhaps** misschien *[misscнeen]*
**period** (*of time*) een periode (*de*) *[peree-ohduh]*; (*woman's*) de menstruatie *[menstroo-ahssee]*; **I have my period** ik ben ongesteld *[oncнestelt]*
**perm** een permanent (*de*)
**permit: residence permit** de verblijfsvergunning *[verbleyfsvercнoon-ning]*
**person** een persoon (*de*) *[persohn]*
**pessimistic** pessimistisch *[pesseemis-teess]*
**petrol** de benzine *[benzeenuh]*
**petrol can** een benzineblik (*het*) *[benzeenuh—]*
**petrol station** een benzinestation (*het*) *[benzeenuhstashon]*
**petrol tank** de benzinetank *[benzeenuhtank]*
**pharmacy** de apotheek *[apotayk]*
**phone** *see* **telephone**
**photogenic** fotogeniek *[fotojeneek]*
**photograph** een foto (*de*); **would you take a photograph of us?** wilt u een foto van ons maken? *[vilt ∞ 'n foto van ons mahkuh]*
**photographer** een fotograaf (*de*) *[fotocнrahf]*

**phrase: a useful phrase** een nuttige uitdrukking *[in nooticнuh owtdrooking]*
**phrasebook** een taalgids *(de) [tahlcнits]*
**pianist** de pianist
**piano** de piano
**pickpocket** een zakkenroller *(de) [zakkuhroller]*
**pick up: when can I pick them up?** wanneer kan ik ze afhalen? *[vanayr ... zuh afhahluh]*; **will you come and pick me up?** kun je me af komen halen? *[koon yey muh af kohmuh hahluh]*
**picnic** een picknick *(de) [piknik]*
**picture** *(drawing)* een tekening *(de) [taykuhning]*; *(painting)* een schilderij *(het) [scнilderey]*; *(photograph)* een foto *(de)*
**pie** *(meat)* een pastei *(de) [pastey]*; *(fruit)* een vlaai *(de) [vlahi]*
**piece** een stuk *(het)*; **a piece of ...** een stuk ... *[in stook]*
**pig** een varken *(het) [varkuh]*
**pigeon** een duif *(de) [dowf]*
**piles** *(med)* de aambeien *[ahmbeyuh]*
**pile-up** een kettingbotsing *(de)*
**pill** de pil; **I'm on the pill** ik gebruik de pil *[cнebrowk duh pil]*
**pillarbox** een brievenbus *(de) [breevuhbœss]*
**pillow** een kussen *(het) [koossuh]*
**pillow case** een kussensloop *(de) [koossuhslohp]*
**pin** een speld *(de)*
**pineapple** een ananas *(de)*
**pineapple juice** een ananassap *(het)*
**pink** roze *[rozuh]*
**pint** *see page 121*
**pipe** de leiding *[leyding]*; *(to smoke)* de pijp *[peyp]*
**pipe cleaners** pijperagers *[peypuh-rahcнers]*
**pipe tobacco** de pijptabak *[peyptabak]*
**pity: it's a pity** het is jammer *[it iss yammer]*
**pizza** een pizza *(de)*
**place** de plaats *[plahts]*; **is this place taken?** is deze plaats bezet? *[iss dayzuh ... bezet]*; **would you keep my place for me?** wil je mijn plaats voor mij bezet houden? *[vill yuh meyn ... vohr muh bezet howduh]*; **let's meet at my place** laten we bij mij afspreken *[lahtuh vuh bey mey afspraykuh]*

**place mat** een place-mat *(de)*
**plain** *(food)* eenvoudig *[aynvowdicн]*; *(not patterned)* effen *[effuh]*
**plane** het vliegtuig *[vleecнtowcн]*
**plant** de plant
**plaster cast** een gipsverband *(het) [cнipsverbant]*
**plastic** plastic
**plastic bag** *(carrier)* een plastic tas *(de) [tass]*
**plate** een bord *(het)*
**platform** het perron *[pairron]*; **which platform, please?** welk perron alstublieft? *[velk ... alstœbleeft]*
**play** spelen *[spayluh]*; *(in theatre)* een toneelstuk *(het) [tonaylstuk]*
**playboy** een playboy *(de)*
**playground** de speelplaats *[spaylplahtss]*
**pleasant** aangenaam *[ahncнenahm]*
**please** alstublieft *[alstœbleeft]*; **yes please** ja graag *[yah cнrahcн]*
**plenty: plenty of ...** vollop ...; **that's plenty, thanks** dat is meer dan genoeg, dank u *[dat iss mayr dan cнenoocн dank œ]*
**pleurisy** de pleuritis *[plureetiss]*
**pliers** een buigtang *(de) [bowcнtang]*
**plonk** de wijn *[veyn]*
**plug** *(elec)* een stekker *(de)*; *(car)* een bougie *(de) [boojee]*; *(bathroom)* de stop
**plughole** het afvoergat *[afvoorcнat]*
**plum** een pruim *(de) [prowm]*
**plumber** een loodgieter *(de) [lohtcнeeter]*
**plus** plus
**p.m.: 3 p.m.** drie uur 's middags *[œr smiddacнs]*; **9 p.m.** negen uur 's avonds *[sahvonts]*
**pneumonia** een longontsteking *(de) [longontstayking]*
**poached egg** een gepocheerd ei *(het) [cнeposhayrt ey]*
**pocket** de zak; **in my pocket** in mijn zak *[meyn]*
**pocketbook** *(handbag)* een handtas *(de)*
**pocketknife** een zakmes *(het) [zakmess]*
**podiatrist** een chiropodist *[cнeeropohdist]*
**point: could you point to it?** kunt u het aanwijzen? *[koont œ 't ahnveyzuh]*; **four point six** vier komma zes *[veer komma zess]*; **there's no point** het heeft geen zin *[it hayft cнayn zin]*
**points** *(car)* de contactpunten

[kontaktpoontuh]
**poisonous** vergiftig [verchiftich]
**police** de politie [poleessee]; **call the
police!** roep de politie! [roop duh]
**policeman** een politieagent (de)
[poleessee-achent]
**police station** het politiebureau
[poleessee-boroh]
**polish** (shoe) de schoensmeer
[schoonsmayr]; **will you polish my
shoes?** wilt u mijn schoenen poetsen?
[vilt oo meyn schoonuh pootsuh]
**polite** beleefd [belayft]
**politician** een politicus (de)
[poleeteekooss]
**politics** de politiek [politeek]
**polluted** verontreinigd [verontreynicht]
**pond** een vijver (de) [veyver]
**pony** een pony (de) [ponnee]
**pool** (swimming) een zwembad (het)
[zvembat]; (game) amerikaans biljartspel
[amayreekahns bilyartspell]
**pool table** de biljarttafel [bilyarttahfel]
**poor** (not rich) arm; (quality etc) slecht
[slecht]; **poor old Irma!** die arme Irma
toch! [dee armuh Irma toch]
**pope** de paus [powss]
**pop music** popmuziek [popmoozeek]
**popsicle** (tm) een lollie (de)
**pop singer** een popzanger (de)
**popular** populair [popoolair]
**population** de bevolking
**pork** varkensvlees [varkuhnsvlayss]
**port** (for boats) de haven [hahvuh]; **a glass
of port** een glaasje port ['n chlah-shuh]
**porter** (hotel) de portier [porteer]; (for
luggage) een kruier (de) [krow-yer]
**portrait** een portret (het)
**Portugal** Portugal [portoochal]
**poser** (phoney person) een aansteller (de)
[ahnsteller]
**posh** chic, sjiek [sheek]
**possibility** de mogelijkheid [mohche-
luhk-heyt]
**possible** mogelijk [mohcheluhk]; **is it
possible to …?** is het mogelijk om te …?
[iss 't … om tuh]; **as … as possible** zo …
mogelijk
**post** (mail) de post [posst]; **could you
post this for me?** zou u dit voor mij
kunnen posten? [zow oo dit vohr mey
koonuh posstuh]
**postbox** een brievenbus (de)

[breevuhbooss]
**postcard** een briefkaart (de) [breefkahrt]
**poster** een poster (de)
**poste restante** poste-restante [posst-
restant]
**post office** het postkantoor [posstkan-
tohr]
**pot** de pot; **a pot of tea** een pot thee [in pot
tay]; **pots and pans** keukengerei
[kurkuhcherey]
**potato** een aardappel (de) [ahrdappel]
**potato chips** chips [sheeps]
**potato salad** de aardappelsalade
[ahrdappelsalahduh]
**pottery** het aardewerk [ahrduhverk]
**pound** (money, weight) een pond (het)
[pont]; see page 120
**pour: it's pouring down** het giet [it
cheet]
**powder** (for face) de poeder [pooder]
**powdered milk** de melkpoeder
[melkpooder]
**power cut** een elektriciteitstoring (de)
[aylektrisiteytstohring]
**power point** een stopcontact (het)
**power station** (nuclear) een
kernenergiecentrale (de) [kairn-
aynercheesentrahluh]; (ordinary) een
elektriciteitscentrale [aylektrisiteyt-
sentrahluh]
**practise, practice: I need to practise** ik
moet oefenen [moot oofuhnuh]
**pram** de kinderwagen [kindervahchuh]
**prawn cocktail** een garnalencocktail (de)
[charnahluh—]
**prawns** de garnalen [charnahluh]
**prefer: I prefer white wine** ik heb liever
witte wijn [leever]
**preferably: preferably not tomorrow**
morgen liever niet [leever neet]
**pregnant** zwanger [zvanger]
**prescription** het recept [resept]
**present: at present** momenteel
[momentayl]; **here's a present for you**
hier is een cadeautje voor je [heer iss 'n
kadohtyuh vohr yuh]
**president** (of country) de president
[prayseedent]; (of company) de voorzitter
[vohrzitter]
**press: could you press these?** kunt u dit
voor mij persen? [koont oo dit vohr mey
pairsuh]
**pretty** mooi [moy]; **it's pretty expensive**

het is vrij duur *[it iss vrey d**oo**r]*
**price** de prijs *[preyss]*
**priest** de priester *[pr**ee**ster]*
**prime minister** de minister-president *[meen**i**ster-prayzeed**e**nt]*
**print** (*picture*) een prent (*de*)
**printed matter** drukwerk *[dr**oo**kvairk]*
**priority** (*in driving*) voorrang *[v**oh**rrang]*
**prison** de gevangenis *[cH**e**v**a**ng-uhniss]*
**private** particulier *[partik**oo**l**ee**r]*; **private bath** eigen bad *[**ey**cHuh bat]*
**prize** de prijs *[preyss]*
**probably** waarschijnlijk *[vahrscH**ey**n-luhk]*
**problem** een probleem (*het*) *[prohbl**ay**m]*; **I have a problem** ik heb een probleem *[ik heb 'n]*; **no problem** geen probleem *[cH**ay**n]*
**product** een produkt (*het*) *[prohd**oo**kt]*
**program(me)** het programma *[procHr**a**mmah]*
**promise: I promise** ik beloof het *[bel**oh**f 't]*; **is that a promise?** beloof je dat? *[yuh]*
**pronounce: how do you pronounce this word?** hoe spreek je dit woord uit? *[hoo sprayk yuh dit vohrt owt]*
**properly: it's not repaired properly** het is niet goed gemaakt *[it iss neet cHoot cHem**a**hkt]*
**prostitute** een prostituee (*de*) *[prostitoo-**ay**]*
**protect** beschermen *[bescH**ai**rmuh]*
**protection factor** de beschermingsfactor *[bescH**ai**rmingsfaktohr]*
**protein remover** (*for contact lenses*) proteïne verwijderer *[prohtay-**ee**nuh verv**ey**derer]*
**Protestant** protestant *[prohtest**a**nt]*
**proud** trots
**prunes** gedroogde pruimen

*[cHedr**oh**cHduh pr**ow**muh]*
**public** openbaar *[—b**ah**r]*
**public convenience** openbare toiletten *[—b**ah**ruh tval**e**ttuh]*
**public holiday** een feestdag (*de*) *[f**ay**st-dacH]*
**pudding** (*dessert*) een pudding (*de*)
**pull** trekken *[tr**e**kkuh]*; **he pulled out without indicating** hij reed de weg op zonder signaal te geven *[hey rayt duh vecH op z**o**nder seeny**ah**l tuh cH**ay**vuh]*
**pullover** een pullover (*de*) *[p**oo**lover]*
**pump** een pomp (*de*)
**punctual** stipt
**puncture** een lekke band (*de*) *[l**e**kkuh bant]*
**pure** (*gold, silk etc*) echt *[ecHt]*
**purple** violet *[vee-ohl**e**t]*
**purse** een portemonnee (*de*) *[portuhmonn**ay**]*; (*handbag*) een handtas (*de*)
**push** duwen *[d**oo**ven]*; **don't push in!** (*into queue*) niet voordringen! *[neet v**oh**rdringuh]*
**push-chair** een wandelwagen (*de*) *[v**a**ndelvahcHuh]*
**put** zetten *[z**e**ttuh]*; **where did you put …?** waar hebt u … gelaten? *[vahr hebt **oo** … cHel**a**htuh]*; **where can I put …?** waar kan ik … laten? *[vahr … l**a**htuh]*; **could you put the lights on?** kunt u de lichten aandoen? *[koont **oo** duh l**i**cHtuh **a**hndoon]*; **will you put the light out?** kunt u het licht uit doen? *[it l**i**cHt owt doon]*; **you've put the price up** u hebt de prijs verhoogd *[**oo** hebt duh preyss verh**oh**cHt]*; **could you put us up for the night?** kunt u ons onderdak verlenen voor een nacht? *[ons **o**nderdak verl**ay**nuh vohr ayn nacHt]*
**pyjamas** de pyjama *[peey**ah**ma]*

# Q

**quality** de kwaliteit *[kval**i**teyt]*; **poor quality** slechte kwaliteit *[sl**e**cHtuh]*; **good quality** goede kwaliteit *[cH**oo**duh]*
**quarantine** de quarantaine *[karant**ay**n]*
**quart** *see page 121*
**quarter** een vierde *[v**ee**rduh]*; **a quarter**

**of an hour** een kwartier *[kvarteer]*; *see page 118*

**quay** de kade *[kahduh]*

**quayside: on the quayside** op de kade *[op duh kahduh]*

**question** een vraag *(de)* *[vrahcн]*; **that's out of the question** daar is geen sprake van *[dahr iss cнayn sprahkuh van]*

**queue** de rij *[rey]*; **there was a long queue** er stond een lange rij *[er stont 'n languh rey]*

**quick** snel; **that was quick** dat was snel

*[dat vass]*; **which is the quickest way?** wat is de snelste weg? *[vat iss duh snelstuh vecн]*

**quickly** snel

**quiet** *(place, hotel)* rustig *[roosticн]*; **be quiet** wees rustig *[vayss]*

**quinine** de kinine *[keeneenuh]*

**quite: quite a lot** heel wat *[hayl vat]*; **it's quite different** het is heel anders *[it iss ... anders]*; **I'm not quite sure** ik weet het niet helemaal zeker *[ik vayt 't neet hayluhmahl zayker]*

# R

**rabbit** een konijn *(het)* *[koneyn]*

**rabies** de hondsdolheid *[hontsdolheyt]*

**race** *(horses, cars)* een race *(de)*; **I'll race you there** laten we doen wie er het eerste is *[lahtuh vuh doon vee er 't ayrstuh iss]*

**racket** *(tennis)* een racket *(het)*

**radiator** *(car)* de radiateur *[radiaturr]*; *(in room)* de radiator *[radiahtor]*

**radio** de radio *[rahdeeoh]*; **on the radio** op de radio

**rag** *(cleaning)* een schoonmaakdoek *(de)* *[scноhnmahkdook]*

**rail: by rail** per spoor *[spohr]*

**railroad, railway** de spoorweg *[spohrvecн]*

**railroad crossing** de spoorwegovergang *[spohrvecноvercнang]*

**rain** de regen *[raycнuhn]*; **in the rain** in de regen *[in duh]*; **it's raining** het regent *[it raycнent]*

**rain boots** de regenlaarzen *[raycнuhnlahrzuh]*

**raincoat** een regenjas *(de)* *[raycнuhnyass]*

**rape** de verkrachting *[verkracнting]*

**rare** zeldzaam *[zeltzahm]*; *(steak)* rood *[roht]*

**rash** *(on skin)* de huiduitslag *[howtowtslacн]*

**raspberries** de frambozen *[frambohzuh]*

**rat** een rat *(de)*

**rate** *(exchange)* de koers *[koorss]*; **what's the rate for the pound?** wat is de koers voor het pond sterling? *[vat iss duh koorss vohr 't pont sterling]*; **what are your rates?** *(car hire etc)* wat is het tarief? *[vat iss 't tareef]*

**rather: it's rather late** het is tamelijk laat *[it iss tahmeluhk laht]*; **I'd rather have fish** ik heb liever vis *[leever]*

**raw** rauw *[row]*

**razor** een scheerapparaat *(het)* *[scнayrapparaht]*

**razor blades** de scheermesjes *[scнayrmeshuhs]*

**reach: within easy reach** gemakkelijk te bereiken *[cнemakkeluhk tuh bereykuh]*

**read** lezen *[layduh]*; **I can't read it** ik kan het niet lezen *[ik kan 't neet]*

**ready: when will it be ready?** wanneer is het klaar? *[vanayr iss 't klahr]*; **I'll go and get ready** ik ga me klaarmaken *[cнah muh klahrmahkuh]*; **I'm not ready yet** ik ben nog niet klaar *[nocн neet]*

**real** echt *[ecнt]*

**really** echt *[ecнt]*; **I really must go** ik moet nu echt gaan *[ik moot noo ... cнahn]*; **is it really necessary?** is het werkelijk nodig? *[iss 't vairkeluhk nohdicн]*

**realtor** een makelaar *(de)* *[mahkelahr]*

**rear: at the rear** achter *[acнter]*

**rear wheels** de achterwielen *[acнter-*

veeluh]

**rearview mirror** de achteruitkijkspiegel [acHterowtkeykspeecHel]

**reason: the reason is that ...** de reden is dat ... [duh rayduh iss dat]

**reasonable** (price, arrangement) redelijk [raydeluhk]; (quite good) behoorlijk [behohrluhk]

**receipt** een ontvangstbewijs (het) [ontvangstbeveyss]; (at cash desk) een kassabon (de) [kassahbon]

**recently** onlangs

**reception** (hotel, for guests) de receptie [resepsee]

**reception desk** de receptie [resepsee]

**receptionist** de receptioniste [resepshonistuh]

**recipe** het recept [resept]; **can you give me the recipe for this?** kunt u mij het recept hiervoor geven? [koont oo mey 't ... heervohr cHayvuh]

**recognize** herkennen [hairkennuh]; **I didn't recognize it** ik herkende het niet [hairkenduh 't neet]

**recommend: could you recommend ...?** zou u ... aan kunnen bevelen? [zow oo ... ahn koonuh bevayluh]

**record** (music) een plaat (de) [plaht]

**record player** een platenspeler (de) [plahtuhspayler]

**red** rood [roht]

**reduction** (in price) een korting (de)

**red wine** de rode wijn [rohduh veyn]

**refreshing** verfrissend [verfrissuhnt]

**refrigerator** de koelkast [koelkast]

**refund: do I get a refund?** krijg ik het vergoed? [kreycH ik it vercHoot]

**region** de streek [strayk]

**registered: by registered mail** per aangetekende post [per ahncHetay-kenduh posst]

**registration number** het kenteken-nummer [kentaykuhnnoomer]

**relative: my relatives** mijn familieleden [meyn fameeleelayduh]

**relaxing: it's very relaxing** het is erg ontspannend [it iss aircH ontspannuhnt]

**reliable** (person, car) betrouwbaar [betrowbahr]

**religion** de godsdienst [cHotsdeenst]

**remains** (of old city etc) de overblijfselen [overbleyfseluh]

**remember: I don't remember** ik kan het

me niet herinneren [it muh neet hairinneruh]; **do you remember?** weet jij het nog? [vayt yey it nocH]

**remote** (village etc) afgelegen [afcHelaycHuh]

**rent** (for room etc) de huur [hoor]; **I'd like to rent a bike/car** ik wil graag een fiets/auto huren [ik vill cHrahcH 'n feets/owtoh hooruh]

**rental car** een huurauto (de) [hoorowtoh]

**repair** (car etc) repareren [reparayruh]; (clothes) herstellen [hairstelluh]; (general) maken [mahkuh]; **can you repair this?** kunt u dit maken? [koont oo dit]

**repeat: would you repeat that?** zou u dat kunnen herhalen? [zow oo dat koonuh hairhahluh]

**representative** (of company) de vertegenwoordiger [vertaycHuhvohr-dicHer]

**rescue** redden [redduh]

**reservation** een reservering (de) [reservayring]; **I have a reservation** ik heb gereserveerd [ik heb cHerayservayrt]

**reserve** reserveren [reservayruh]; **I reserved a room in the name of ...** ik heb een kamer gereserveerd op naam van ... [ik heb 'n kahmer cHerayservayrt op nahm]; **can I reserve a table for tonight?** kan ik voor vanavond een tafel reserveren? [vohr vanahvont 'n tahfel]

**rest: I need a rest** (holiday etc) ik ben aan rust toe [ahn roost too]; **the rest of the group** de rest van de groep [duh rest van duh cHroop]

**restaurant** een restaurant (het) [restorant]

**rest room** het toilet [tvalet]

**retired: I'm retired** ik ben gepensioneerd [cHepenshonayrt]

**return: a return to Maastricht** een retour Maastricht [in retoor]; **I'll return it tomorrow** ik breng het morgen terug ['t morchuh teroocH]

**returnable deposit** statiegeld [stahseecHelt]

**reverse charge call** een b.o. gesprek (het) [bay-oh cHesprek]

**reverse gear** de achteruitversnelling [acHterowtversnelling]

**revolting** (taste etc) walgelijk [valcHeluhk]

**rheumatism** de reumatiek [rurmateek]

**rib** de rib; **a cracked rib** een gebroken rib

[*cHebrohkuh*]
**ribbon** (*for hair*) een haarlint (*het*) [*hahrlint*]
**rice** de rijst [*reyst*]
**rich** (*person*) rijk [*reyk*]; **it's too rich** (*food*) het is te machtig [*it iss tuh macHticH*]
**ride: can you give me a ride into town?** kunt u mij een lift naar het centrum geven? [*koont ᴕ mey 'n lift nahr 't sentrum cHayvuh*]; **thanks for the ride** bedankt voor de lift [*bedankt vohr duh lift*]
**ridiculous: that's ridiculous** dat is belachelijk [*dat iss belacHeluhk*]
**right** (*correct*) correct; (*not left*) rechts [*recHts*]; **you're right** je hebt gelijk [*yuh hebt cHeleyk*]; **you were right** je had gelijk [*yuh had*]; **that's right** dat is zo [*dat iss zo*]; **that can't be right** dat kan nooit goed zijn [*dat kan noyt cHoot zeyn*]; **right!** (*ok*) oké [*okay*]; **is this the right road for ...?** ben ik op de goede weg naar ...? [*duh cHooduh vecH nahr*]; **on the right** rechts [*recHts*]; **turn right** ga naar rechts [*cHah nahr*]; **not right now** niet meteen [*neet metayn*]
**righthand drive** een rechts stuur (*het*) [*recHts stᴕr*]
**ring** (*on finger*) een ring (*de*); **a gas ring** een gaspitje (*het*) [*cHaspityuh*]; **I'll ring you** ik bel je [*yuh*]
**ring road** een ringweg (*de*) [*ringvecH*]
**ripe** rijp [*reyp*]
**rip-off: it's a rip-off** het is afzetterij [*it iss afzetterey*]; **rip-off prices** nepprijzen [*nep-preyzuh*]
**risky** riskant; **it's too risky** het is te riskant [*it iss tuh riskant*]
**river** de rivier [*riveer*]; **by the river** aan de rivier [*ahn duh*]
**road** de weg [*vecH*]; **is this the road to ...?** is dit de weg naar ...? [*iss dit duh vecH nahr*]; **further down the road** verderop [*vairderop*]
**road accident** een wegongeluk (*het*) [*vecHoncHelook*]
**road hog** een wegpiraat (*de*) [*vecHpeeraht*]
**road map** een wegenkaart (*de*) [*vaycHuhkahrt*]
**roadside: by the roadside** aan de kant van de weg [*ahn duh kant van duh vecH*]
**roadsign** een verkeersbord (*het*)

[*verkayrsbort*]
**roadwork(s)** werk in uitvoering [*verk in owtvooring*]
**roast beef** gebraden rundvlees [*cHebrahduh roontvlayss*]
**rob: I've been robbed** ik ben bestolen [*bestohluh*]
**robe** (*housecoat*) een kamerjas (*de*) [*kahmeryass*]
**rock** (*stone*) een rots (*de*); **on the rocks** (*with ice*) met ijs [*eyss*]
**roll** (*bread*) een broodje (*het*) [*brohtyuh*]; **cheese roll** een broodje kaas [*kahss*]
**Roman Catholic** roomskatholiek [*rohmskatoleek*]
**romance** een liefdesavontuur (*het*) [*leefdesavontᴕr*]
**Rome: when in Rome ...** 's lands wijs, 's lands eer [*slants veyss slants ayr*]
**roof** het dak; **on the roof** op het dak [*op it*]
**roof rack** het imperiaal [*impayreeahl*]
**room** de kamer [*kahmer*]; **do you have a room?** hebt u een kamer vrij? [*hebt ᴕ 'n kahmer vrey*]; **a room for two people** een kamer voor twee personen [*'n ... vohr tvay persohnuh*]; **a room for three nights** een kamer voor drie nachten [*in ... dree nacHtuh*]; **a room with bathroom** een kamer met badkamer [*met batkahmer*]; **in my room** in mijn kamer [*in meyn*]; **there's no room** er is geen plaats [*er iss cHayn plahts*]
**room service** kamerservice [*kahmer-serveess*]
**rope** een touw (*het*) [*tow*]
**rose** een roos (*de*) [*rohss*]
**rosé** (*wine*) rosé [*rosay*]
**rotary** de rotonde [*rotonduh*]
**rough** (*sea, crossing*) stormachtig [*stormacHticH*]; **the engine sounds a bit rough** de motor klinkt ongelijkmatig [*oncHeleykmahticH*]; **I've been sleeping rough** ik heb onder de blote hemel geslapen [*duh blohtuh haymel cHeslahpuh*]
**roughly** (*approx*) ongeveer [*oncHevayr*]
**roulette** roulette
**round** (*adj*) rond; **it's my round** dit is mijn ronde [*dit iss meyn ronduh*]
**roundabout** de rotonde [*rotonduh*]
**round-trip: a round-trip ticket to ...** een retour naar ... [*in retoor nahr*]
**route** de route [*rootuh*]; **what's the best**

**route?** wat is de beste route? [*vat iss duh* *bestuh*]

**rowboat, rowing boat** een roeiboot [*rooy boht*]

**rubber** (*material*) rubber [*roober*]; (*eraser*) een gum (*het*) [*cHoom*]

**rubber band** een elastiekje (*het*) [*aylasteekyuh*]

**rubbish** (*waste*) het afval [*afval*]; (*poor quality items*) de rotzooi [*rotzoy*]; **rubbish!** onzin!

**rucksack** de rugzak [*roocHzak*]

**rude** onbeleefd [*onbelayft*]; **he was very rude** hij was erg onbeleefd [*hey vass* *aircH*]

**rug** (*travel rug*) een reisdeken (*de*)

[*reyssdaykuh*]

**ruins** de ruïne [*rœ-eenuh*]

**rum: a glass of rum** een glaasje rum [*'n* *cHlah-shuh room*]

**rum and coke** een rum-cola (*de*)

**run** (*person*) rennen [*rennuh*]; **I go running** ik ga joggen [*ik cHah jogguh*]; **quick, run!** rennen, snel!; **how often do the buses run?** hoe vaak gaat de bus? [*hoo vahk cHaht duh booss*]; **he's been run over** hij is overreden [*hey iss overrayduh*]; **I've run out of gas/petrol** mijn benzine is op [*meyn benzeenuh iss* *op*]

**rupture** (*med*) een breuk (*de*) [*brurk*]

**Russia** Rusland [*roosslant*]

# S

**saccharine** de sacharine [*sacHareenuh*]

**sabot** een klomp (*de*)

**sad** bedroefd [*bedrooft*]

**saddle** het zadel [*zahdel*]

**safe** veilig [*veylicH*]; **will it be safe here?** is het hier veilig? [*iss 't heer*]; **is it safe to drink?** is het oké om dit te drinken? [*iss 't okay om dit tuh drinkuh*]; **is it a safe beach for swimming?** is de zee hier veilig om in te zwemmen? [*iss duh zay heer ... om in tuh zvemmuh*]; **could you put this in your safe?** kunt u dit in uw kluis opbergen? [*koont œ dit in oow klowss opbaircHuh*]

**safety pin** een veiligheidsspeld (*de*) [*veylicHheytsspelt*]

**sail** het zeil [*zeyl*]; **can we go sailing?** kunnen we gaan zeilen? [*koonuh vuh cHahn zeyluh*]

**sailboard** een windsurfplank (*de*) [*vintsoorfplank*]

**sailboarding: I like sailboarding** ik vind windsurfen leuk [*vint vintsoorfuh lurk*]

**sailor** de zeeman [*zayman*]

**salad** een salade (*de*) [*salahduh*]

**salad cream** de slasaus [*slahsowss*]

**salad dressing** de slasaus [*slahsowss*]

**sale: is it for sale?** is het te koop? [*iss 't tuh*

kohp]; **it's not for sale** het is niet te koop [*it iss neet*]

**sales clerk** (*woman*) de verkoopster [*verkohpster*]; (*man*) de verkoper [*verkohper*]

**salmon** de zalm

**salt** het zout [*zowt*]

**salty: it's too salty** het is te zout [*it iss tuh zowt*]

**same** zelfde [*zelfduh*]; **one the same as this** een hetzelfde als deze [*ayn 'tzelfduh als dayzuh*]; **the same again, please** hetzelfde, alstublieft [*alstœbleeft*]; **have a good day — same to you** prettige dag — insgelijks [*inscHeleyks*]; **it's all the same to me** het maakt mij niets uit [*it mahkt mey neets owt*]; **thanks all the same** toch bedankt [*tocH*]

**sand** het zand

**sandal** de sandaal [*sandahl*]; **a pair of sandals** een paar sandalen [*in pahr*]

**sandwich** een broodje (*het*) [*brohtyuh*]; **a chicken sandwich** een broodje kip

**sandy** zandig [*zandicH*]; **a sandy beach** een zandstrand

**sanitary napkin, sanitary towel** het maandverband [*mahntverbant*]

**sarcastic** sarcastisch [*sarkasteess*]

**sardines** de sardientjes [sard*ee*ntyuhs]
**satisfactory** bevredigend [bevr*ay*dicHuhnt]; **this is not satisfactory** dit is niet bevredigend [dit iss neet]
**Saturday** zaterdag [z*ah*terdacH]
**sauce** de saus [sowss]
**saucepan** de steelpan [st*ay*lpan]
**saucer** de schotel [scH*oh*tel]
**sauna** de sauna [s*ow*nah]
**sausage** een worst (de) [vorst]
**sauté potatoes** de gesauteerde aardappelen [cHesoht*ay*rduh *ah*rdappeluh]
**save** (life) redden [r*e*dduh]
**savo(u)ry** hartig [h*a*rticH]
**say: how do you say ... in Dutch?** hoe zeg je ... in het Nederlands? [hoo zecH yuh ... in 't n*ay*derlants]; **what did you say?** wat zei u? [vat zey ∞]; **what did he say?** wat zei hij? [hey]; **you can say that again!** zeg dat wel! [zecH dat vell]; **I wouldn't say no** daar zeg ik geen nee tegen [dahr zecH ik cHayn nay t*ay*cHuh]
**scald: he's scalded himself** hij heeft zich gebrand [hey hayft zich cHebr*a*nt]
**scarf** een das (de); (head) een hoofddoek (de) [h*oh*fdook]
**scarlet** scharlaken [scH*a*rl*ah*kuh]
**scenery** het landschap [l*a*ntscHap]
**scent** (perfume) de parfum [parf*a*m]
**schedule** (bus, train) de dienstregeling [d*ee*nstraycHeling]
**scheduled flight** een lijnvlucht (de) [l*ey*nvloocHt]
**school** de school [scHohl]; (university) de universiteit [∞neeverseet*ey*t]; **I'm still at school** ik zit nog op school [nocH]
**science** de wetenschap [v*ay*tenscHap]
**scissors: a pair of scissors** een schaar (de) [scH*ah*r]
**scooter** een scooter (de)
**scorching: it's really scorching** (weather) het is werkelijk snikheet [it iss v*ai*rkeluhk snikhayt]
**score: what's the score?** wat is de stand? [vat iss duh stant]
**scotch** (whisky) een whisky (de)
**Scotch tape** (tm) het plakband [pl*a*kbant]
**Scotland** Schotland [scH*o*tlant]
**Scottish** Schots [scHots]
**scrambled eggs** roereieren [r*oo*reyyuhruh]

**scratch** een schram (de) [scHram]; **it's only a scratch** het is maar een schram [it iss mahr 'n]
**scream** schreeuwen [scHr*ay*oovuh]
**screw** de schroef [scHroof]
**screwdriver** een schroevedraaier (de) [scHr*oo*vuhdrah-yer]
**scrubbing brush** (for hands) een nagelborsteltje (het) [n*ah*cHelborsteltyuh]
**scruffy** sjofel [sh*oh*fel]
**sea** de zee [zay]; **by the sea** aan zee [ahn]
**sea air** de zeelucht [z*ay*loocHt]
**seafood** het zeebanket [z*ay*banket]
**seafood restaurant** een visrestaurant [v*i*srestorant]
**seafront** de boulevard [b*oo*levahr]; **on the seafront** op de boulevard [op duh]
**seagull** een zeemeeuw (de) [z*ay*mayoo]
**search** zoeken [z*oo*kuh]; **I searched everywhere** ik heb overal gezocht [*o*veral cHez*o*cHt]
**search party** een zoekactie (de) [z*oo*kaksee]
**seashell** een schelp (de) [scHelp]
**seasick: I feel seasick** ik voel me zeeziek [vool muh z*ay*zeek]; **I get seasick** ik heb last van zeeziekte [z*ay*zeektuh]
**seaside: by the seaside** aan zee [ahn zay]; **let's go to the seaside** laten we naar zee gaan [l*ah*tuh vuh nahr zay cHahn]
**season** het seizoen [seyz*oo*n]; **in the high season** in het hoogseizoen [in 't h*oh*cH—]; **in the low season** in het laagseizoen [l*ah*cH—]
**seasoning** kruiden [kr*ow*duh]
**seat** de zitplaats [z*i*tplahts]; **is this anyone's seat?** is deze plaats bezet? [iss d*ay*zuh plahts bez*e*t]
**seat belt** de veiligheidsgordel [v*ey*licHheytscHordel]; **do you have to wear a seat belt?** is het verplicht om de veiligheidsgordel te dragen? [iss 't verpl*i*cHt om duh ... tuh dr*ah*cHuh]
**sea urchin** een zeeëgel (de) [z*ay*-aycHel]
**seaweed** het zeewier [z*ay*veer]
**secluded** afgezonderd [*a*fcHezondert]
**second** (adj) tweede [tv*ay*duh]; (time) een seconde (de) [sek*o*nduh]; **just a second!** een ogenblik, alstublieft! [in *oh*cHenblik alst∞bl*ee*ft]; **can I have a second helping?** mag ik me nog eens bedienen? [macH ik muh nocH ayns bed*ee*nuh]

**second class** (*travel*) tweede klas [*tvayduh klass*]

**second-hand** tweedehands [*tvayduh-hants*]

**secret** (*adj*) geheim [*cheheym*]

**security check** de veiligheidscontrole [*veylichheytskontroluh*]

**sedative** een kalmerend middel (*het*) [*kalmayrent*]

**see** zien [*zeen*]; **I didn't see it** ik heb het niet gezien ['*t neet chezeen*]; **have you seen my husband?** hebt u mijn man gezien? [*oo meyn man*]; **I saw him this morning** ik heb hem vanochtend gezien [*vanochtent*]; **can I see the manager?** kan ik de chef spreken? [*duh sheff spraykuh*]; **see you tonight!** tot vanavond! [*vanahvont*]; **can I see?** mag ik kijken? [*mach ik keykuh*]; **oh, I see** oh, zo zit dat; **will you see to it?** wilt u daar voor zorgen? [*vilt oo dahr vohr zorchuh*]

**seldom** zelden [*zelduh*]

**self-catering apartment** een flat met zelfverzorging (*de*) [*in flat met zelfverzorching*]

**self-service** de zelfbediening [*zelf-bedeening*]

**sell** verkopen [*verkohpuh*]; **do you sell ...?** verkoopt u ...? [*verkohpt oo*]; **will you sell it to me?** wilt u het aan mij verkopen? [*vilt oo 't ahn mey*]

**sellotape** (*tm*) plakband (*het*) [*plakbant*]

**send** versturen [*verstooruh*]; **I want to send this to England** ik wil dit naar Engeland versturen [*vill dit nahr engelant*]; **I'll have to send this food back** stuur het maar terug naar de keuken [*stoor 't mahr terooch nahr duh kurkuh*]

**senior: Mr Jones senior** de heer Jones senior [*duh hayr ... sayneeor*]

**senior citizen** een bejaarde (*de*) [*buh-yahrduh*]

**sensational** sensationeel [*sensashonayl*]

**sense: I have no sense of direction** ik heb geen richtingsgevoel [*chayn richtingschevool*]; **it doesn't make sense** het slaat nergens op [*it slaht nairchens op*]

**sensible** verstandig [*verstandich*]

**sensitive** gevoelig [*chevoolich*]

**sentimental** sentimenteel [*sentimentayl*]

**separate** (*adj*) gescheiden [*cheschey-duh*]; **can we have separate bills?**

kunnen we (ieder) afzonderlijk afrekenen? [*koonuh vuh (eeder) afzonderluhk afraykenuh*]

**separated: I'm separated** wij wonen gescheiden [*vey vohnuh chescheyduh*]

**separately** afzonderlijk [*afzonderluhk*]

**September** september

**septic** septisch [*septeess*]

**serious** serieus [*seriurs*]; **I'm serious** ik meen het [*ik mayn 't*]; **you can't be serious!** je houd me voor de gek [*yuh howt muh vohr duh chek*]; **is it serious, doctor?** is het ernstig, dokter? [*iss 't airnstich dokter*]

**seriously: seriously ill** ernstig ziek [*airnstich zeek*]

**service: the service was excellent** de bediening was uitstekend [*duh bedeening vass owstaykent*]; **could we have some service, please!** kunnen wij bediend worden, alstublieft! [*koonuh vey bedeent vorduh alstoobleeft*]; **(church) service** de kerkdienst [*kairkdeenst*]; **the car needs a service** de auto heeft een servicebeurt nodig [*duh owtoh hayft 'n 'service'burrt nohdich*]

**service charge** de bediening [*bedeening*]

**service station** een servicestation (*het*) [—*stashon*]

**serviette** een servet (*het*)

**set: it's time we were setting off** het wordt tijd om te vertrekken [*it vort teyt om tuh vertrekkuh*]

**set menu** de dagkaart [*dachkahrt*]

**settle up: can we settle up now?** kunnen we nu afrekenen? [*koonuh vey noo afraykenuh*]

**several** verscheidene [*verscheydenuh*]

**sew: could you sew this back on?** zou u dit weer vast kunnen naaien? [*zow oo dit vayr vast koonuh nah-yuh*]

**sex** sex

**sexist** een sexist (*de*)

**sexy** sexy

**shade: in the shade** in de schaduw [*in duh schahdoow*]

**shadow** een schaduw (*de*) [*schahdoow*]

**shake: to shake hands** elkaar de hand geven [*elkahr duh hant chayvuh*]

**shallow** ondiep [*ondeep*]

**shame: what a shame!** wat jammer! [*vat yammer*]

**shampoo** een shampoo (*de*); **can I have a**

**shampoo and set?** wassen en
watergolven, alstublieft *[vassuh en
vahtercholvuh alstoobleeft]*
**shandy, shandy-gaff** een shandy (*de*)
**share** (*room, table*) delen *[dayluh]*; **let's
share the cost** laten we de kosten delen
*[lahtuh wuh duh kostuh dayluh]*
**sharp** (*knife, taste*) scherp *[schairp]*; (*pain*)
stekend *[staykent]*
**shattered: I'm shattered** (*very tired*) ik
ben doodop *[dohtop]*
**shave: I need a shave** ik moet me scheren
*[moot muh schayruh]*; **can you give me
a shave?** kunt u mij scheren? *[koont oo
mey]*
**shaver** het scheerapparaat *[schayrap-
paraht]*
**shaving brush** een scheerkwast (*de*)
*[schayrkvast]*
**shaving foam** het scheerschuim
*[schayrschowm]*
**shaving point** het stopcontact voor
scheerapparaten *[schayrapparahtuh]*
**shaving soap** de scheerzeep
*[schayrzayp]*
**shawl** de omslagdoek *[omslachdook]*
**she** zij *[zey]*, ze *[zuh]*; **is she ...?** is ze ...?
*[iss zuh]*; *see page 110*
**sheep** een schaap (*het*) *[schahp]*
**sheet** een laken (*het*) *[lahkuh]*
**shelf** de plank
**shell** (*seashell*) de schelp *[schelp]*
**shellfish** de schelpdieren *[schelpdeeruh]*
**sherry** een sherry (*de*)
**shingles** (*med*) gordelroos (*de*) *[chordel-
rohss]*
**ship** het schip *[schip]*; **by ship** per schip
**shirt** een overhemd (*het*); **a clean shirt** een
schoon overhemd *[schohn]*
**shit!** verdomme! *[verdommuh]*
**shock** (*surprise*) een schok (*de*) *[schok]*; **I
got an electric shock from the ...** ik
kreeg een elektrische schok van de ...
*[kraych 'n elektreessuh]*
**shock-absorber** de schokbreker
*[schokbrayker]*
**shocking** schokkend *[schokkent]*
**shoelaces** de schoenveters *[schoonvay-
ters]*
**shoe polish** de schoensmeer
*[schoonsmayr]*
**shoes** de schoenen *[schoonuh]*; **a pair of
shoes** een paar schoenen *[in pahr]*

**shop** de winkel *[vinkel]*
**shopping: I'm going shopping** ik ga
winkelen *[chah vinkeluh]*
**shop window** de etalage *[etalahjuh]*
**shore** de oever *[oover]*
**short** (*person*) klein *[kleyn]*; **it's only a
short distance** het is maar een korte
afstand *[it iss mahr 'n kortuh afstant]*
**short-change: you've short-changed
me** u hebt me te weinig geld teruggegeven
*[oo hebt muh tuh veynich chelt
teroochechayvuh]*
**short circuit** een kortsluiting (*de*)
*[kortslowting]*
**shortcut: I took a shortcut** ik heb de
kortste weg genomen *[duh kortstuh vech
chenohmuh]*
**shorts** een korte broek (*de*) *[kortuh
brook]*; (*underwear*) een onderbroek (*de*)
*[onderbrook]*
**should: what should I do?** wat moet ik
doen? *[vat moot ik doon]*; **he shouldn't
be long** hij zal zo wel komen *[hey zal zo
vel kohmuh]*; **you should have told me**
je had het me moeten vertellen *[yuh hat 't
muh mootuh vertelluh]*
**shoulder** de schouder *[schowder]*
**shoulder blade** het schouderblad
*[schowderblat]*
**shout** schreeuwen *[schrayoovuh]*
**show: could you show me ...?** kunt u mij
wijzen ...? *[koont oo mey veyzuh]*; **does it
show?** kun je het zien? *[koon yuh 't zeen]*;
**we'd like to go to a show** we willen
graag naar een voorstelling gaan *[vuh
villuh chrahch nahr 'n vohrstelling
chahn]*
**shower** (*in bathroom*) de douche *[doosh]*;
**with shower** met douche
**shower cap** de douchemuts
*[dooshmoots]*
**show-off: don't be a show-off** doe niet zo
opschepperig *[doo neet zo
opschepperich]*
**shrimps** de garnalen *[charnahluh]*
**shrink: it's shrunk** het is gekrompen *[it
iss chekrompuh]*
**shut** sluiten *[slowtuh]*; **when do you
shut?** hoe laat sluit u? *[hoo laht slowt oo]*;
**when do they shut?** hoe laat sluiten ze?
*[zuh]*; **it was shut** het was gesloten *[it
vass cheslohtuh]*; **I've shut myself out**
ik heb mezelf buiten gesloten *[muhzelf*

*b*owtuh]; **shut up!** hou je kop! *[how yuh kop]*

**shutter** (*phot*) de sluiter *[sl*o*wter]*; (*on window*) het luik *[lowk]*

**shutter release** de sluiterknop *[sl*o*wter-k-nop]*

**shy** verlegen *[verl*a*ycHuh]*

**sick** misselijk *[misseluhk]*; **I think I'm going to be sick** (*vomit*) ik geloof dat ik moet overgeven *[cHel*o*hf dat ik moot *o*vercHayvuh]*

**side** de kant; (*in game*) de ploeg *[pl*oo*cH]*; **at the side of the road** aan de kant van de weg *[ahn duh kant van duh v*e*cH]*; **the other side of town** de andere kant van de stad *[duh *a*nderuh ... stat]*

**side lights** de stadslichten *[statsl*i*cHtuh]*

**side salad** een slaatje (*het*) *['t sl*a*htyuh]*

**side street** een zijstraat (*de*) *[z*e*ystraht]*

**sidewalk** het trottoir *[trottv*a*hr]*, de stoep *[stoop]*

**sidewalk café** een terras (*het*) *[terr*a*ss]*

**sight: the sights of ...** de bezienswaardigheden van ... *[duh bezeensv*a*hrdicHayduh van]*

**sightseeing: sightseeing tour** (*by bus*) een toeristische rondrit (*de*) *[toor*i*steessuh r*o*ntrit]*; (*by boat*) een toeristische rondvaart *[—vahrt]*; **we're going sightseeing** we gaan de bezienswaardigheden bekijken *[vuh cH*a*hn duh bezeensv*a*hrdicHayduh bek*e*ykuh]*

**sign** (*roadsign*) het verkeersbord *[verk*a*yrsbort]*; (*notice*) het bord; **where do I sign?** waar moet ik tekenen? *[vahr moot ik t*a*ykenuh]*

**signal: he didn't give a signal** hij gaf geen signaal *[hey cH*a*f cHayn seen-y*a*hl]*

**signature** de handtekening *[h*a*nttaykening]*

**signpost** de wegwijzer *[v*e*cHveyzer]*

**silence** de stilte *[st*i*ltuh]*

**silencer** de knaldemper *[k-n*a*ldemper]*

**silk** de zijde *[z*e*yduh]*

**silly** dwaas *[dv*a*hss]*; **that's silly** dat is dwaas *[dat iss]*

**silver** het zilver

**silver foil** de aluminiumfolie *[al*oo*meenee-umfohlee]*

**similar: they look similar** ze lijken op elkaar *[zuh l*e*ykuh op elk*a*hr]*

**simple** eenvoudig *[aynv*o*wdicH]*

**since: since yesterday** sinds gisteren *[sints cH*i*steruh]*; **since we got here** sinds onze aankomst *[onzuh *a*hnkomst]*

**sincere** oprecht *[opr*e*cHt]*

**sing** zingen *[z*i*nguh]*

**singer** (*man*) de zanger; (*woman*) de zangeres *[zanger*e*ss]*

**single: a single room** een eenpersoonskamer *[*a*ynpersohnskahmer]*; **a single to ...** een enkele reis naar ... *[in *e*nkeluh reyss nahr]*; **I'm single** ik ben niet getrouwd *[neet cHetr*o*wt]*

**sink** (*kitchen*) de gootsteen *[cH*o*htstayn]*; **it sank** het zonk *[it]*

**sir** mijnheer *[men*a*yr]*

**sirloin** het lendestuk van rund *[l*e*nduhstuk van roont]*

**sister: my sister** mijn zuster *[meyn z*oo*ster]*

**sister-in-law: my sister-in-law** mijn schoonzuster *[meyn scH*o*hnzooster]*

**sit: may I sit here?** kan ik hier zitten? *[heer z*i*ttuh]*; **is anyone sitting here?** zit er hier iemand? *[zit er heer *ee*mant]*

**site** (*campsite etc*) het terrein *[terr*e*yn]*

**size** de maat *[maht]*

**sketch** de schets *[scH*e*ts]*

**skid: I skidded** ik slipte *[sl*i*ptuh]*

**skin** de huid *[howt]*

**skinny** mager *[m*a*hcHer]*

**skirt** een rok (*de*)

**skull** de schedel *[scH*a*ydel]*

**sky** de hemel *[h*a*ymel]*

**sledge** een slee (*de*) *[slay]*

**sleep: I can't sleep** ik kan niet slapen *[neet sl*a*hpuh]*; **did you sleep well?** heb je goed geslapen? *[heb yuh cH*o*ot cHesl*a*hpuh]*; **sleep well** slaap lekker *[slahp]*; **I need a good sleep** ik heb een goede nachtrust nodig *['n cH*oo*duh n*a*chtroost n*o*hdicH]*

**sleeper** (*rail*) de slaapwagen *[sl*a*hpvahcHuh]*

**sleeping bag** een slaapzak (*de*) *[sl*a*hpzak]*

**sleeping car** de slaapwagen *[sl*a*hpvahcHuh]*

**sleeping pill** een slaappil (*de*) *[sl*a*hppill]*

**sleepy** slaperig *[sl*a*hpericH]*; **I'm feeling sleepy** ik voel me slaperig *[vool muh]*

**sleet** natte sneeuw *[n*a*ttuh sn*a*yoo]*

**sleeve** de mouw *[mow]*

**slice** (*bread*) een snee (*de*) *[snay]*; (*meat*)

een schijf (*de*) [*SCHeyf*]
**slide** (*phot*) een dia (*de*) [*dee-ah*]
**slim** (*adj*) slank; **I'm slimming** ik ben op dieet [*dee-ayt*]
**slip** (*under dress*) de onderjurk [*onderyurk*]; **I slipped** (*on pavement etc*) ik gleed uit [*CHlayt owt*]
**slipped disc** de hernia [*hairneeah*]
**slippery** glad [*CHlat*]
**slow** langzaam [*langzahm*]; **slow down** langzamer alstublieft [*alstœbleeft*]
**slowly** langzaam [*langzahm*]; **could you say it slowly?** kunt u het langzaam zeggen? [*koont œ 't … zeCHuh*]
**small** klein [*kleyn*]
**small change** het kleingeld [*kleynCHelt*]
**smallpox** de pokken [*pokkuh*]
**smart** (*clothes*) elegant [*aylecHant*]
**smashing** fantastisch [*fantasteess*]
**smell: there's a funny smell** er hangt een vreemd luchtje [*er hangt 'n vraymt looCHtyuh*]; **what a lovely smell** wat een heerlijke geur [*vat 'n hayrluhkuh cHurr*]; **it smells** het stinkt [*it*]
**smile** glimlachen [*CHlimlacHuh*]
**smoke** de rook [*rohk*]; **do you smoke?** rookt u? [*rohkt œ*]; **do you mind if I smoke?** hebt u er bezwaar tegen als ik rook? [*hebt œ er bezvahr tayCHuh als ik*]; **I don't smoke** ik rook niet [*neet*]
**smooth** (*surface*) glad [*CHlat*]; (*sea*) kalm
**smoothy: a real smoothy** een echte vleier [*eCHtuh vley-yer*]
**snack: I'd just like a snack** ik wou alleen 'n klein hapje eten [*ik wow allayn 'n kleyn hapyuh aytuh*]
**snackbar** het cafetaria [*kaffetahriah*]
**snails** slakken (*de*) [*slakkuh*]
**snake** de slang
**sneakers** de gymschoenen [*CHimscHoonuh*]
**snob** een snob (*de*)
**snow** de sneeuw [*snayoo*]
**so: it's so hot** het is zo heet [*it iss zo hayt*]; **it was so beautiful!** het was ontzettend mooi [*it vass ontzettuhnt moy*]; **not so fast** niet zo snel [*neet zo snell*]; **thank you so much** heel erg bedankt [*hayl aircH bedankt*]; **it wasn't — it was so!** niet waar — wel waar! [*neet vahr vell vahr*]; **so am I** ik ook [*ik ohk*]; **so do I** ik ook; **how was it? — so-so** hoe was het? — zo-zo

**soaked: I'm soaked** ik ben drijfnat [*dreyfnat*]
**soaking solution** (*for contact lenses*) de lensvloeistof [*lens-vlooy-stof*]
**soap** de zeep [*zayp*]
**soap-powder** het waspoeder [*vaspooder*]
**sober** nuchter [*noocHter*]
**soccer** het voetbal [*vootbal*]
**sock** een sok (*de*)
**socket** (*elec*) het stopcontact
**soda (water)** een sodawater (*het*) [*sodahvahter*]
**sofa** de sofa
**soft** zacht [*zacHt*]
**soft drink** een glas fris (*het*) [*in cHlass friss*]
**soft lenses** de zachte lenzen [*zahcHtuh lenzuh*]
**soldier** de soldaat [*soldaht*]
**sole** (*of shoe*) de zool [*zohl*]; **could you put new soles on these?** kunt u hier nieuwe zolen onder zetten? [*koont œ heer 'new'-uh zohluh onder zettuh*]
**solid** solide [*soleeduh*]
**solid fuel** (*for camping stove*) de metagas tabletten [*mayta-cHass*]
**some: may I have some water?** kan ik wat water krijgen? [*vat vahter kreycHuh*]; **do you have some matches?** hebt u lucifers? [*hebt œ*]; **that's some drink!** dat noem ik nog eens een borrel [*dat noom ik nocH ayns 'n borrel*]; **some of them** sommige [*sommicHuh*]; **can I have some?** (*some of those*) kan ik er een paar krijgen? [*er 'n pahr kreycHuh*]; (*some of that*) kan ik daar wat van hebben? [*dahr vat van hebbuh*]
**somebody, someone** iemand [*eemant*]
**something** iets [*eets*]; **something to drink** iets te drinken [*tuh drinkuh*]
**sometime: sometime in the afternoon** in de loop van de middag [*in duh lohp van duh middacH*]
**sometimes** soms
**somewhere** ergens [*aircHuhns*]
**son: my son** mijn zoon [*meyn zohn*]
**song** een lied (*het*) [*leet*]
**son-in-law: my son-in-law** mijn schoonzoon [*meyn scHohnzohn*]
**soon** gauw [*cHOW*]; **I'll be back soon** ik blijf niet lang weg [*bleyf neet lang vecH*]; **as soon as you can** zo gauw je kunt [*zo cHOW yuh koont*]

**sore: it's sore** het doet zeer *[it doot zayr]*
**sore throat** een zere keel *(de)* *[in zayruh kayl]*
**sorry: (I'm) sorry** sorry; **sorry?** pardon, wat zei u? *[vat zey ω]*
**sort: what sort of ...?** wat voor soort ...? *[vat vohr sohrt]*; **a different sort of ...** een ander soort ... *[in ander]*; **will you sort it out?** los jij het op? *[loss yey 't op]*
**soup** de soep *[soop]*
**sour** zuur *[zωr]*
**south** het zuiden *[zowduh]*; **to the south** naar het zuiden *[nahr 't]*
**South Africa** Zuid-Afrika *[zowd-ahfrika]*
**South African** *(man)* een Zuid-Afrikaan *(de)* *[zowd- afrikahn]*; *(woman)* een Zuid-Afrikaanse *(de)*
**southeast** het zuidoosten *[zowdohstuh]*; **to the southeast** naar het zuidoosten *[nahr 't]*
**southwest** het zuidwesten *[zowdvestuh]*; **to the southwest** naar het zuidwesten *[nahr 't]*
**souvenir** een souvenir *(het)*
**space heater** de (elektrische) kachel *[(aylektreessuh) kacнel]*
**spade** een spade *(de)* *[spahduh]*
**Spain** Spanje *[spanyuh]*
**Spanish** Spaans *[spahns]*
**spanner** een moersleutel *(de)* *[moorslurtel]*
**spare part** een reservedeel *(het)* *[resairvuhdayl]*
**spare tyre/tire** de reserveband *[resairvuhbant]*
**spark(ing) plug** een bougie *(de)* *[boojee]*
**speak: do you speak English?** spreekt u Engels? *[spraykt ω engels]*; **I don't speak ...** ik spreek geen ... *[sprayk cнayn]*; **can I speak to ...?** kan ik ... spreken? *[spraykuh]*; **speaking** *(telec)* daar spreekt u mee *[dahr ... ω may]*
**special** speciaal *[speshahl]*; **nothing special** niets bijzonders *[neets beezonders]*
**specialist** *(doctor)* een specialist *(de)* *[speshalist]*
**special(i)ty** *(in restaurant)* de specialiteit *[speshahleeteyt]*; **the special(i)ty of the house** de specialiteit van het huis *[van 't howss]*
**spectacles** de bril *[brill]*

**speed** de snelheid *[snelheyt]*; **he was speeding** hij reed te hard *[hey rayt tuh hart]*
**speedboat** de speedboot *[—boht]*
**speed limit** de maximum snelheid *[maxeemum snelheyt]*
**speedometer** de snelheidsmeter *[snelheytsmayter]*
**spell: how do you spell it?** hoe spel je het? *[hoo spell yuh het]*
**spend** uitgeven *[owtcнayvuh]*; **I've spent all my money** ik heb al mijn geld uitgegeven *[al meyn cнelt owtcнecнayvuh]*
**spice** een specerij *(de)* *[spayserey]*
**spicy: it's very spicy** het is erg pittig *[it iss aircн pitticн]*
**spider** een spin *(de)*
**spin-dryer** de droogtrommel *[drohcнtrommel]*
**splendid** fantastisch *[fantasteess]*
**splint** *(for broken limb)* de spalk
**splinter** *(in finger etc)* een splinter *(de)*
**splitting: I've got a splitting headache** ik heb barstende hoofdpijn *[barstenduh hohftpeyn]*
**spoke** *(in wheel)* een spaak *(de)* *[spahk]*
**sponge** een spons *(de)*
**spoon** een lepel *(de)* *[laypel]*
**sport** de sport
**sport(s) jacket** een sportjasje *(het)* *[sportyashuh]*
**spot: will they do it on the spot?** wordt het ter plekke gedaan? *[vort 't ter plekkuh cнedahn]*; *(on skin)* een puist *(de)* *[powst]*
**sprain: I've sprained my ...** ik heb mijn ... verstuikt *[meyn ... verstowkt]*
**spray** *(for hair)* de haarlak *[hahrlak]*
**spring** *(season)* de lente *[lentuh]*
**square** *(in town)* het plein *[pleyn]*; **ten square metres** 10 vierkante meter *[veerkantuh mayter]*
**squash** *(sport)* squash
**stain** *(on clothes)* een vlek *(de)*
**stairs** de trap
**stale** oud *[owt]*
**stall: the engine keeps stalling** de motor slaat steeds af *[duh motor slaht stayts af]*
**stalls** de stalles *[stalluhss]*
**stamp** een postzegel *(de)* *[posstzaycнel]*; **a stamp for England please** een postzegel voor Engeland alstublieft *[in ... vohr*

*e*ngelant alst*oo*bl*ee*ft]

**stand: I can't stand ...** ik heb een ontzettende hekel aan ... *['n ontzettenduh haykel ahn]*

**standard** *(adj)* standaard *[standahrt]*

**standby** *(fly)* standby

**star** een ster *(de)*

**start** het begin *[bechin]*; *(verb)* beginnen *[bechinnuh]*; **when does the film start?** hoe laat begint de film? *[hoo laht bechint duh film]*; **the car won't start** de auto wil niet starten *[duh owtoh vill neet startuh]*

**starter** *(car)* de startmotor; *(food)* een voorgerecht *(het)* *[vohrcherecht]*

**starving: I'm starving** ik ben uitgehongerd *[owtchehongert]*

**state** *(in country)* de staat *[staht]*; **the States** *(USA)* de Verenigde Staten *[duh veraynichduh stahtuh]*

**station** *(for trains)* het station *[stashon]*

**statue** het standbeeld *[stantbaylt]*

**stay: we enjoyed our stay** we hebben van ons verblijf genoten *[vuh hebbuh van ons verbleyf chenohtuh]*; **where are you staying?** waar logeert u? *[vahr lojayrt oo]*; **I'm staying at ...** ik logeer in ... *[lojayr in]*; **I'd like to stay another week** ik wil graag nog een week blijven *[ik vill chrahch noch 'n vayk bleyvuh]*; **I'm staying in tonight** ik blijf vanavond thuis *[bleyf vanahvont towss]*

**steak** een biefstuk *(de)* *[beefstook]*

**steal: my bag has been stolen** mijn tas is gestolen *[meyn tass iss chestohluh]*

**steep** *(hill)* steil *[steyl]*

**steering** de stuurinrichting *[stoorinrichting]*; **the steering is slack** er zit speling in het stuur *[spayling in 't stoor]*

**steering wheel** het stuur *[stoor]*

**stereo** een stereo *(de)* *[stayrayo]*

**sterling** sterling; **pound sterling** het pond sterling *[it pont]*

**stew** een vleesragoût *(de)* *[vlayssrachoo]*

**steward** *(on plane)* de steward

**stewardess** de stewardess

**sticking plaster** een hechtpleister *(de)* *[hechtpleyster]*

**sticky** kleverig *[klayverich]*

**sticky tape** het plakband *[plakbant]*

**still: I'm still waiting** ik wacht nog steeds *[vacht noch stayts]*; **will you still be open?** bent u dan nog open? *[bent oo dan noch]*; **it's still not right** het is nog steeds

niet goed *[it iss ... neet choot]*; **that's still better** dat is nog beter *[dat iss ... bayter]*

**sting: a bee sting** een steek van een bij *[in stayk van 'n bey]*; **I've been stung** ik ben gestoken *[chestohkuh]*

**stink** de stank

**stockings** de kousen *[kowsuh]*

**stolen: my wallet's been stolen** mijn portefeuille is gestolen *[meyn portuhfuh-yuh iss chestohluh]*

**stomach** de maag *[mahch]*; **do you have something for an upset stomach?** mijn maag is van streek, hebt u daar iets tegen? *[meyn mahch iss van strayk hebt oo dahr eets taychuh]*

**stomach-ache** de maagpijn *[mahchpeyn]*

**stone** de steen *[stayn]*; *see page 120*

**stop** *(bus stop)* de halte *[haltuh]*; **which is the stop for ...?** bij welke halte moet ik eruit voor ...? *[bey velkuh haltuh moot ik erowt vohr]*; **please stop here** *(to taxidriver)* kunt u hier stoppen alstublieft *[koont oo heer stoppuh alstoobleeft]*; **do you stop near ...?** stopt u in de buurt van ...? *[stopt oo in duh boort van]*; **stop doing that!** hou daar mee op! *[how dahr may op]*

**stopover: I have a stopover in Paris** ik onderbreek mijn reis in Parijs *[onderbrayk meyn reyss]*

**store** een winkel *(de)* *[vinkel]*

**stor(e)y** de verdieping *[verdeeping]*

**storm** de storm

**story** *(tale)* het verhaal *[verhahl]*

**stove** het fornuis *[fornowss]*

**straight** *(road etc)* recht *[recht]*; **it's straight ahead** het is recht door *[it iss ... dohr]*; **straight away** nu meteen *[noo metayn]*; **a straight whisky** een whisky puur *[poor]*

**straighten: can you straighten things out?** kunt u alles in orde brengen? *[koont oo alluhs ... brenguh]*

**strange** *(odd)* vreemd *[vraymt]*; *(unknown)* onbekend *[onbekent]*

**stranger** een vreemdeling *(de)* *[vraymdeling]*; **I'm a stranger here** ik ben hier vreemd *[heer vraymt]*

**strap** *(on watch)* een horlogebandje *(het)* *[horlohjuhbantyuh]*; *(luggage, dress)* een riem *(de)* *[reem]*

**strawberry** een aardbei *(de)* *[ahrtbey]*

**streak: could you put streaks in?** (*in hair*) kunt u mij een coupe de soleil geven? *[koont* ∞ *mey 'n koop duh sohley* cнayvuh*]*

**stream** de stroom *[strohm]*

**street** de straat *[straht]*; **on the street** op straat

**street café** een terras (*het*)

**streetcar** de tram

**streetmap** de stadsplattegrond *[statsplattuhcнront]*

**strep throat** een ontstoken keel (*de*) *[ontstohkuh kayl]*

**strike: they're on strike** ze staken *[zuh stahkuh]*

**string** het touw *[tow]*

**striped** (*shirt etc*) gestreept *[cнestraypt]*

**striptease** de striptease

**stroke: he's had a stroke** hij heeft een beroerte gehad *[hey hayft 'n beroortuh cнehat]*

**stroll: let's go for a stroll** laten we een eindje gaan wandelen *[lahtuh wuh 'n eyntyuh cнahn vandeluh]*

**stroller** (*for babies*) een wandelwagentje (*het*) *[vandelvahcнentyuh]*

**strong** sterk *[stairk]*

**stroppy** onhebbelijk *[onhebbeluhk]*

**stuck: the key's stuck** de sleutel zit vast

**student** een student (*de*) *[st∞dent]*

**stupid** stom

**sty** (*in eye*) een strontje (*het*) *[strontyuh]*

**subtitles** de ondertiteling *[onderteeteling]*

**suburb** de buitenwijk *[bowtuhveyk]*

**subway** de metro

**successful: was it successful?** was het geslaagd? *[vass 't cнeslahcнt]*

**suddenly** plotseling

**sue: I intend to sue** ik maak er een rechtszaak van *[mahk er 'n recнtzahk]*

**suede** suede

**sugar** de suiker *[sowker]*

**suggest: what do you suggest?** wat stelt u voor? *[vat stelt* ∞ *vohr]*

**suit** een pak (*het*); **it doesn't suit me** (*colour etc*) het staat me niet *[it staht muh neet]*; **it suits you** het staat je *[yuh]*; **that suits me fine** (*plan etc*) dat schikt me best *[dat scнikt muh]*

**suitable** (*time*) gelegen *[cнelaycнuh]*; (*place*) geschikt *[cнescнikt]*

**suitcase** de koffer

**sulk: he's sulking** hij zit te pruilen *[hey zit tuh prowluh]*

**sultry** (*weather*) zwoel *[zvool]*

**summer** de zomer *[zohmer]*; **in the summer** 's zomers *[sohmers]*

**sun** de zon; **in the sun** in de zon *[in duh]*; **out of the sun** in de schaduw *[scнahdoow]*; **I've had too much sun** ik heb teveel in de zon gezeten *[tevayl ... cнezaytuh]*

**sunbathe** zonnen *[zonnuh]*

**sun block** de sun block

**sunburnt: I am sunburnt** ik ben door de zon verbrand *[dohr duh zon verbrant]*

**Sunday** zondag *[zondacн]*

**sunglasses** een zonnebril (*de*) *[zonnuhbrill]*

**sun lounger** (*recliner*) een ligstoel (*de*) *[licнstool]*

**sunny: if it's sunny** als de zon schijnt *[als duh zon scнeynt]*

**sunrise** de zonsopgang *[zonsopcнang]*

**sun roof** (*in car*) het schuifdak *[scнowfdak]*

**sunset** de zonsondergang *[zonsondercнang]*

**sunshade** (*over table*) de parasol

**sunshine** de zonneschijn *[zonnuhscнeyn]*

**sunstroke** een zonnesteek (*de*) *[zonnuhstayk]*

**suntan: to get a suntan** bruin worden *[brown vorduh]*

**suntanned** bruingebrand *[brown-cнebrant]*

**suntan lotion** de zonnebrandcreme *[zonnuhbrantkrem]*

**suntan oil** de zonnebrandolie *[zonnuhbrantohlee]*

**super** geweldig *[cнeveldicн]*

**superb** voortreffelijk *[vohrtreffeluhk]*

**supermarket** de supermarkt

**supper** het souper *[soopay]*

**supplement** (*extra charge*) de toeslag *[tooslacн]*

**suppose: I suppose so** ik neem aan van wel *[ik naym ahn van vell]*

**suppository** een zetpil (*de*) *[zetpill]*

**sure: I'm sure** ik weet het zeker *[vayt 't zayker]*; **are you sure?** weet je het zeker? *[vayt yuh 't zayker]*; **he's sure** hij weet het zeker *[hey]*; **sure!** zeker!

**surname** de achternaam *[acнternahm]*

**surprise** een verrassing (*de*)

**surprising: that's not surprising** dat is niet te verwonderen [dat iss neet tuh vervonderuh]

**suspension** (on car) de vering [vayring]

**swallow** slikken [slikkuh]

**swearword** een vloek (de) [vlook]

**sweat** zweten [zvaytuh]; **covered in sweat** door en door bezweet [dohr en dohr bezvayt]

**sweater** een sweater (de)

**Sweden** Zweden [zvayduh]

**sweet** (taste) zoet [zoot]; (dessert) een toetje (het) [tootyuh]

**sweets** het snoepgoed [snoopchoot]

**swelling** een gezwel (het) [chezvel]

**sweltering** snikheet [snikhayt]

**swerve: I had to swerve** ik moest uitwijken [moost owtveykuh]

**swim: I'm going for a swim** ik ga zwemmen [chah zvemmuh]; **do you want to go for a swim?** heb je zin om te gaan zwemmen? [heb yuh zin om tuh chahn]; **I can't swim** ik kan niet zwemmen [neet]

**swimming** zwemmen [zvemmuh]; **I like swimming** ik zwem graag [zvem chrahch]

**swimming costume** een zwempak (het) [zvempak]

**swimming pool** het zwembad [zvembat]

**swimming trunks** een zwembroek (de) [zvembrook]

**swing bridge** de draaibrug [drahibrooch]

**switch** een schakelaar [schahkelahr]; **could you switch it off?** kunt u het uitschakelen [koont ʊ 't owtschahkeluh]; **could you switch it on?** kunt u het aan doen [ahn doon]

**Switzerland** Zwitserland [zv—]

**swollen** opgezet [opchezet]

**swollen glands** opgezette klieren [opchezettuh kleeruh]

**sympathy** de sympathie [sympatee]

**synagogue** de synagoge [seenachohch]

**synthetic** synthetisch [sintayteess]

# T

**table** een tafel (de) [tahfel]; **a table for two** een tafel voor twee ['n tahfel vohr tvay]; **our usual table** onze gebruikelijke tafel [onzuh chebrowkeluhkuh]

**tablecloth** het tafellaken [tahfel-lahken]

**table tennis** het tafeltennis [tahfel—]

**table wine** de tafelwijn [tahfel-veyn]

**tactful** tactvol

**tailback** een file (de) [feeluh]

**tailor** de kleermaker [klayrmahker]

**take** nemen [naymuh]; **will you take this to room 12?** wilt u dit naar kamer nummer 12 brengen? [vilt ʊ dit nahr … brenguh]; **will you take me to the airport …?** wilt u mij naar het vliegveld brengen? [mey nahr]; **do you take credit cards?** accepteert u kredietkaarten? [akseptayrt ʊ kredeetkahrtuh]; **OK, I'll take it** oké, ik neem het [okay ik naym it]; **how long does it take?** hoe lang duurt het? [hoo lang dʊrt it]; **it took 2 hours** het duurde 2 uur [it dʊrde]; **is this seat taken?** is deze plaats bezet? [iss dayzuh plahts bezet]; **to take away** (food) om mee te nemen [may tuh naymuh]; **will you take this back, it's broken** ik wil dit teruggeven, het is gebroken [vill dit terooch-chayvuh, it iss chebrohkuh]; **could you take it in at the side?** (dress) zou u het aan de zijkant in kunnen nemen? [zow ʊ it ahn duh zeykant in koonuh naymuh]; **when does the plane take off?** hoe laat vertrekt het vliegtuig? [hoo laht vertrekt it vleechtowch]; **can you take a little off the top?** kunt u er van boven een stukje afhalen? [koont ʊ er van bohvuh 'n stook-yuh afhahluh]

**talcum powder** de talkpoeder [tal-k-pooder]

**talk** praten [prahtuh]

**tall** lang

**tampax** (tm) tampax

**tampons** de tampons

**tank** (*of car*) de tank

**tap** de kraan *[krahn]*

**tape** (*for cassette*) een bandje (*het*) *[b**a**ntyuh]*; (*sticky*) het plakband *[pl**a**kbant]*

**tape measure** de centimeter *[s**e**ntimayter]*

**tape recorder** de bandrecorder

**taste** de smaak *[smahk]*; **can I taste it?** kan ik het proeven? *[it pr**oo**vuh]*; **it has a peculiar taste** het heeft een eigenaardig smaakje *[it hayft 'n ey**cH**en**ah**rdicH sm**ah**k-yuh]*; **it tastes very nice** het smaakt erg lekker *[it sm**a**hkt aircH l**e**kker]*; **it tastes revolting** het smaakt walgelijk *[v**a**lcHeluhk]*

**taxi** een taxi (*de*); **will you get me a taxi?** kunt u voor mij een taxi roepen? *[koont **oo** vohr mey 'n taxi r**oo**puh]*

**taxi-driver** de taxi-chauffeur

**taxi rank, taxi stand** de taxi-standplaats *[—st**a**ntplahts]*

**tea** (*drink*) de thee *[tay]*; **tea for two please** twee thee alstublieft *[tvay ... alst**oo**bl**ee**ft]*; **could I have a cup of tea?** kan ik een kop thee krijgen? *['n kop tay krey**cH**uh]*

**teabag** een theezakje (*het*) *[t**a**yzak-yuh]*

**teach: could you teach me?** kunt u het mij leren? *[koont **oo** it mey l**a**yruh]*; **could you teach me Dutch?** kunt u mij Nederlands leren? *[n**a**yderlants]*

**teacher** (*primary*) (*man*) de onderwijzer *[onderv**ey**zer]*; (*woman*) de onderwijzeres *[—**e**ss]*; (*secondary*) (*man*) de leraar *[l**a**yrahr]*; (*woman*) de lerares *[—**e**ss]*

**team** de ploeg *[pl**oo**cH]*

**teapot** de theepot *[tay—]*

**tea towel** een theedoek (*de*) *[t**a**ydook]*

**teenager** de tiener *[t**ee**ner]*

**teetotal(l)er** een geheelonthouder (*de*) *[cHeh**a**ylont-howder]*

**telegram** een telegram (*het*) *[t**a**yleowram]*; **I want to send a telegram** ik wil een telegram versturen *[vill 'n taylec**H**ram verst**oo**ruh]*

**telephone** de telefoon *[telef**oh**n]*; **can I make a telephone call?** kan ik even bellen? *[**a**yvuh b**e**lluh]*; **could you talk to him for me on the telephone?** kunt u namens mij met hem telefoneren? *[koont **oo** n**a**hmens mey met hem telefohn**a**yruh]*

**telephone box/booth** een telefooncel (*de*) *[telef**oh**nsell]*

**telephone directory** het telefoonboek *[telef**oh**nbook]*

**telephone number** het telefoonnummer *[telef**oh**n-noomer]*; **what's your telephone number?** wat is jouw telefoonnummer? *[vat iss yow]*

**telephoto lens** de telelens

**television** de televisie *[taylev**ee**see]*; **I'd like to watch television** ik zou graag TV willen kijken *[zow cHr**a**hcH tayv**a**y villuh k**ey**kuh]*; **is the match on television?** wordt de wedstrijd op TV uitgezonden? *[vort duh v**e**tstreyt op tayv**a**y owtcHez**o**nduh]*

**telex: I want to send a telex** ik wil een telex versturen *[vill 'n t**e**lex verst**oo**ruh]*

**tell: could you tell him ...?** zou u hem willen vertellen ...? *[zow **oo** hem villuh vert**e**lluh]*

**temperature** (*weather etc*) de temperatuur *[temperat**oo**r]*; **he has a temperature** hij heeft verhoging *[hey hayft verh**oh**cHing]*

**temporary** tijdelijk *[t**ey**deluhk]*

**tenant** (*of apartment*) de huurder *[h**oo**rder]*

**tennis** het tennis

**tennis ball** een tennisbal (*de*)

**tennis court** de tennisbaan *[—bahn]*; **can we use the tennis court?** kunnen we de tennisbaan gebruiken? *[k**oo**nuh wuh duh ... cHebr**o**wkuh]*

**tennis racket** een tennisracket (*het*)

**tent** de tent

**term** (*school*) het trimester *[treem**e**ster]*

**terminus** het eindstation *[**ey**ntstashon]*

**terrace** het terras; **on the terrace** op het terras

**terrible** verschrikkelijk *[versowr**i**kkeluhk]*

**terrific** fantastisch *[fant**a**stees]*

**testicle** de testikel

**than** dan; **smaller than** kleiner dan

**thanks, thank you** bedankt, dank u wel *[**oo** vell]*; **thank you very much** hartelijk bedankt *[h**a**rteluhk]*; **thank you for everything** bedankt voor alles *[vohr **a**lluhs]*; **no thanks** nee, dank u *[nay ... **oo**]*

**that: that woman** die vrouw *[dee vrow]*; **that man** die man; **that one** die; **I hope that ...** ik hoop dat ...; **that's not ...** dat is niet *[iss neet]*; **that's perfect** dat is perfect; **that's very strange** dat is erg vreemd *[aircH vraymt]*; **that's it** (*that's* *right*) dat is 't; **is it that expensive?** is het zo duur? *[iss it zo door]*

**the** (*singular*) de, het *[duh, 't, it]*; (*plural*) de; *see page 107*

**theatre, theater** de schouwburg *[schowboorch]*

**their** hun; *see page 109*

**theirs** van hen; *see page 112*

**them** hen, hun; **for them** voor hen *[vohr]*; *see page 110*

**then** toen *[toon]*; (*in that case, after that*) dan

**there** daar *[dahr]*; **over there** daarginds *[—chints]*; **up there** daarboven *[—bohvuh]*; **is there …?** is er …? *[iss]*; **are there …?** zijn er …? *[zeyn]*; **there is …** er is …; **there are …** er zijn …; **there you are** (*giving something*) alstublieft *[alstoobleeft]*

**thermometer** de thermometer *[tairmohmayter]*

**thermos flask** een thermosfles (*de*) *[tairmosfless]*

**thermostat** de thermostaat *[tairmostaht]*

**these** deze *[dayzuh]*; **can I have these?** kan ik deze hebben? *[hebbuh]*

**they** ze, zij *[zuh, zey]*; **are they ready?** zijn ze klaar? *[zeyn]*; *see page 110*

**thick** dik; (*stupid*) dom

**thief** een dief (*de*) *[deef]*

**thigh** de dij *[dey]*

**thin** (*material*) dun; (*person*) mager *[mahcher]*

**thing** een ding (*het*); **have you seen my things?** hebt u mijn spullen gezien? *[hebt oo meyn spoolluh chezeen]*; **first thing tomorrow morning** morgenochtend vroeg *[morchenochtent vrooch]*

**think** denken *[denkuh]*; **what do you think?** wat vindt u ervan? *[vat vint oo]*; **I think so** ik denk van wel *[vell]*; **I don't think so** ik denk van niet *[neet]*; **I'll think about it** ik zal erover nadenken *[ik zal airover nah—]*

**third party (insurance)** de WA-verzekering *[vay-ah verzaykering]*

**thirsty: I'm thirsty** ik heb dorst

**this: this hotel** dit hotel; **this street** deze straat *[dayzuh straht]*; **this one** deze; **this is my wife** dit is mijn vrouw *[dit iss meyn vrow]*; **is this yours?** is dit van jou? *[yow]*; **this is …** (*on phone*) u spreekt met … *[oo spraykt met]*

**those** die *[dee]*; **those who …** zij die *[zey]*;

**not these, those** niet deze, die *[neet dayzuh]*

**thread** de draad *[draht]*

**throat** de keel *[kayl]*

**throat lozenges** de keeltabletten *[kayltablettuh]*

**throttle** (*motorbike, boat*) de smoorklep *[smohr—]*

**through** door *[dohr]*; **does it go through Rotterdam?** gaat het via Rotterdam? *[chaht it vee-ah]*; **Monday through Friday** maandag tot en met vrijdag *[tot en met]*; **straight through the city centre** dwars door het centrum van de stad *[dvars dohr it]*

**through train** een doorgaande trein (*de*) *[dohrchahnduh treyn]*

**throw** gooien *[choh-yuh]*; **don't throw it away** gooi het niet weg *[choy it neet vech]*; **I'm going to throw up** ik moet overgeven *[moot ohverchayvuh]*

**thumb** de duim *[dowm]*

**thumbtack** de punaise *[poonaizuh]*

**thunder** een donderslag (*de*) *[—slach]*

**thunderstorm** de onweersbui *[onvayrsbow]*

**Thursday** donderdag *[—dach]*

**ticket** het kaartje *[kahrt-yuh]*; (*bus*) de strippenkaart *[strippuh—]*

**ticket office** (*train, bus*) het loket *[lohket]*; (*theatre*) het bespreekbureau *[bespraykbooroh]*

**tide: at low tide** bij eb *[bey]*; **at high tide** bij vloed *[bey vloot]*

**tie** (*necktie*) de stropdas

**tight** (*clothes*) strak; **the waist is too tight** de taille zit te strak *[duh tal-yuh zit tuh]*

**tights** de panty (*de*)

**time** de tijd *[teyt]*; **what's the time?** hoe laat is het? *[hoo laht iss it]*; **at what time do you close?** hoe laat sluit u? *[slowt oo]*; **there's not much time** er is weinig tijd *[veynich]*; **for the time being** voorlopig *[vohrlohpich]*; **from time to time** van tijd tot tijd *[presees]*; **right on time** precies op tijd *[presees]*; **this time** deze keer *[dayzuh kayr]*; **last time** de vorige keer *[duh vohrichuh]*; **next time** de volgende keer *[volchenduh]*; **four times** vier keer; **have a good time!** veel plezier! *[vayl plezeer]*; *see page 118*

**timetable** de dienstregeling *[deenstraycheling]*

**tin** (*can*) een blik (*het*)

**tinfoil** het aluminiumfolie [—*fohlee*]

**tin-opener** een blikopener (*de*)

**tint** (*hair*) verven [*vairvuh*]

**tiny** zeer klein [*zayr kleyn*]

**tip** de fooi [*foy*]; **does that include the tip?** is de fooi daarbij inbegrepen? [*iss duh … dahrbey inbeowraypuh*]

**tired** moe [*moo*]; **I'm tired** ik ben moe

**tire** (*of car*) de band [*bant*]

**tiring** vermoeiend [*vermoo-yuhnt*]

**tissues** papieren zakdoekjes [*papeeruh zakdookyuhs*]

**to: to Brussels/England** naar Brussel/Engeland [*nahr*]; **to the airport** naar het vliegveld; **here's to you!** (*toast*) op je gezondheid! [*op yuh cHezontheyt*]; *see page 118*

**toast** de toast; (*drinking*) een toost (*de*) [*tohst*]

**tobacco** de tabak

**tobacconist, tobacco store** de sigarenwinkel [*seecHahruhvinkel*]

**today** vandaag [*vandahcH*]; **today week** vandaag over een week ['*n vayk*]

**toe** de teen [*tayn*]

**toffee** de toffee [*toffay*]

**together** samen [*sahmuh*]; **we're together** wij zijn samen [*vey zeyn*]; **can we pay together?** kunnen we voor ons beiden betalen? [*koonuh vuh vohr ons beyduh betahluh*]

**toilet** het toilet [*tvalet*]; **where's the toilet?** waar is het toilet? [*wahr iss it*]; **I have to go to the toilet** ik moet naar het toilet [*moot nahr*]; **she's in the toilet** ze is op de w.c. [*vay-say*]

**toilet paper** het toiletpapier [*tvaletpapeer*]

**toilet water** de eau de toilette [*oh duh tvalet*]

**toll** de tol; **bridge toll** de brugtol [*broocH—*]

**tomato** een tomaat (*de*) [*tohmaht*]

**tomato juice** een tomatensap (*het*) [*tohmahtuh—*]

**tomato ketchup** de tomatenketchup [*tohmahtuh—*]

**tomorrow** morgen [*morcHuh*]; **tomorrow morning** morgenochtend [—*ocHtent*]; **tomorrow afternoon** morgenmiddag [—*middacH*]; **tomorrow evening** morgenavond

[—*ahvont*]; **the day after tomorrow** overmorgen; **see you tomorrow** tot morgen

**ton** een ton (*de*); *see page 120*

**toner** de toner

**tongue** de tong

**tonic (water)** een tonic (*de*)

**tonight** vanavond [*vanahvont*]; **not tonight** vanavond niet [*neet*]

**tonsillitis** angina (*de*) [*ancHeena*]

**tonsils** de amandelen [*amandeluh*]

**too** te [*tuh*]; (*also*) ook [*ohk*]; **me too** ik ook; **I'm not feeling too good** ik voel me niet erg lekker [*vool muh neet aircH*]

**tooth** de tand [*tant*]; (*back tooth*) de kies [*keess*]

**toothache** de kiespijn [*keesspeyn*]

**toothbrush** de tandenborstel [*tanduh—*]

**toothpaste** de tandpasta

**top: on top of …** bovenop … [*bohvenop*]; **on top of the car** bovenop de auto; **on the top floor** op de bovenste verdieping [*bohvenstuh verdeeping*]; **at the top** bovenaan [*bohvenahn*]; **top quality** top kwaliteit [*kvaleeteyt*]; **bikini top** het bikini bovenstukje [*bohvenstookyuh*]

**topless** topless

**torch** de zaklantaarn [*zaklantahrn*]

**total** het totaal [*tohtahl*]

**touch** aanraken [*ahnrahkuh*]; **let's keep in touch** we moeten contact houden [*vuh mootuh … howduh*]

**tough** (*meat*) taai [*tah-i*]; **tough luck!** pech! [*pecH*]

**tour** een rondreis (*de*) [*rontreyss*]; **is there a tour of …?** is er een excursie naar …? [*exkoorsee nahr*]

**tour guide** de gids [*cHits*]

**tourist** een toerist (*de*) [*toorist*]

**tourist office** het toeristenbureau [—*booroh*]

**touristy: somewhere not so touristy** ergens waar het niet zo toeristisch is [*aircHens vahr 't neet zo tooristeess iss*]

**tour operator** de reisorganisatie [*reyssorcHahneesahsee*]

**tow: can you give me a tow?** kunt u me op sleeptouw nemen? [*koont oo muh op slayptow naymuh*]

**toward(s)** in de richting van [*ricHting*]; **toward(s) Groningen** in de richting van Groningen

**towel** een handdoek (*de*) [*handook*]

**town** een stad (*de*) *[stat]*; (*smaller*) een stadje (*het*) *[statyuh]*; **in town** in de stad; **which bus goes into town?** welke bus gaat naar het centrum? *[velkuh booss CHaht nahr 't]*; **we're staying just out of town** we logeren even buiten de stad *[vuh lohjayruh ayvuh bowtuh]*

**town hall** het stadhuis *[—howss]*

**tow rope** het sleeptouw *[slayptow]*

**toy** een stuk speelgoed (*het*) *[stook spaylCHoot]*

**tracksuit** het trainingspak

**traditional** traditioneel *[tradeeshohnayl]*; **a traditional Dutch meal** een traditionele Hollandse maaltijd *[mahlteyt]*

**traffic** het verkeer *[verkayr]*

**traffic circle** de rotonde *[rohtonduh]*

**traffic cop** de verkeersagent *[verkayrsaCHent]*

**traffic jam** de verkeersopstopping

**traffic light(s)** de verkeerslichten *[—liCHtuh]*

**trailer** (*for carrying tent etc*) de aanhangwagen *[ahnhangvahCHuh]*; (*caravan*) de caravan

**train** de trein *[treyn]*; **when's the next train to ...?** wanneer gaat de volgende trein naar ...? *[vanayr CHaht duh volCHenduh ... nahr]*; **by train** per trein

**trainers** (*shoes*) de gymschoenen *[CHimsCHoonuh]*

**train station** het station *[stashon]*

**tram** de tram

**tramp** (*person*) de zwerver *[zvairver]*

**tranquillizers** de kalmerende middelen *[kalmayrenduh middeluh]*

**transatlantic** transatlantisch *[—lantees]*

**transformer** de transformator *[—ahtor]*

**transistor** (*radio*) de transistor

**transit desk** de transit balie *[bahlee]*

**translate** vertalen *[vertahluh]*; **could you translate that?** zou u dat kunnen vertalen? *[zow oo dat koonuh]*

**translation** de vertaling *[vertahling]*

**transmission** (*of car*) de versnellingsbak

**travel** reizen *[reyzuh]*; **we're travel(l)ing around** we trekken rond *[vuh trekkuh ront]*

**travel agent** het reisbureau *[reysbooroh]*

**travel(l)er** de reiziger *[reyziCHer]*

**traveller's cheque, traveler's check** de reischeque *[reyss—]*

**tray** een dienblad (*het*) *[deenblat]*

**tree** de boom *[bohm]*

**tremendous** fantastisch *[fantasteess]*

**trendy** 'in'

**tricky** (*difficult*) moeilijk *[mooyluhk]*

**trim: just a trim please** alleen bijknippen alstublieft *[allayn bey-k-nippuh alstoobleeft]*

**trip** de reis *[reyss]*; **I'd like to go on a trip to ...** ik wil graag een reis maken naar ... *[vill CHrahCH 'n ... mahkuh nahr]*; **have a good trip** goede reis *[CHooduh]*

**tripod** (*camera*) het statief *[stahteef]*

**trouble: the trouble is that ...** het probleem is dat ... *[prohblaym]*; **I'm having trouble with ...** ik heb moeilijkheden met ... *[mooyluhkhayduh]*; **sorry to trouble you** het spijt me dat ik u lastig val *['t speyt muh dat ik oo lastiCH val]*

**trousers** de broek *[brook]*

**trouser suit** het broekpak *[brookpak]*

**trout** de forel

**truck** de vrachtwagen *[vraCHtvahCHuh]*

**truck driver** de vrachtwagenchauffeur *[vraCHtvahCHuh—]*

**true** waar *[vahr]*; **that's not true** dat is niet waar *[neet]*

**trunk** (*of car*) de kofferbak

**trunks** (*swimming*) de zwembroek *[zvembroek]*

**truth** de waarheid *[vahrheyt]*; **it's the truth** het is de waarheid

**try** proberen *[prohbayruh]*; **please try** probeer het alstublieft *[prohbayr it alstoobleeft]*; **will you try for me?** wil jij het voor mij proberen? *[vill yey 't vohr mey]*; **I've never tried it** (*food*) ik heb het nog nooit gegeten *[noCH noyt CHeCHaytuh]*; (*sport*) ik heb het nog nooit gedaan *[CHedahn]*; **can I have a try?** kan ik het eens proberen? *[ayns]*; **may I try it on?** kan ik het passen? *[passuh]*

**T-shirt** een T-shirt (*het*)

**tube** (*for car tyre*) de binnenband *[binnuhbant]*

**Tuesday** dinsdag *[—daCH]*

**tuition: I'd like to have tuition** ik wil graag les hebben *[vill CHrahCH less hebbuh]*

**tulip** een tulp (*de*) *[toolp]*

**tuna fish** de tonijn *[tohneyn]*

**tune** de melodie *[maylohdee]*

**tunnel** de tunnel
**turn: it's my turn next** ik ben hierna aan de beurt *[heernah ahn duh burt]*; **turn left** sla links af *[slah]*; **where do we turn off?** waar moeten we afslaan? *[vahr mootuh vuh afslahn]*; **can you turn the lights on?** kunt u de lichten aandoen? *[koont ∞ duh liCHtuh ahndoon]*; **can you turn the lights off?** kunt u de lichten uitdoen? *[owtdoon]*; **he didn't turn up** hij kwam niet opdagen *[hey kvam neet opdahcHuh]*
**turning** (*in road*) de bocht *[bocHt]*
**TV** de TV *[tayvay]*
**tweezers** het pincet *[pinset]*

**twice** twee keer *[tvay kayr]*; **twice as much** twee keer zoveel *[zovayl]*
**twin beds** twee eenpersoonsbedden *[tvay aynpersohnsbedduh]*
**twins** een tweeling (*de*) *[tvayling]*
**twist: I've twisted my ankle** ik heb mijn enkel verrekt *[meyn]*
**type** een soort (*het*) *[sohrt]*; **a different type of ...** een ander soort ...
**typewriter** de typemachine *[teepmasheenuh]*
**typical** typisch *[teepeess]*
**tyre** de band *[bant]*
**tyre lever** de bandafnemer *[bantafnaymer]*

# U

**ugly** lelijk *[layluhk]*
**ulcer** een zweer (*de*) *[zvayr]*; (*in mouth*) een mondzweertje (*het*) *[montzvayrtyuh]*
**Ulster** Ulster *[oolster]*
**umbrella** de paraplu *[paraploo]*
**uncle: my uncle** mijn oom *[meyn ohm]*
**uncomfortable** onbehaaglijk *[onbehahcHluhk]*
**unconscious** bewusteloos *[bevoostuhlohs]*
**under** onder
**underdone** (*food*) niet gaar *[neet cHahr]*
**underground** (*railway*) de metro
**underpants** de onderbroek *[onderbrook]*
**undershirt** het hemd *[hemt]*
**understand: I don't understand** ik begrijp het niet *[becHreyp 't neet]*; **I understand** ik begrijp het; **do you understand?** begrijpt u het? *[becHreypt ∞ 't]*
**underwear** het ondergoed *[ondercHoot]*
**undo** (*clothes*) losmaken *[lossmahkuh]*
**uneatable: it's uneatable** het is niet te eten *[it iss neet tuh aytuh]*
**unemployed** (*adj*) werkeloos *[vairkuhlohs]*
**unfair: that's unfair** dat is niet eerlijk *[iss neet ayrleyk]*
**unfortunately** helaas *[haylahss]*

**unfriendly** onvriendelijk *[onvreendeluhk]*
**unhappy** ongelukkig *[oncHuhlookkicH]*
**unhealthy** ongezond *[oncHuhzont]*
**United States** de Verenigde Staten *[duh veraynicHduh stahtuh]*; **in the United States** in de Verenigde Staten
**university** de universiteit *[∞neevairsiteyt]*
**unlimited mileage** een onbeperkt aantal kilometers *[in onbuhpairkt ahntal keelomayters]*
**unlock: the door was unlocked** de deur was niet op slot *[duh durr vass neet op slot]*
**unpack** uitpakken *[owtpakkuh]*
**unpleasant** onaangenaam *[onahncHenahm]*
**untie** losmaken *[lossmahkuh]*
**until** tot; **until we meet again** tot we elkaar weer zien *[tot vuh elkahr vayr zeen]*; **not until Wednesday** niet voor woensdag *[neet vohr]*
**unusual** ongewoon *[oncHevohn]*
**up: further up the road** verderop *[vairderop]*; **up there** daarboven *[dahrbohvuh]*; **he's not up yet** hij is nog niet op *[hey iss nocH neet op]*; **what's up?** wat is er aan de hand? *[vat iss er ahn duh*

*hant]*
**upmarket** chic
**upset stomach: I have an upset stomach** mijn maag is van streek *[meyn mahcH iss van strayk]*
**upside down** ondersteboven *[onderstuhbohvuh]*
**upstairs** boven *[bohvuh]*
**urgent** dringend *[dringuhnt]*; **it's very urgent** het is erg dringend *[it iss aircH]*
**urinary tract infection** een urinewegenontsteking (*de*) *[œreenuhvaycHuh-ontstayking]*
**us** ons; **with us** met ons; **for us** voor ons;

*see page 110*
**use: may I use ...?** kan ik ... gebruiken? *[cHebrowkuh]*
**used: I used to swim a lot** vroeger zwom ik veel *[vroocHer zvom ik vayl]*; **when I get used to ...** wanneer ik aan ... gewend ben geraakt *[vannayr ik ahn ... cHevent ben cHerahkt]*
**useful** nuttig *[nootticH]*
**usual** gebruikelijk *[cHebrowkeluhk]*; **as usual** zoals gebruikelijk *[zoh-als]*
**usually** gebruikelijk *[cHebrowkeluhk]*
**U-turn: to do a U-turn** op de weg keren *[op duh vecH kayruh]*

# V

**vacancy: do you have any vacancies?** hebt u nog kamers vrij? *[hebt œ nocH kahmers vrey]*
**vacation: we're here on vacation** we zijn hier op vakantie *[vuh zeyn heer op vakanssee]*
**vaccination** de vaccinatie *[vakseenahssee]*
**vacuum cleaner** de stofzuiger *[stofzowcHer]*
**vacuum flask** een thermosfles (*de*) *[tairmosfless]*
**vagina** de vagina *[vacHeenah]*
**valid** geldig *[cHeldicH]*; **how long is it valid for?** hoe lang is het geldig? *[hoo lang iss 't]*
**valley** het dal
**valuable** (*adj*) waardevol *[vahrduhvoll]*; **can I leave my valuables here?** kan ik mijn kostbaarheden hier achterlaten? *[meyn kostbahrhayduh heer acHterlahtuh]*
**value** de waarde *[vahrduh]*
**van: delivery van** de bestelwagen *[bestellvahcHuh]*
**vanilla** vanille *[vaneel-yuh]*; **vanilla ice cream** vanille-ijs *[eyss]*
**varicose veins** de spataders *[spatahders]*
**variety show** een variété-voorstelling (*de*) *[varee-yuhtay-vohrstelling]*

**vary: it varies** het verschilt *[it verscHilt]*
**vase** de vaas *[vahss]*
**vaudeville** een vaudeville (*de*) *[vohduhveel]*
**VD** de geslachtsziekte *[cHeslacHtzeektuh]*
**veal** het kalfsvlees *[kal-fsvlayss]*
**vegetables** de groenten *[cHroontuh]*
**vegetarian** een vegetariër *[vaycHetahree-yer]*; **I'm a vegetarian** ik ben vegetariër
**vegetarian restaurant** een vegetarisch restaurant *[vaycHetahreess restorant]*
**velvet** het fluweel *[flœvayl]*
**vending machine** de automaat *[owtomaht]*
**ventilator** de ventilator *[ventilahtor]*
**verruca** een wrat (*de*) *[vratt]*
**very** erg *[aircH]*; **just a very little Dutch** maar heel weinig Nederlands *[mahr hayl veynicH nayderlants]*; **just a very little for me** maar een klein beetje voor mij *[mahr 'n kleyn baytyuh vohr mey]*; **I like it very much** ik hou er erg van *[how er aircH]*; (*food*) ik vind het erg lekker *[vint 't aircH]*
**vest** een hemd (*het*); (*waistcoat*) een vest (*het*)
**via** via *[vee-ah]*
**video** (*recorder*) de video-recorder; (*cassette*) de videocassette
**view** het uitzicht *[owtzicHt]*; **what a**

**superb view!** wat een prachtig uitzicht! *[vat 'n* pr**a**ctigh*]*

**viewfinder** de zoeker *[z**oo**ker]*

**villa** een villa *(de)*

**village** het dorp; *(small)* het dorpje *[d**o**rpyuh]*

**vinegar** de azijn *[az**ey**n]*

**vintage** de wijnoogst *[v**ey**nohchst]*

**vintage wine** de kwaliteitswijn *[kvahleet**ey**tsveyn]*

**visa** het visum *[v**ee**soom]*

**visibility** het zicht *[z**i**cht]*

**visit** bezoeken *[bez**oo**kuh]*; **I'd like to**

**visit ...** *(people)* ik zou graag ... bezoeken *[zow* chrahch*]*; *(places)* ik zou graag een bezoek willen brengen aan ... *[in bez**oo**k villuh* br**e**nguh **ah**n*]*; **come and visit us** kom eens op bezoek *[ayns op bez**oo**k]*

**vital: it's vital that ...** het is van essentieel belang dat ... *[it iss van ess**e**ns**h**ayl* bel**a**ng*]*

**vitamins** de vitaminen *[veetam**ee**nuh]*

**vodka** een wodka *(de)* *[v—]*

**voice** de stem

**voltage** het voltage *[volt**ah**juh]*

**vomit** overgeven *[**o**verch**a**yvuh]*

**wafer** een wafel *(de)* *[v**ah**fel]*

**waist** de taille *[t**a**l-yuh]*

**waistcoat** het vest

**wait** wachten *[v**a**chtuh]*; **wait for me** wacht op mij *[v**a**cht op mey]*; **don't wait for me** wacht niet op mij *[neet]*; **it was worth waiting for** het wachten was de moeite waard *[it v**a**chtuh vass duh m**oo**y-tuh vahrt]*; **I'll wait till my wife comes** ik wacht tot mijn vrouw komt *[meyn vrow komt]*; **I'll wait a little longer** ik wacht nog een poosje *[noch 'n p**o**hsyuh]*; **can you do it while I wait?** kunt u het doen terwijl ik wacht? *[koont oo 't doon terv**ey**l]*

**waiter** de kelner; **waiter!** ober!

**waiting room** de wachtkamer *[v**a**chtkahmer]*

**waitress** de kelnerin; **waitress!** juffrouw! *[yoof**r**ow]*

**wake: will you wake me up at 6.30?** kunt u mij om 6.30 wekken? *[koont oo mey om ... v**e**kkuh]*

**Wales** Wales

**walk: let's walk there** laten we er heen lopen *[l**a**htuh vuh er hayn l**o**hpuh]*; **is it possible to walk there?** is het mogelijk om er te voet heen te gaan? *[iss 't m**o**hcheluhk om er tuh voot hayn tuh chahn]*; **I'll walk back** ik loop terug *[lohp ter**oo**ch]*; **is it a long walk?** is het

een lange wandeling? *[iss 't 'n languh v**a**ndeling]*; **it's only a short walk** het is maar een korte wandeling *[mahr 'n k**o**rtuh]*; **I'm going out for a walk** ik ga een eindje wandelen *[chah 'n **ey**ntyuh]*; **let's take a walk around town** laten we een wandeling door de stad maken *[dohr duh stat m**ah**kuh]*

**walking: I want to do some walking** ik will wat wandeltochten maken *[vill vat v**a**ndeltochtuh m**ah**kuh]*

**walking boots** de wandelschoenen *[vandelsch**oo**nuh]*

**walking stick** de wandelstok *[v**a**ndelstok]*

**walkman** *(tm)* een walkman *(de)*

**wall** de muur *[m**oo**r]*

**wallet** de portefeuille *[porte**f**uh-yuh]*

**wander: I like just wandering around** ik hou ervan om gewoon wat rond te zwerven *[how ervan om chev**o**hn vatt ront tuh zv**ai**rvuh]*

**want: I want a ...** ik wil graag een ... *[vill* chrahch *'n]*; **I don't want any ...** ik wil geen ... *[vill* chayn*]*; **I want to go home** ik wil naar huis *[nahr howss]*; **but I want to** maar ik wil het *[mahr ik vill 't]*; **I don't want to** ik wil niet *[neet]*; **he wants to ...** hij wil ... *[hey]*; **what do you want?** wat wil je? *[vat vill yuh]*

**war** de oorlog *[**oh**rloch]*

**ward** (*in hospital*) de zaal *[zahl]*

**warm** warm *[varm]*; **it's so warm today** het is zo warm vandaag *[it iss zo … vandahcн]*; **I'm so warm** ik heb het zo warm *['t zo varm]*

**warning** een waarschuwing (*de*) *[vahrscнooving]*

**was** was *[vass]*; **it was …** het was … *[it]*

**wash** wassen *[vassuh]*; **I need a wash** ik moet me wassen *[moot muh]*; **can you wash the car?** kunt u de auto wassen? *[koont oo duh owtoh]*; **can you wash these?** kunt u deze dingen wassen *[dayzuh]*; **it'll wash off** (*stain etc*) het gaat er in de was wel uit *[it cнaht er in duh vass vell owt]*

**washcloth** een washandje (*het*) *[vasshantyuh]*

**washer** (*for tap*) een leertje (*het*) *[layrtyuh]*

**washhand basin** de wasbak *[vassbak]*

**washing** (*clothes*) de was *[vass]*; **where can I hang my washing?** waar kan ik mijn was ophangen? *[vahr kan ik meyn vass op-hanguh]*; **can you do my washing for me?** kunt u de was voor mij doen? *[koont oo … vohr mey doon]*

**washing machine** een wasmachine (*de*) *[vassmasheenuh]*

**washing powder** de waspoeder *[vasspooder]*

**washing-up: I'll do the washing-up** ik doe de afwas *[doo duh afvass]*

**washing-up liquid** het afwasmiddel *[afvassmiddel]*

**wasp** een wesp (*de*) *[vesp]*

**wasteful: that's wasteful** dat is een verkwisting *[dat iss 'n verkvisting]*

**wastepaper basket** de prullenmand *[proolluhmant]*

**watch** (*wrist-*) een horloge (*het*) *[horlohjuh]*; **will you watch my things for me?** wilt u op mijn spullen letten? *[vilt oo op meyn spoolluh lettuh]*; **I'll just watch** ik kijk alleen maar toe *[keyk allayn mahr too]*; **watch out!** kijk uit! *[keyk owt]*

**watch strap** een horlogebandje (*het*) *[horlohjuhbantyuh]*

**water** het water *[vahter]*; **may I have some water?** kan ik wat water krijgen *[vat … kreycнuh]*

**watercolo(u)r** (*painting*) een aquarel (*de*)

**waterproof** waterdicht *[vahterdicнt]*

**waterski: I'd like to learn to waterski** ik zou graag leren waterskiën *[zow cнrahcн layruh vahterskee-yuh]*

**waterskiing** waterskiën *[vahterskee-yuh]*

**water sports** de watersport *[vahtersport]*

**water wings** de zwemvlinders *[zvem—]*

**wave** (*sea*) de golf *[cнolf]*

**way: which way is it to …?** hoe kom ik naar …? *[hoo … nahr]*; **it's this way** het is deze kant uit *[dayzuh … owt]*; **it's that way** het is die kant uit *[dee]*; **could you tell me the way to …?** kunt u mij de weg wijzen naar …? *[koont oo mey duh vécн veyzuh nahr]*; **is it on the way to Maastricht?** is het op de weg naar Maastricht? *[iss 't op duh vecн nahr]*; **you're blocking the way** u verspert de weg *[oo verspairt duh vecн]*; **is it a long way to …?** is het ver naar …? *[iss 't vair nahr]*; **would you show me the way to do it?** kunt u mij laten zien hoe het moet? *[koont oo mey lahtuh zeen hoo 't moot]*; **do it this way** doe het op deze manier *[doo 't op dayzuh maneer]*; **we want to eat the Dutch way** we willen Hollands eten *[vuh villuh hollants aytuh]*; **no way!** vergeet het maar! *[vercнayt 't mahr]*

**we** wij, we *[vey, vuh]*; *see page 110*

**weak** (*person*) zwak *[zvak]*

**wealthy** rijk *[reyk]*

**weather** het weer *[vayr]*; **what foul weather!** wat een hondeweer! *[vat 'n honduhvayr]*; **what beautiful weather!** wat een heerlijk weer! *[vat 'n hayrluhk vayr]*

**weather forecast** het weerbericht *[vayrbericнt]*

**wedding** de bruiloft *[browloft]*

**wedding anniversary: today is our wedding anniversary** vandaag is het onze trouwdag *[vandahcн iss 't onzuh trowdacн]*

**wedding ring** de trouwring *[trowring]*

**Wednesday** woensdag *[voonsdacн]*

**week** een week (*de*) *[vayk]*; **a week (from) today** vandaag over een week *[vandahcн over 'n vayk]*; **a week (from) tomorrow** morgen over een week *[morcнuh]*; **Monday week** maandag over een week

**weekend: at/on the weekend** tijdens het weekend *[teyduhns 't veekent]*

**weight** het gewicht *[cнevicнt]*; **I want to**

**lose weight** ik wil afvallen *[vill **a**fvalluh]*

**weight limit** het maximumgewicht *[**ma**xeemoomcHev**i**cHt]*

**weird** raar *[rahr]*

**welcome: welcome to ...** welkom in ... *[v**e**lkom]*; **you're welcome** graag gedaan *[cHr**a**hcH cHed**a**hn]*

**well: I don't feel well** ik voel me niet lekker *[vool muh neet l**e**kker]*; **I haven't been very well lately** ik voel me de laatste tijd niet zo goed *[duh l**a**htstuh teyt neet zo cHoot]*; **she's not well** ze is niet erg lekker *[zey iss neet aircH]*; **how are you? — very well, thanks** hoe gaat het met u? — uitstekend, dank u *[**o**wtstaykent dank oo]*; **you speak English very well** u spreekt erg goed Engels *[oo spraykt aircH cHoot]*; **me as well** ik ook *[ohk]*; **well done!** goed zo! *[cHoot zo]*; **well, ...** nou ja ... *[now yah]*; **well well!** wel, wel! *[vell vell]*

**well-done** *(steak)* goed doorbakken *[cHoot dohrb**a**kkuh]*

**wellingtons** de rubberlaarzen *[r**oo**berlahrzuh]*

**Welsh: he is Welsh** hij komt uit Wales *[hey komt owt]*

**were** *(sing)* was *[vass]*; *(pl)* waren *[v**a**hruh]*

**west** het westen *[v**e**stuh]*; **to the west** naar het westen *[nahr]*

**West Indian** Westindisch *[v**e**st**i**ndeess]*

**West Indies** West-Indië *[vest **i**ndee-yuh]*

**wet** nat; **it's all wet** het is helemaal nat *[it iss h**a**yluhmahl]*; **it's been wet all week** het heeft de hele week geregend *[it hayft duh h**a**yluh vayk cHer**a**ycHent]*

**wet suit** een duikpak *(het)* *[d**o**wkpak]*

**what?** wat? *[vat]*; **what's that?** wat is dat? *[vat iss dat]*; **I don't know what to do** ik weet niet wat ik moet doen *[vayt neet vat ik moot doon]*; **what a view!** wat een uitzicht! *[vat 'n]*

**wheel** het wiel *[veel]*

**wheelchair** de rolstoel *[r**o**lstool]*

**when?** wanneer? *[v**a**nayr]*; **when does the train leave?** hoe laat vertrekt de trein *[hoo laht]*; **when we get back** wanneer we terugkomen *[vuh ter**oo**cHkohmuh]*

**where?** waar? *[vahr]*; **where is ...?** waar is ...? *[iss]*; **I don't know where he is** ik weet niet waar hij is *[vayt neet vahr hey iss]*; **that's where I left it** ik heb het daar laten liggen *[ik heb 't dahr l**a**htuh l**i**cHuh]*

**which: which bus?** welke bus? *[v**e**lkuh booss]*; **which one?** welke?; **which is yours?** welke is van jou? *[iss van yow]*; **I forget which it was** ik ben vergeten welke het was *[vercH**a**ytuh ... 't vass]*; **the one which ...** degene die ... *[decH**a**ynuh dee]*

**while: while I'm here** terwijl ik hier ben *[terv**e**yl ik heer ben]*

**whipped cream** de slagroom *[sl**a**cHrohm]*

**whisky** een whisky *(de)*

**whisper** fluisteren *[fl**o**wsteruh]*

**white** wit *[vitt]*

**white wine** de witte wijn *[v**i**ttuh veyn]*

**Whitsun** Pinksteren *[p**i**nksteruh]*

**who?** wie? *[vee]*; **who was that?** wie was dat? *[vee vass dat]*; **the man who ...** de man die ... *[duh man dee]*

**whole: the whole week** de hele week *[duh h**a**yluh vayk]*; **two whole days** twee hele dagen *[dahcHuh]*; **the whole lot** alles *[**a**lluhs]*

**whooping cough** de kinkhoest *[k**i**nkhoost]*

**whose: whose is this?** van wie is dit? *[van vee iss dit]*

**why?** waarom? *[v**a**hrom]*; **why not?** waarom niet *[neet]*; **that's why it's not working** daarom werkt het niet *[d**a**hrom verkt 't neet]*

**wide** wijd *[veyt]*

**wide-angle lens** een groothoeklens *(de)* *[cHr**o**ht-hooklens]*

**widow** de weduwe *[v**a**yd**oo**vuh]*

**widower** de weduwnaar *[v**a**yd**oo**nahr]*

**wife: my wife** mijn vrouw *[meyn vrow]*

**wig** een pruik *(de)* *[prowk]*

**will: will you give this to him?** wilt u het aan hem geven? *[vilt oo]*; *see page 116*

**win** winnen *[v**i**nnuh]*; **who won?** wie heeft er gewonnen? *[vee hayft er cHev**o**nnuh]*

**wind** de wind *[vint]*

**windmill** de windmolen *[v**i**ntmohluh]*

**window** het raam *[rahm]*; *(of shop)* de etalage *[aytal**a**hjuh]*; **near the window** bij het raam *[bey 't]*; **in the window** *(of shop)* in de etalage *[in duh]*

**window seat** een plaats bij het raam *[in plahts bey it rahm]*

**windscreen, windshield** de voorruit *[v**oh**rrowt]*

**windscreen wipers, windshield**

**wipers** de ruitewissers *[rowtuhvissers]*
**windsurf: I'd like to windsurf** ik zou graag windsurfen *[zow chrahch vintsoorfuh]*
**windsurfing** windsurfen *[vintsoorfuh]*
**windy: it's so windy** het is zo winderig *[it iss zo vinderich]*
**wine** de wijn *[veyn]*; **can we have some more wine?** kunnen we nog wat wijn krijgen? *[koonuh vey noch vat veyn kreychuh]*
**wine glass** het wijnglas *[veynchlass]*
**wine list** de wijnkaart *[veynkahrt]*
**wine-tasting** het wijn proeven *[veyn proovuh]*
**wing** de vleugel *[vlurchel]*; (*of car*) het spatbord *[spatbort]*
**wing mirror** de buitenspiegel *[bowtuhspeechel]*
**winter** de winter; **in the winter** 's winters *[svinters]*
**winter holiday** een wintervakantie (*de*) *[vintervakanssee]*
**wire** de ijzerdraad *[eyzerdraht]*; (*elec*) het snoer *[snoor]*
**wireless** de radio *[rahdee-oh]*
**wiring** (*in house*) de bedrading *[bedrahding]*
**wish: wishing you were here** ik wou dat je hier was *[wow dat yuh heer vass]*; **best wishes** de beste wensen *[bestuh vensuh]*
**with** met; **I'm staying with ...** ik logeer bij ... *[lojayr bey]*
**without** zonder
**witness** een getuige (*de*) *[chetowchuh]*; **will you be a witness for me?** wilt u mijn getuige zijn? *[vilt oo meyn ... zeyn]*
**witty** (*person*) geestig *[chaystich]*
**wobble: the wheel wobbles** het wiel wiebelt *[it veel veebelt]*
**woman** een vrouw (*de*) *[vrow]*; **women** de vrouwen *[vrowuh]*
**wonderful** prachtig *[prachtich]*
**won't: the car won't start** de auto wil niet starten *[duh owtoh vill neet startuh]*; *see page 116*
**wood** (*material*) het hout *[howt]*
**woods** (*forest*) de bossen *[bossuh]*
**wool** de wol *[voll]*
**word** het woord *[vohrt]*; **what does that word mean?** wat betekent dat woord? *[vat betaykuhnt dat]*; **you have my word** ik geef je mijn woord *[chayf yuh*

meyn]*
**work** werken *[vairkuh]*; **how does it work?** hoe werkt het? *[hoo verkt 't]*; **it's not working** het werkt niet *['t ... neet]*; **I work in an office** ik werk op een kantoor *[vairk op 'n kantohr]*; **do you have any work for me?** hebt u werk voor mij? *[hebt oo ... vohr mey]*; **when do you finish work?** hoe laat ben je klaar met je werk? *[hoo laht ben yuh klahr met yuh vairk]*
**world** de wereld *[vayrelt]*
**worn-out** (*person*) doodop *[dohtop]*; (*clothes, shoes*) versleten *[verslaytuh]*
**worry: I'm worried about her** ik maak me zorgen over haar *[mahk muh zorchuh over hahr]*; **don't worry** maak je geen zorgen *[yuh chayn]*
**worse: it's worse** het is erger *[it iss aircher]*; **it's getting worse** het wordt steeds erger *[it vort stayts aircher]*
**worst** het ergste *[it airchstuh]*
**worth: it's not worth 50 guilders** het is geen 50 gulden waard *[it iss chayn ... vahrt]*; **it's worth more than that** het is meer waard dan dat *[it iss mayr]*; **is it worth a visit?** is het de moeite waard om het te bezoeken? *[iss 't duh mooy-tuh vahrt om 't tuh bezookuh]*
**would: would you give this to ...?** zou u dit aan ... kunnen geven? *[zow oo dit ahn ... koonuh chayvuh]*; **what would you do?** wat zou u doen? *[vat zow oo doon]*
**wrap: could you wrap it up?** kunt u het inpakken? *[koont oo 't inpakkuh]*
**wrapping** de verpakking
**wrapping paper** het inpakpapier *[inpakpapeer]*
**wrench** (*tool*) de schroefsleutel *[schroofslurtel]*
**wrist** de pols
**write** schrijven *[schreyvuh]*; **could you write it down?** kunt u het opschrijven? *[koont oo 't opschreyvuh]*; **how do you write it?** hoe schrijf je het? *[hoo schreyf yuh 't]*; **I'll write to you** ik zal je schrijven *[zal yuh]*; **I wrote to you last month** ik heb je vorige maand geschreven *[yuh vohrichuh mahnt cheschrayvuh]*
**write-off** (*car*) een total-loss
**writer** de schrijver *[schreyver]*
**writing paper** het schrijfpapier

*[schreyfpapeer]*
**wrong: you're wrong** je vergist je *[yuh verchist yuh]*; **the bill's wrong** de rekening klopt niet *[duh raykening klopt neet]*; **sorry, wrong number** sorry, ik ben verkeerd verbonden *[verkayrt verbonduh]*; **you have the wrong number** u bent verkeerd verbonden *[oo]*; **I'm on the wrong train** ik zit in de verkeerde trein *[duh verkayrduh treyn]*;

**I went to the wrong room** ik ging naar de verkeerde kamer *[ching nahr duh verkayrduh kahmer]*; **that's the wrong key** dat is niet de goede sleutel *[dat iss neet duh chooduh slurtel]*; **there's something wrong with ...** er is iets mis met ... *[er iss eets miss met]*; **what's wrong?** wat mankeert eraan? *[vat mankayrt erahn]*; **what's wrong with it?** wat is er fout aan? *[vat iss er fowt ahn]*

# XYZ

**X-ray** een röntgenfoto *(de)* *[roontchenfohtoh]*

**yacht** het jacht *[yacht]*
**yacht club** de jachtclub *[yachtkloob]*
**yard: in the yard** in de tuin *[town]*; *see page 119*
**year** het jaar *[yahr]*
**yellow** geel *[chayl]*
**yellow pages** de gouden gids *[chowduh chits]*
**yes** ja *[yah]*
**yesterday** gisteren *[chisteruh]*; **yesterday morning** gistermorgen *[chistermorchuh]*; **yesterday afternoon** gistermiddag *[chistermiddach]*; **the day before yesterday** eergisteren *[ayrchisteruh]*
**yet: has it arrived yet?** is het al gearriveerd? *[iss 't al che-arrivayrt]*; **not yet** nog niet *[noch neet]*
**yobbo** een nozem *[nohzum]*

**zero** nul *[nool]*; **it's below zero** het is onder nul *[it iss onder nool]*
**zip, zipper** de ritssluiting *[ritsslowting]*; **could you put a new zip on?** kunt u er

**yog(h)urt** een yoghurt *(de)* *[yochurt]*
**you** *(sing. familiar)* jij *[yey]*, je *[yuh]*; *(pl. familiar)* jullie *[yoollee]*; *(sing. and pl. polite)* u *[oo]*; **for you** voor jou/jullie/u *[yow]*; *see pages 110, 111*
**young** jong *[yong]*; **young people** jonge mensen *[yong-uh mensuh]*
**your** *(sing. familiar)* jouw *[yow]*, je *[yuh]*; *(pl. familiar)* jullie *[yoollee]*; *(sing. and pl. polite)* uw *[oow]*; *see page 109*
**yours** *(sing. familiar)* van jou *[van yow]*; *(pl. familiar)* van jullie *[yoollee]*; *(sing. and pl. polite)* van u *[oo]*; *see page 112*
**youth hostel** de jeugdherberg *[yurcht-hairbairch]*; **we're youth hostel(l)ing** we trekken langs jeugdherbergen *[vuh trekkuh langs yurcht-hairbairchuh]*
**Yugoslavia** Joegoslavië *[yoochoslahveeyuh]*

een nieuwe ritssluiting inzetten? *[koont oo er'n 'new'-uh ... inzettuh]*
**zoo** de dierentuin *[deeruhtown]*
**zoom lens** de zoomlens

# Dutch – English

# A

**a (aan)** to

**aalbessen** *[ahlbessuh]* (black, red or white) currants

**aanbieding** offer

**aan de kassa betalen** *[ahn de kassah betahluh]* pay at the cashdesk

**aangenaam** *[ahncнenahm]* pleased to meet you

**aangifte radio/T.V.** radio and T.V. licences/licenses

**aankomsthal** arrivals hall

**aantal** number (of)

**aantekenen** registration

**aardappelen** *[ahrdappeluh]* potatoes

**aardappelpuree** *[ahrdappelpœrey]* mashed potatoes

**aardbeien** *[ahrtbeyuh]* strawberries

**aardewerk** earthenware

**abdij** abbey

**abonnementen** season tickets

**abrikoos** *[abreekohss]* apricot

**abrikozencompote** *[abreekohzuhkompot]* stewed apricots

**abrikozenjam** *[abrikohzuhjem]* apricot jam

**abrikozenvlaai** *[abreekohzuhvlah-i]* apricot flan/tart

**acc. (accepti)** received

**achternaam** surname, family name

**advocaat** *[advokaht]* advocaat, egg-nog

**afdeling** department

**afgeprijsd** reduced

**afgesproken** *[afcнesprohkuh]* agreed

**afhalen giropassen** collection girobank cards

**afstand houden** keep your distance

**a.h.v. (algemene handels voorwaarden)** general trade conditions

**ajam** *[ayam]* chicken

**alarmbel** alarm bell

**alleen op dokter's voorschrift** only on prescription

**alleen volgens voorschrift** only on prescription

**alleen voor uitwendig gebruik** for external use only

**alle richtingen** all directions

**alles inbegrepen** everything included

**allesreiniger** all-purpose cleaner

**alstublieft** *[alstœbleeft]* please

**amandelen** *[amandeluh]* almonds

**ambassade** embassy

**americain préparé** *[amayreekan prayparay]* raw minced/ground steak with egg, herbs and seasoning

**amerikaanse biefstuk** *[amayrikahnsuh beefstook]* hamburger with fried egg

**ananas** *[anahnas]* pineapple

**andere richtingen** other directions

**andijvie** *[andeyvee]* endive

**andijvie a la crème** *[andeyvee a la krem]* cooked endive in cream sauce

**anestesist** an(a)esthetist

**anijslikeur** *[aneyslikurr]* anisette

**anijssuiker** *[aneys-sowker]* aniseflavo(u)red sugar

**ansjovissen** *[anshohvissuh]* anchovies

**antiekwinkel, antiquair** antiques

**A.N.W.B. (Algemene Nederlandse Wielrijders Bond)** Dutch motoring organization

**aparte bedden** separate beds

**apart wassen** wash separately

**apotheek** dispensing chemist's, pharmacy

**appelcompote** *[appelkompot]* stewed apples

**appelflap** *[appelflap]* apple turnover

**appelgelei** *[appeljeley]* apple jelly

**appelmoes** *[appelmoos]* apple sauce

**appelpannekoek** *[appelpannuhkook]* pancake with apple

**appelsap** *[appelsap]* apple juice

**appelstroop** *[appelstrohp]* kind of treacle made with apples

**appelstrudel** *[appelshtroodl]* apple strudel

**appeltaart (met slagroom)** *[appeltahrt (met slacнrohm)]* applecake (with whipped cream)

**a.p.v. (algemene politie verordening)**

general police order
**ardennerham** *[ardenner-ham]* Ardenne ham (*smoked*)
**ardenner worst** *[ardenner vorst]* Ardenne sausage
**artisjok** *[artishok]* artichoke
**arts** doctor
**a.s. (aanstaande)** next
**asperges** *[aspairjuhs]* asparagus
**assem** *[assem]* tamarind
**atjar tampoer** *[atyar tampoor]* mixed

Indonesian pickles
**a.u.b. (alstublieft)** please
**aubergine** *[ohberjeen]* aubergine, egg-plant
**augurken** *[owcнoorkuh]* gherkins
**au jus** *[oh jœ]* cooked in gravy
**autobanden** car tyres/tires
**automatische slagboom** automatic barrier
**auto-onderdelen** spare parts
**azijn** *[azeyn]* vinegar

# B

**baars** *[bahrs]* bass (*fish*)
**badkamer** bathroom
**badplaats** seaside resort
**bagage** luggage, baggage
**bagagekluis** baggage locker
**bak-en braadvet** *[bak-en brahtvet]* cooking fat
**baklappen** *[baklappuh]* frying steak
**bakpoeder** *[bakpooder]* baking powder
**balkenbrij** *[balkenbrey]* white pudding
**balkon** balcony, upper circle
**bami goreng** *[bahmi goreng]* Indonesian fried noodle dish with different kinds of meat and vegetables
**bamivlees** *[bahmeevlayss]* diced pork
**banaan** *[banahn]* banana
**bankbiljet** banknote, bill
**banketbakker's room** *[banketbakkers rohm]* confectioner's custard
**banketletter** *[banketletter]* puff pastry with almond filling
**basilicum** *[baseelikum]* basil
**basistarief** basic tariff
**béarnaise saus** *[bayarneys sowss]* sauce hollandaise with tarragon vinegar, chopped tarragon or chervil
**becel** (*tm*) *[baysell]* margarine made from unsaturated vegetable oils
**bedankt** *[bedankt]* thanks
**beddegoed** bedding
**bediening** service
**bediening niet inbegrepen** service not included
**bedrijfsleider** manager

**begane grond** (*UK*) ground floor, (*USA*) first floor
**begijnhof** homes for lay sisters
**behang en verf winkel** home decorating shop/store
**bel 0018 voor informatie voor het buitenland** dial 0018 for international information
**belastingvrije winkel** duty free shop
**belegen kaas** *[belaycнuh kahss]* mature cheese
**beleggen** investments
**benzinepomp** petrol/gas pump
**benzinestation** petrol/gas station
**ben zo terug** back in a minute
**beperking verkeer door opdooi** restricted traffic because of thaw
**beperkt houdbaar** may be kept for a limited period only
**berliner leverworst** *[berleener layvervorst]* type of liver sausage
**beschikbaar** available
**beschuit** *[bescнowt]* type of rusk
**bessenjenever** *[bessuhyenayver]* blackcurrant liqueur
**bessensap** *[bessuhsap]* red-/blackcurrant juice
**bestelbrief** written order
**bestellingen** deliveries
**bestemmingen in rood overstappen in ...** destinations coded in red change at ...
**beurs** stock exchange/market
**bevat ...% meervoudig (on)verza-**

**digde zuren** contains ...% poly(un)saturated fats

**bevat ...% vetvrije en watervrije be-standdelen** contains ...% fat-free and water-free ingredients

**bevat geen kleurstof** no artificial colo(u)ring

**bezet** engaged, occupied

**bezichtigen** view

**bezienswaardigheden** sights

**b.g.g. (bij geen gehoor)** if there is no answer

**biefstuk** [beefstook] beef steak

**biefstuk-goed doorbakken** [beefstook cHoot dohrbakkuh] well-done steak

**biefstuk saignant** [seynyan] rare steak

**biefstuk van de haas** [beefstook van de hahss] fillet steak

**biefstuk van de lende** [beefstook van de lenduh] rumpsteak, sirloin

**bier van het vat** [beer van it vat] draught/draft beer

**bieslook** [beeslohk] chives

**bieten** [beetuh] beetroot, red beet

**bijbetaling** supplementary payment

**bij uitbetalingen legitimatie-bewijs gereedhouden** please have identification ready when withdrawing money

**bij weigering knop indrukken** in case of refusal press button

**binnen een uur weer aanwezig** back in an hour

**binnenlands** national, inland

**binnenlandse vluchten** domestic flights

**bitterballen** [bitterballuh] hot savo(u)ry forcemeat cocktail snacks

**bitterkoekjespudding** [bitterkookyuhs-pudding] almond macaroons mixed into a milk pudding

**blauwe zone: parkeren alleen met parkeerschijf** blue zone: parking only with parking disk

**blauwgekookte forel** [blowcHekohktuh forel] blue trout

**bleekmiddel** bleach

**bleekselderij** [blaykselderee] celery

**blik** tin, can

**blinde vinken** [blinduh vinkuh] rolled slice of veal stuffed with minced meat/ground beef

**bloedworst** [blootvorst] blackpudding, blood sausage

**bloemenzaak, bloemenwinkel** florist

**bloemkool** [bloomkohl] cauliflower

**boeken en tijdschriften** books and magazines

**boekwinkel** bookshop, bookstore

**boerenham** [booruh-ham] smoked ham

**boerenjongens** [boorehyongens] raisins soaked in brandy

**boerenkaas** [booruhkahss] farmhouse cheese

**boerenkool** [booruhkohl] Scotch kale

**boerenkoolstamppot met rookworst** [booruhkohlstampot met rohkvorst] mashed potatoes and Scotch kale with smoked sausage

**boerenleverworst** [booruhlayvervorst] coarse liver sausage

**boerenmeisjes** [booremeyshuhs] apricots in brandy

**boerenmetworst** [booruhmetvorst] coarse sausage

**boerenomelet** [booruhomelet] ome-let(te) with potatoes and bacon

**boetiek** boutique

**b.o. gesprek** collect call, reverse charge call

**boheemse saus** [bohaymsuh sowss] be-chamel sauce with mayonnaise

**bokking (gerookte)** [bokking (cHerohk-tuh)] red herring (smoked)

**bokking (verse)** [bokking (vairsuh)] bloater

**bollenvelden** bulb fields

**bonensla** [bohnuhslah] bean salad

**bonte was** colo(u)reds

**bonthandelaar** furrier

**borrelnootjes** [borrelnohtyuhs] cocktail nuts

**borstfilet** [borstfeelay] fillet of breast

**bosbessen** [bosbessuh] bilberries

**bossen** woods

**bot** flounder

**boterham** [bohterham] slice of bread and butter, sandwich

**boterham met ...** [bohterham met ...] ... sandwich

**boterham met kaas** [bohterham met kahss] cheese sandwich

**boterhamworst** [bohterhamvorst] sliced sausage to put on bread

**boterletter** [bohterletter] roll of puff pastry with almond paste filling

**bouillon** [boolyon] stock, consommé

**braadlappen** [brahtlappuh] sandwich

steak
**braadworst** *[brahtvorst]* German sausage
**bramen** *[brahmuh]* blackberries
**brandblusapparaat** fire extinguisher
**brandewijn** *[branduhveyn]* brandy
**brandgevaar** fire risk
**brandkasten op dit station zijn voorzien van tijdsloten** lockers at this station have timelocks
**brandweerkazerne** fire station
**brasem** *[brahsem]* bream
**breiwerk** knitting
**briefje van vijf/tien/vijfentwintig** five/ten/twenty-five guilder note/bill
**briefkaarten** postcards
**brievenbus** letterbox, mailbox
**bromfietsen** mopeds
**brood** *[broht]* bread
**brood en banket** baker and confectioner
**broodje** *[brohtyuh]* roll

**broodje kaas** *[brohtyuh kahss]* cheese roll
**bruin café** pub, local bar
**bruine bonen** *[brownuh bohnuh]* dried brown beans
**bruine bonensoep** *[brownuh bohnuhsoop]* brown bean soup
**bruine boter** *[brownuh bohter]* browned butter with a little vinegar
**bruine suiker** *[brownuh sowker]* brown sugar
**B.T.W. (belasting op toegevoegde waarde)** VAT (value added tax)
**buiten gebruik** out of order
**buiten het bereik van kinderen bewaren** keep out of the reach of children
**buitenland** abroad
**buitenlands geld** foreign money
**bushalte** bus stop
**buurtcafé** local pub, bar
**b.v. (bijvoorbeeld)** for example

# C

**café** pub, restaurant, café
**cafetaria** cafeteria
**caramelpudding** caramel custard
**casseler rib** salted smoked rib of pork
**cassis** blackcurrant cordial
**cervelaatworst** *[sairvelahtvorst]* saveloy sausage
**champignon** *[shampeenyon]* mushroom
**champignonsoep** *[shampeenyonsoop]* mushroom soup
**chantilly saus** *[shanteeyee sowss]* mayonnaise with whipped cream
**chemisch reinigen** dry-clean
**chinese fondue** *[sheenaysuh]* individual portions of vegetable/meat dipped in boiling water
**chinese kool** *[sheenaysuh kohl]* Chinese cabbage leaves
**chips** crisps, potato chips
**chirurg** surgeon
**chocolade hagelslag** *[shokolahduh hahcHelslacH]* chocolate vermicelli
**chocoladepasta** *[shokolahduhpastah]* chocolate spread

**chocoladevla** *[shokolahduhvlah]* chocolate dessert
**chocolade vlokken** *[shokolahduh vlokkuh]* chocolate flakes
**chocolaterie** chocolate shop/store
**chocomel** *[shohkohmel]* popular canned or bottled chocolate drink
**citroen** *[sitroon]* lemon
**citroensap** *[sitroonsap]* lemon juice
**citroenthee** *[sitroontay]* lemon tea
**citroenvla** *[sitroonvlah]* lemon custard, lemon mousse
**coburgerham** *[koburcHer-ham]* Coburg ham
**compote** *[kompot]* stewed fruit
**conferentiezaal** conference room
**conserveringsmiddel** preservative
**consulaat** consulate
**contrefilet** *[kontr-feelay]* rump steak
**coupon** remnant, dress or skirt length
**couponbehandeling** stocks and shares transactions
**couvert** cover charge
**croquetje** *[kroketyuh]* croquette

**C.S. (centraal station)** central station
**c.v. (centrale verwarming)** central
heating

**C.V. (coöperatieve vereniging, com-
mandataire vennootschap)** coopera-
tive society, limited partnership

# D

**dadels** *[dahdels]* dates
**dag** *[dacH]* bye-bye; hello
**dagelijks vers gesneden groente** freshly cut vegetables daily
**dagretourtje** day return ticket/roundtrip
ticket
**dagschotel** *[dacHscHohtel]* today's
special
**dalurenkaart** season ticket for off-peak
travel
**dame blanche** *[dahm blansh]* ice cream
with chocolate sauce
**dames** ladies, ladies' restroom
**dameskapper** ladies' hairdresser
**dameskonfektie** ladies' clothing
**dancing** dancehall, nightclub
**daon salam** *[dah-on salam]* kind of bayleaf
**defect** out of order
**de heer** Mr. (*written form*)
**deken** blanket
**de klant is koning** the customer is always
right
**de koffie is klaar** freshly made coffee
**delicatessenwinkel** delicatessen
**denk aan onze kinderen** remember our
children
**denk aan uw lichten** remember your
lights
**deposito's** deposits
**de trein naar ... staat gereed op spoor
...** the train for ... is waiting at platform/
track ...
**deur sluiten alstublieft (a.u.b.)** please
close the door
**de volgende voorstelling is om ... uur**
the next performance is at ... o'clock
**deze plaats is bezet** *[dayzuh plahts is
bezet]* this seat is taken
**diapositieven, dia's** transparencies/
slides
**diensten openbaar vervoer** public

transport services
**dienst inbegrepen** service included
**dienstregeling** timetable, schedule
**diepvries- en boterhamzakken** deep-
freeze bags and sandwich bags
**dierentuin** zoo
**dijk** dike
**dikke riblappen** *[dikkuh riblappuh]*
entrecôte
**dimlichten** dip/dim your lights
**dinsdag** Tuesday
**directeur van de bank** bank manager
**dit medicijn kan uw rijvaardigheid
beinvloeden** this medicine can affect
your driving
**djahe** *[dya-hay]* ginger
**djintan** *[dyintan]* cummin seed
**doe het zelf winkel** do-it-yourself shop/
store
**domkerk** cathedral
**donderdag** Thursday
**donder op** bugger off
**donsbed** duvet, continental quilt
**doodlopende weg** dead-end
**doorbakken** *[dohrbakkuh]* well-done
**doorbraden** *[dohrbrahduh]* well-done
**doorgaand verkeer** through traffic
**doorlopend krediet** continuous credit
**doperwten** *[dop-airtuh]* garden peas
**dosering voor kinderen/volwassenen**
dosage for children/adults
**douane** customs
**dragon** *[dracHon]* tarragon
**draaibrug** swing bridge
**drie in de pan** small pancakes with currants and raisins
**drogisterij** drugstore (sells non-prescrip-
tive medicines, toiletries etc, no dispensing)
**droog föhnen** blow dry
**droogkokende rijst** *[drohcHkohkenduh
reyst]* long-grained rice

**druiven (blauwe)** *[drowvuh (blow-uh)]*
grapes (black)
**druiven (witte)** *[drowvuh (vittuh)]*
grapes (green)
**drukwerk** printed matter
**D-trein** international train

**dubbeltje** 10 cent piece
**duitse biefstuk** *[dowtsuh beefstook]*
minced beef/ground beef and onion ham-
burgers
**duwen** push
**d.w.z. (dat wil zeggen)** i.e.

# E

**ebie** *[ebee]* dried shrimps
**echt** *[ecнt]* real, authentic
**echte boter** *[ecнtuh bohter]* real butter
**edammer** *[aydammer]* Edam cheese
**E.E.G. (Europese Economische Ge-
meenschap)** EEC, European Economic
Community
**eendeëi** *[aynduh-ey]* duck egg
**eenmaal ontdooide producten niet
opnieuw invriezen** do not re-freeze
once thawed
**eenpersoonsbed/kamer** single bed/
room
**eenrichtingverkeer** one-way traffic
**eerste verdieping** *(UK)* first floor,
*(USA)* second floor
**eerst kloppen alstublieft** please knock
before entering
**eethuis** restaurant
**eetkamer** dining room
**eet smakelijk** *[ayt smahkeluhk]* enjoy
your meal
**eetzaal** dining hall
**effecten** stocks and shares
**effectenkoers** stock exchange/market
**EHBO (eerste hulp bij ongelukken)**
first aid
**eieren** *[eyeruh]* eggs
**eierkoeken** *[eyerkookuh]* flat round
spongecakes

**eigen tennisbanen** private tennis courts
**einde bebouwde kom** end of built-up
area
**einde parkeerverbod met verplicht
gebruik van een parkeerschijf** end of
parking restriction and obligatory use of
parking disk
**eisbein** *[eysbeyn]* pickled upper leg of
pork
**elektriciteitswinkel** electrical goods
shop/store
**elektrische apparaten** electrical appli-
ances
**enkele reis** single journey, one-way trip
**entree** admission
**er kan nog een trein komen** there may
be a train after this one
**erwtensoep (met spek of met worst)**
*[airtuhsoop (met speck of met vorst)]* pea
soup (with bacon or with sausage)
**er zijn nog ... wachtenden voor u** *[er
zeyn nocн ... vaснtenduh vohr ∞]* there
are ... callers before you
**etage** floor
**Evangelische Kerk** Evangelical church
**even weg** gone for a minute
**exprespost** express mail
**expressepost van stukken tot en met
250 gr.** express mail for articles up to
and including 250 gr.

# F

**fa, Fa (firma)** firm

**fabricage** manufacture

**fabrikaat** make
**familiekaarten** family tickets
**fazant** pheasant
**fietsen en/of bagage** bicycles and/or luggage
**fietsenreparatie** bicycle repairs
**fietsenstalling, verkoop, verhuur en reparatie** bicycle storage, sale, hire and repairs
**fietsenverhuur** bicycles for rent
**fietsenwinkel** bicycle shop/store
**fijngehakt** *[feyncнehahkt]* finely minced/ground
**filet americain** *[feelay amayrikahn]* minced beef steak/hamburger
**filevorming** tailback, traffic jam
**filiaal** branch
**filosoof** *[filosohf]* shepherd's pie
**flitslampje** flash bulb

**fooi** tip
**forel** trout
**formulier** form
**fosfaat-arm** low in phosphate
**foto-artikelen** camera shop/store
**fotograaf** photographer
**fototoestel** camera
**fourniturenzaak** haberdashery, notions
**frambozen** *[frambohzuh]* raspberries
**Friese meren** Frisian lakes
**frieten** *[freetuh]* chips, French fries
**frikandel** rissole
**frisdranken** *[frissdrankuh]* soft drinks
**frites** *[freet]* French fries, chips
**frites-aardappelen** potatoes for chips/French fries
**fruitsap** *[frowtsap]* fruit juice, orange juice
**fruitwinkel** fruitshop, fruitstore

# G

**gado gado** *[cнado cнado]* type of peanut sauce
**ganzelever** *[cнanzuhlayver]* goose liver
**garnalencocktail** *[cнarnahluhcocktail]* prawn cocktail
**geb. (geboren)** born
**gebakjes** *[cнebakyuhs]* small cakes
**gebakken** *[cнebakkuh]* fried
**gebakken aardappelen** *[cнebakkuh ahrdappeluh]* fried potatoes
**gebakken ei met spek** *[cнebakkuh ey met spek]* fried egg with bacon
**gebakken forel met amandelen** *[cнebakkuh forel met amandeluh]* fried trout with almonds
**gebakken kip** *[cнebakkuh kip]* fried chicken
**gebakken mosselen** *[cнebakkuh mosseluh]* fried mussels
**gebakken paling** *[cнebakkuh pahling]* fried eel
**gebakken spiering** *[cнebakkuh speering]* fried smelt
**gebakken uitjes** *[cнebakkuh owtyuhs]* fried onions
**gebonden soep** *[cнebonduh soop]* thickened soup
**geboortedatum** date of birth
**geboorteplaats** place of birth
**gebraden** *[cнebrahduh]* roast
**gebraden eend** *[cнebrahduh aynt]* roast duck
**gebraden eend met sinaasappel** *[cнebrahduh aynt met seenahsappel]* roast duck à l'orange
**gebraden fazant** *[cнebrahduh fazant]* roast pheasant
**gebraden gehakt** *[cнebrahduh cнehakt]* roast meatloaf
**gebraden kastanje** *[cнebrahduh kastanyuh]* fried chestnut
**gebraden konijn** *[cнebrahduh koneyn]* roast rabbit
**gebraden varkensfricandeau** *[cнebrahduh varkensfreekandoh]* roast pork fricandeau
**gebruiksaanwijzing** instructions for use
**gebruik van wagentje/mandje verplicht** use of trolley/cart/basket obligatory
**gedistilleerde dranken** *[cнedisteelayrduh drankuh]* spirits

**gedroogde erwten** *[cHedrohcHduh airtuh]* dried peas

**gedroogde pruimen** *[cHedrohcHduh prowmuh]* prunes

**geen antwoord** *[cHayn antwohrt]* no answer

**geen drinkwater** not drinking water

**geen fietsen tegen het raam plaatsen a.u.b.** please do not lean bicycles against the window

**geen gehoor** *[cHayn cHehohr]* no reply

**geen honden** no dogs

**geen lawaai na 10 uur alstublieft** no noise after 10 o'clock please

**geen lifters** no hitchhikers

**geen zelfbediening** no self-service

**gefabriceerd in ...** made in ...

**gefileerd** *[cHefeelayrt]* filleted

**geglaceerde kastanjes** *[cHecHlassayrduh kastanyuhs]* glazed chestnuts

**gehakt** *[cHehakt]* mince, ground beef

**gehaktbal** *[cHehaktbal]* minced beef/ ground beef and pork rissole

**geheel gesloten** closed to the public

**geklopte eieren** *[cHekloptuh eyeruh]* beaten eggs

**gekookt** *[cHekohkt]* boiled

**gekookte achterham** *[cHekohktuh acHterham]* boiled gammon

**gekookte Gelderse worst** *[cHekohktuh (cHeldersuh vorst)]* boiled smoked sausage

**gekookte kip** *[cHekohktuh kip]* boiled chicken

**gekookte lever** *[cHekohktuh layver]* boiled liver

**gekookte mosselen** *[cHekohktuh mosseluh]* boiled mussels

**gekookte schouderham** *[cHekohktuh scHowderham]* boiled shoulder of ham

**gekruid** *[cHekrowt]* seasoned with herbs or spices

**geld** money

**geldig van ... tot ...** valid from ... to ...

**geld in sleuf werpen** put money in the slot

**geld terug** money back

**gele erwten** *[cHayluh airtuh]* yellow peas

**gelei** *[jeley]* jelly

**gemalen koffie** *[cHemahluh koffee]* ground coffee

**gemarineerd** *[cHemareenayrt]* marinated

**gemarineerde runderlappen** *[cHemareenayrduh roonderlappuh]* marinated stewing steak

**gemarineerd rundvlees** *[cHemareenayrt roontvlayss]* marinated beef

**gemarkeerde wandeling** signposted walk

**gember (poeder)** *[cHember (pooder)]* (ground) ginger

**gemberkoek** *[cHemberkook]* gingerbread

**gemeenschappelijke douches** communal showers

**gemeentehuis** town hall, municipal buildings

**gemengde noten** *[cHemengduh nohtuh]* mixed nuts

**gepast geld** the right change

**gepocheerde eieren** *[cHeposhayrduh eyeruh]* poached eggs

**gepocheerde vis** *[cHeposhayrduh viss]* poached fish

**gepocheerde zalm met Hollandse saus** *[cHeposhayrduh zalm met hollantsuh sowss]* poached salmon with sauce Hollandaise

**gepofte kastanje** *[cHepoftuh kastanyuh]* roast chestnut

**gerecht** *[cHerecht]* dish

**gereformeerde kerk** Calvinist church

**gereserveerd** reserved

**gerookte paling** *[cHerohktuh pahling]* smoked eel

**gerookte zalm** *[cHerohktuh zalm]* smoked salmon

**geroosterd** *[cHerohstert]* grilled

**geroosterd brood** *[cHerohstert broht]* toast

**gesloten — open** closed — open

**gesmoord** *[cHesmohrt]* braised

**gesprekken via de PTT telefoniste** operator-connected calls

**gestampte muisjes** *[cHestamtuh mowshuhs]* powdered aniseed eaten on bread

**gestoofde andijvie** *[cHestohfsduh andeyvee]* steamed endive

**gestoofde paling** *[cHestohfsduh pahling]* stewed eel

**gestoofd konijn** *[cHestohft koneyn]* stewed rabbit

**geurverdrijvers** smell-absorbers

**gevaarlijke stoffen** dangerous materials

**gevonden voorwerpen** lost property, lost and found
**gevulde kalfsborst** *[cʜevoolduh kalfsborst]* stuffed breast of veal
**gevulde koek** *[cʜevoolduh kook]* pasty with almond filling
**gevulde omelet met groene kruiden** *[cʜevoolduh omelet met cʜroonuh krowduh]* omelet(te) with green herbs
**gevulde pepers** *[cʜevoolduh paypers]* stuffed peppers
**gevulde tomaten** *[cʜevoolduh tomahtuh]* stuffed tomatoes
**gevulde uien met champignons** *[cʜevoolduh owyuh met shampeenyons]* stuffed onions with mushrooms
**gewelde boter** *[cʜewellduh bohter]* melted butter beaten with water
**gids** guide
**girostortingen** girobank deposits
**gist-extract** yeast extract
**goedenmiddag/morgen/avond/dag** *[cʜooduhmidacʜ/morcʜuh/ahvont/dacʜ]* good afternoon/morning/evening/day
**goederenspoorweg** goods-line, freight line
**goed voor een liter** sufficient to make up 1 litre/liter
**golfslagbad** swimming pool with artificial waves, wave pool
**gouden gids** yellow pages
**goudse kaas** *[cʜowtsuh kahss]* Gouda cheese

**graag gedaan** *[cʜrahcʜ cʜedahn]* you're welcome
**gracht** canal
**grafheuvel** barrow, ancient burial place
**gratis** free
**graveer- en slijpservice** engraving and sharpening service
**grenswisselkantoor** bureau de change
**griesmeelpudding** *[cʜreesmaylpudding]* semolina pudding
**griet** *[cʜreet]* brill
**groene haring** *[cʜroonuh hahring]* first-of-the-season lightly salted herring
**groene kaart** green card
**groene/rode paprika** *[cʜroonuh/rohduh pahprika]* green/red pepper
**groene saus** *[cʜroonuh sowss]* mayonnaise with fresh green herbs
**groenteboer** greengrocer (often one who sells door to door)
**groenten** *[cʜroontuh]* vegetables
**groentesoep** *[cʜroontuhsoop]* vegetable soup
**groentewinkel** greengrocer
**groepsreizen** group travel
**grof gesneden bladspinazie** roughly chopped leaf spinach
**grote kerk** cathedral
**grote maat** large size
**grote weg** *[cʜrohtuh vecʜ]* main road
**gula djawa** *[cʜoola dyava]* Javanese brown sugar
**goulasch** *[cʜoolash]* goulash
**gulden** guilder

# H

**haarden** stoves
**haas** *[hahss]* hare
**haasbiefstuk** *[hahssbeefstook]* fillet steak
**hachée** *[hashay]* diced stewing steak
**hagelslag** *[hahcʜelslacʜ]* hundreds and thousands, cake decoration
**halfvolle melk** *[hal-f-volluh]* skimmed milk
**halfvolle yoghurt** *[hal-f-volluh yocʜurt]* skimmed milk yoghurt
**halte** stop

**halvarine** *[halvareenuh]* half butter, half margarine
**halve prijs** half price
**ham** ham (smoked or salted)
**hamlappen** *[hamlappuh]* belly of pork
**handappelen, handperen** *[hantappeluh, hantpayruh]* eating apples/pears
**handschoenen** gloves
**handwerkartikelen** handicrafts
**handwerkwinkel** handicraft shop/store
**hangop** *[hangop]* buttermilk dessert

**harde bewaaruien** hard keeping onions
**hardgekookt ei** *[hartcHekohkt ey]* hard-boiled egg
**haring** *[hahring]* herring
**haring met uitjes** *[hahring met owtyuhs]* herring with chopped onions
**havermoutse pap** *[hahvermowtsuh pap]* porridge made with milk
**hazelnoot** *[hahzelnoht]* hazelnut
**hazepastei** *[hahzuhpastey]* hare pâté
**hazepeper** *[hahzuhpayper]* jugged hare
**hazerug** *[hahzeroocH]* saddle of hare
**heidevelden** heathland
**heilbot** *[heylbot]* halibut
**heren** gents, mens' room
**herenkapper** gents' hairdresser
**herenkonfektie** menswear
**hertenkamp** deer park
**hertevlees** *[hairtuhvlayss]* venison
**hete bliksem** *[haytuh bliksem]* potatoes and apples mashed together
**het nieuwe spoorboekje is weer verkrijgbaar** the new timetable/schedule is available now
**hier afscheuren** tear off here
**hier indrukken** press here
**hier lege wagentjes s.v.p.** leave your trolley/cart here please
**hier openmaken** open here
**hier spreken** speak here
**historisch gebouw** historic building
**hoeden** hats
**hoestdrankje** cough mixture
**hoestpastillen** cough drops
**hoeveelheid** amount
**hoe wilt u het graag hebben?** *[hoo vilt ω it cHrahcH hebbuh]* how would you like it?

**hof van justitie** court of justice
**hollandse biefstuk** *[hollantsuh beefstook]* thick slice of frying steak
**hollandse saus** *[hollantsuh sowss]* sauce Hollandaise, sauce made of egg yolks, butter and vinegar
**hom** soft roe
**honden aan de lijn** dogs must be kept on leash
**honden toegelaten** dogs allowed
**hond in de goot** dogs must use the gutter (must not foul the pavement/sidewalk)
**honing** *[hohning]* honey
**honinggraad** *[hohningcHraht]* honeycomb
**honingkoek** *[hohningkook]* type of gingerbread
**hoofdgerecht** main course
**hoofdpostkantoor** main post office
**hopjesvla** *[hopyuhsvlah]* type of caramel pudding
**huisarts** GP, general practitioner
**huishoudelijke artikelen** household articles
**huishoudelijke artikelen: dweilen, werkdoeken, stofdoeken** household articles: floorcloths, dishcloths, dusters
**huisvuilzakken met strips** rubbish bags with wire closures
**hunebed** megalithic chambered tomb
**hut** cabin
**hutspot (met klapstuk)** *[hootspot (met klapstook)]* mashed potatoes with carrots, onions, breast or rib of beef
**huzarensla** *[hωzahruhslah]* potato salad with beetroot/red beet, gherkin, salmon, sardines etc
**hypotheken** loans and mortgages

# I

**idioot** *[eedeeyoht]* idiot
**Ieperen** Ypres
**ijs** *[eyss]* ice cream
**ijsbaan** ice rink
**ijsjes, diverse smaken** ice cream, various flavo(u)rs
**ijskast** fridge

**ijssalon** ice-cream parlo(u)r
**ijzel** black ice
**ijzerhandel** ironmonger, hardware store
**ikan** *[eekan]* fish
**ikan terie** *[eekan terree]* very small dried fish
**ik verbind u door** *[ik verbint ω dohr]* I'll

put you through
**in de ijskast bewaren** keep refrigerated
**ingang** entrance
**ingang vrijhouden** entrance: keep clear
**in gesprek** engaged, busy
**in gesprek toon (bezettoon)** engaged signal, busy tone
**in geval van nood** in an emergency
**inhoud** contents
**inlichtingen** information
**innemen op de nuchtere maag** to be taken on an empty stomach
**in reclame** special offer
**inschepen** embark

**inschepingskaart** boarding card
**intercity treinen stoppen alleen op de met ... aangegeven stations** intercity trains stop only at stations marked with ...
**interlokaal gesprek** trunk call
**internationaal gesprek** international call
**internationale lijndiensten** international scheduled services
**internist** physician
**invoerrechten** import duties
**in water oplossen** dissolve in water
**inweekmiddel** prewash soaking powder

# J

**jachthaven** marina
**jachtschotel** *[yaснtscнohtel]* shepherd's pie
**janhagel** *[yanhahcнel]* kind of biscuit/cookie
**je bent gek** *[yuh bent cнek]* you're crazy
**jenever** *[yenayver]* Dutch gin

**jeneverbessen** *[yenayverbessuh]* juniper berries
**j.h. (jeugdherberg)** youth hostel
**jonge kaas** *[yonguh kahss]* new cheese
**jonge klare** *[yonguh klahruh]* pure Dutch gin (young)
**juffrouw** Miss
**juwelierszaak** jewel(l)er

# K

**kaarsen (branduren ...)** candles (burn for ... hours)
**kaarten met/zonder enveloppe** cards with/without envelope
**kaas** *[kahss]* cheese
**kaas 20+** low-fat cheese
**kaas 40+** full-fat cheese
**kaascroissant** *[kahss—]* cheese croissant
**kaaskoekje** *[kahsskookyuh]* cheese biscuit/cookie
**kaassoesje** *[kahss soosyuh]* cheese puff
**kaaswinkel** cheese shop/store
**kabeljauw** *[kabelyow]* cod
**kadetje** *[kadetyuh]* soft roll
**kadowinkel** gift shop/store

**kalfsbiefstuk** *[kal-fsbeefstook]* fillet of veal
**kalfs-fricassee** *[kal-fs-freekassay]* veal fricassee or stew in thick white sauce
**kalfsgehakt** *[kal-fsснehakt]* minced/ground veal
**kalfslappen** *[kal-fslappuh]* veal slices
**kalfslever** *[kal-fslayver]* calf's liver
**kalfsleverworst** *[kal-fslayvervorst]* veal liver sausage
**kalfsniertjes** *[kal-fsneertyuhs]* calf's kidneys
**kalfsoester** *[kal-fsooster]* escalope of veal
**kalfsschnitzel** *[kal-fs-shnitsel]* veal schnitzel

**kalfstong** *[kal-fstong]* calf's tongue

**kalfsvlees** *[kal-fsvlayss]* veal

**kalkoen** *[kalkoon]* turkey

**kalmerend middel** tranquillizer

**kamer met bad en w.c.** room with bath and toilet

**kamer met bad zonder w.c.** room with bath and no toilet

**kamperen verboden** no camping

**Kanaal** English Channel

**kandijsuiker** *[kandeysowker]* candy sugar

**kaneel** *[kanayl]* cinnamon

**kan ik u helpen?** *[kan ik oo helpuh]* can I help you?

**kantoorboekhandel** office stationery etc

**kapsalon** hairdresser

**kapucijners** *[kapooseyners]* large dark peas, marrowfat peas

**karbonade** *[karbonahduh]* chops

**karnemelk** *[karnuhmelk]* buttermilk

**karnemelkse pap** *[karnuhmelksuh]* buttermilk porridge

**karper** carp

**karretje** supermarket trolley/cart

**kas** cash

**kassa** *[kassah]* cashdesk

**kastanjepudding** *[kastanyuhpudding]* chestnut pudding

**kastanje puree** *[kastanyuh pooray]* puréed chestnuts

**kastanjes** *[kastanyuhs]* chestnuts

**kasteel** castle

**kasteel te bezichtigen** castle open to the public

**kastrol** casserole

**katjang** *[katyang]* peanut

**katjang idjoe** *[katyang eedyoh]* small green peas

**keel-neus- en oorspecialist** ear, nose and throat specialist

**kelderverdieping** basement

**kentekenbewijzen** car registration documents

**kerriesoep** *[kairreesoop]* curry soup

**kersen** *[kairsuh]* cherries

**kersenvlaai** *[kairsuhvlah-i]* cherry pie

**kervel** *[kairvel]* chervil

**kervelsoep** *[kairvelsoop]* chervil soup

**ketjap asin** *[ketyap ahsin]* light soy sauce

**ketjap manis** *[ketyap mahnis]* thick sweet soy sauce

**ketoembar** *[ketoombar]* coriander seed

**keukenrollen** kitchen rolls

**keukenstroop** *[kurkuhstrohp]* golden syrup

**kievitsei** *[keeveetsey]* plover's egg

**kikkerbillen, kikkerbilletjes** *[kikkerbilluh, kikkerbilletyuhs]* frogs' legs

**kinderboerderij** children's farm

**kinderen beneden ... jaar worden niet toegelaten** children under ... not admitted

**kinderijsje** *[kindereysyuh]* small ice cream

**kinderkleren** children's clothes

**kinderportie** *[kinderporsee]* children's portion

**kinderspeelbad** paddling pool

**kindersurprise** *[kindersoorpreesuh]* children's ice cream

**kip** chicken

**kip aan het spit** spit-roasted chicken

**kip met kerriesaus en rijst** *[kip met kairreesowss en reyst]* chicken with curry sauce and rice

**kip met tomatensaus en croutons** *[kip met tomahtensowss en krootons]* chicken with tomato sauce and croutons

**kippelever** *[kippuhlayver]* chicken-liver

**kippesoep** *[kippuhsoop]* chicken soup

**klaar terwijl u wacht** ready while you wait

**klachten** complaints

**klant** customer

**klantendienst, klantenservice** customers' complaints, exchange of goods etc

**klapper** coconut

**klaverhoning** *[klahverhohning]* clover honey

**klederdracht** traditional costume

**kleedkamer** cloakroom, checkroom

**kleermaker's zaak** tailor

**kleine maat** small size

**klomp** wooden clog

**klooster** convent

**kloppen alvorens binnen te komen** knock before entering

**K.N.A.C. (Koninklijke Nederlandse Automobiel Club)** royal Dutch motoring organization

**knäckebrood** *[k-nackerbroht]* crispbread

**knakworst** *[k-nakvorst]* Frankfurter

**knippen** cut

**knoedel** *[k-noodel]* dumpling

**knoflook** *[k-nofflohk]* garlic

**knolselderij** *[k-nolselderee]* celeriac
**KNT (kinderen niet toegelaten)** children not admitted
**koekjes** *[kookyuhs]* biscuits, cookies
**koel bewaren** keep in a cool place
**koelkast** fridge
**koel serveren** serve chilled
**koenjit** *[koonyit]* Indonesian spices and ingredients
**koers** exchange rate
**koffie** *[koffee]* coffee
**koffiebonen** *[koffeebohnuh]* coffee beans
**koffiehuis** coffee shop
**koffieroom** *[koffeerohm]* creamy milk for coffee
**koffietafel** *[koffeetahfel]* cold buffet lunch
**kogelbiefstuk** *[kohcнelbeefstook]* thick end of rump
**kom binnen** *[kom binnuh]* come in
**komijnekaas** *[komeynuhkahss]* cheese with cummin seeds
**komkommer** *[komkommer]* cucumber
**koninginnesoep** *[kohnicнinuhsoop]* cream of chicken soup
**kool** *[kohl]* cabbage
**koolraap** *[kohlrahp]* swede
**koolvis** *[kohlviss]* coalfish
**koopavond** late shopping
**korenwijn** *[kohruhveyn]* high quality, well aged, mature jenever gin
**korst** crust
**Kortrijk** Courtrai
**kotelet** *[kohtelet]* cutlet
**krantenkiosk** newspaper stand
**kreeft** *[krayft]* lobster
**kreeftesoep** *[krayftuhsoop]* lobster soup
**krenten** *[krentuh]* currants

**krentenbrood** *[krentuhbroht]* currant loaf
**kriek** *[kreek]* dark beer fermented with black cherries
**kroepoek** *[kroopook]* prawn crackers
**kroket** *[kroket]* croquette
**kropsla** *[kropslah]* cabbage lettuce
**kroten** *[krohtuh]* beetroot, red beet
**kruiden** *[krowduh]* spices, herbs
**kruidenboter** *[krowduhbohter]* herb butter
**kruidenierszaak** grocer
**kruidenkaas** *[krowduhkahss]* cheese with spices
**kruidnagel** *[krowtnahcнel]* cloves
**kruisbessen** *[krowsbessuh]* gooseberries
**kruispunt** crossroad, intersection
**KT (Kinderen Toegelaten)** children admitted
**kuikenbouten** *[kowkuhbowtuh]* chicken legs
**kuiken-vleugels** *[kowkuh-vlurcнels]* chicken wings
**kuit** *[kowt]* hard roe
**kun je niet uitkijken?** *[kun yuh neet owtkeykuh]* can't you look where you're going!
**K.v.K. (Kamer van Koophandel)** chamber of commerce
**kwaliteit** quality
**kwark** *[kvark]* soft white cheese
**kwarktaart** *[kvarktahrt]* cheesecake
**kwartel** *[kvartel]* quail
**kwartje** 25 cent piece, quarter
**kwast** *[kvast]* lemon squash
**kwekerij** nursery (for flowers)
**kwitantie** receipt

# L

**laden en lossen** loading and unloading
**lampen, grote en kleine fitting** lamps, large and small fittings
**lampenwinkel** lighting shop/store
**lamsborst** *[lamsborst]* breast of lamb
**lamsbout** *[lamsbowt]* gigot of lamb, leg of lamb
**lams coteletjes** *[lams koteletyuhs]* lamb cutlets

**lamskotelet** *[lamskotelet]* lamb cutlet, lamb chop
**lamslapje** *[lamslapyuh]* escalope of lamb
**lamslappen** *[lamslappuh]* lamb slices
**lamsragoût** *[lamsragoo]* lamb stew
**lamsschouder** *[lamsscнowder]* shoulder of lamb

**lamstong** *[lamstong]* lamb's tongue
**lamsvlees** *[lamsvlayss]* lamb
**langzaam rijden** drive slowly
**laurierblad** *[lowreerblat]* bayleaf
**lederwaren** leather goods
**leeftijd** age
**leidse kaas** *[leydsuh kahss]* Leiden cheese (with cummin seeds)
**lekkerbekjes** *[lekkerbekyuhs]* deep-fried whiting fillets in batter
**let op! deuren sluiten automatisch** caution, doors close automatically
**Leuven** Louvain
**levensmiddelenwinkel** food shop/store
**levensverzekering** life insurance
**lever met appel, uiringen en bacon** *[layver met appel, owringuh en baykon]* liver with apple, onion rings and bacon
**leverworst** *[layvervorst]* liver sausage
**licht bier** *[licht beer]* light beer

**lichten aan/uit** lights on/off
**licht verteerbaar** digestible
**liever niet roken op vol balkon** no smoking please on crowded platform
**lift** lift, elevator
**limburgse vlaai** *[limboorchsuh vlah-i]* fruit flan/tart
**limonade** *[leemonahduh]* lemonade
**links** left
**linzen** *[linsuh]* lentils
**lits jumeaux** twin beds
**loempia** *[loompyah]* spring roll (Indonesian)
**loket** ticket office
**lombok** *[lombok]* hot red peppers
**loodgietersbedrijf** plumber
**lucht** air
**luchtpost** airmail
**Luik** Liège
**Lutheraanse kerk** Lutheran church

# M

**... maal per dag voor/na de maaltijd innemen** to be taken ... times a day before/after meals
**maaltijd** *[mahlteyt]* meal
**maaltijdsoep** *[mahlteytsoop]* thick soup, a meal in itself
**maandag** Monday
**maart** March
**maasdammer** *[mahss—]* type of cheese
**maaslander** *[mahss—]* type of cheese
**maat** size
**madera saus** *[madayrah sowss]* brown sauce with madeira
**magere kaas** *[mahcheruh kahss]* low-fat cheese
**magere kwark** *[mahcheruh kvark]* low-fat soft cheese
**magere melk** *[mahcheruh]* skimmed milk
**magere yoghurt** *[mahcheruh yochurt]* low-fat yoghurt
**mager vlees** *[mahcher vlayss]* lean meat
**maïskolf** *[mys—]* corn on the cob
**maïskorrels** *[mys—]* sweetcorn
**maïzena** *[myzaynah]* cornflour

**makelaar** estate agent, realtor
**makreel** *[makrayl]* mackerel
**mandje** basket
**mandje gebruiken a.u.b.** please use a shopping basket
**mannenklooster** monastery
**manufacturenwinkel** draper
**marechaussee** branch of Dutch police force
**marsepein** *[marsepeyn]* marzipan
**mededelingenbord** notice board, bulletin board
**meermanskaarten** tickets for small groups
**mei** May
**melk** milk
**melkboer** milkman (sells door to door)
**melkpoeder** *[melkpooder]* powdered milk
**meloen** *[meloon]* melon
**menu van de dag** today's menu
**mergpijpjes** *[mairch-peypyuhs]* marrow bones
**met aansluiting op ...** connecting with ...

**met conserveringsmiddel** contains preservatives
**met douche** with shower
**met ondertiteling** with subtitles
**met vaste wastafel** with washhand basin
**metworst** [*m*etvorst] pork sausage
**meubels** furniture
**mevrouw** Mrs., madam
**mie** [*mee*] very thin Chinese spaghetti
**mierik** [*meerik*] horseradish
**mihoen** [*meehoon*] very fine rice noodles
**mihoen goreng** [*meehoon goreng*] fried rice with vegetables and meat
**mij. (maatschappij)** company
**mijnheer** Mr., sir
**minderjarigen worden niet toegelaten** no admittance to minors
**misbruik wordt gestraft** penalty for improper use
**mobiele winkel** mobile shop/store
**moerbeien** [*moorbeyuh*] mulberries

**moes** [*moos*] any puréed fruit
**moesappelen** [*moosappeluh*] cooking apples
**molen** mill
**monsters** samples
**moskee** mosque
**mosselen** [*mosseluh*] mussels
**mosselen in het zuur** [*mosseluh in 't zœr*] pickled mussels
**mosselensoep** [*mosseluhsoop*] mussel soup
**mosterd** [*mostert*] mustard
**motor afzetten alstublieft** please switch off engine
**mousseline saus** [*moosseleenuh sowss*] sauce Hollandaise with whipped cream and lemon juice
**mousserende dranken** [*moossayrenduh drankuh*] fizzy drinks
**munt** [*moont*] mint; coin
**museum** museum, art gallery

# N

**nadere bijzonderheden** further details
**nagerecht** [*nahснеrеснт*] dessert
**na opening beperkt houdbaar** will keep for limited period only after opening
**nasi goreng** [*nassi goreng*] Indonesian fried rice dish with different kinds of meat and vegetables
**nasivlees** [*nassivlayss*] diced pork
**nationaliteit** nationality
**natriumarme kaas** [*nahtreeum-armuh kahss*] low salt cheese
**natte verf** wet paint
**natuurgebied** national park
**natuurlijk** [*natœrluhk*] of course
**natuurresservaat** nature reserve
**Nederlands Hervormde Kerk** Dutch Reformed Church
**nekkarbonaden** [*nekkarbonahduh*] neck-end chops
**netnummer** area code
**netto gewicht** net weight
**N.H. (Noord Holland)** North Holland
**nieren** [*neeruh*] kidneys
**niet aankomen** do not touch

**niet bereikbaar** unobtainable
**niet buiten koelkast bewaren** keep refrigerated
**niet centrifugeren** do not spin-dry
**niet chemisch reinigen** do not dry-clean
**niet geschikt voor ...** not suitable for ...
**niet goed, geld terug** money back if not satisfied
**niet op de onderste trede staan** do not stand on the bottom step
**niet openen voordat de trein stilstaat** do not open until the train has stopped
**niet op Zon- en feestdagen** not on Sundays and public holidays
**niet persen** do not press
**niet roken** no smoking
**niets aan te geven** nothing to declare
**niets te danken** [*neets teh dankuh*] don't mention it, you're welcome
**niet storen a.u.b.** please do not disturb
**niet strijken** do not iron
**niet toegestaan** not allowed
**niet voor inwendig gebruik** not to be

taken internally
**niet wringen** do not wring
**nieuwe haring** *['new'-uh hahring]* salted herring
**nieuwe oogst** newly harvested
**NMBS (Nationale Maatschappij der Belgische Spoorwegen)** Belgian Railways
**N.O. (noordoost)** north-east
**noodgeval** emergency
**noodknop deurbediening** emergency

button to operate door
**noodrem** communication cord, emergency brake
**Noorden** North
**nootmuskaat** *[nohtmooskaht]* nutmeg
**normaal** 2-star (petrol), regular (gas)
**N.P. (niet parkeren)** no parking
**N.S. (Nederlandse Spoorwegen)** Dutch railways/railroad
**N.V. (Naamloze Vennootschap)** Ltd, Inc

# O

**O (oost)** east
**oesters** *[oosters]* oysters
**ogenblikje alstublieft** *[ohсненblikyuh alstoobleeft]* one moment please
**olie** oil
**oliebol** *[ohleeboll]* doughnut
**olie verversen** oil change
**olijfolie** *[oleyf-ohlee]* olive oil
**olijven (groene)** *[oleyvuh (снroonuh)]* olives (green)
**olijven (zwarte)** *[oleyvuh (zwartuh)]* olives (black)
**omelet met champignons** *[shampee-nyons]* mushroom omelet(te)
**omelet met ham** ham omelet(te)
**omelet met kaas** *[kahss]* cheese omelet(te)
**omgeving** surroundings
**omleiding** diversion
**onbevoegd** unauthorized
**ongepelde rijst** *[onснepelduh reyst]* brown rice
**ongezoet** *[onснezoot]* unsweetened
**ontbijtkoek** *[ontbeytkook]* type of gingerbread
**ontbijtspek** *[ontbeytspek]* bacon
**onverharde weg** unpaved road
**oogarts** ophthalmologist
**Oosten** East
**op ... rijden treinen als op zaterdag** on ... trains run as on Saturdays
**op elk station te koop** on sale at every station

**openbare bibliotheek** public library
**openen** open
**openingstijden** opening times
**openlucht zwembad** outdoor swimming pool
**ophaalbrug** lever-bridge
**opnamen** withdrawals
**oponthoud** delay
**opruiming** clearance (sale)
**opstapplaats touringcars** boarding point for long distance buses
**opstopping** traffic jam
**opticien** optician
**opzij** on the side
**op Zon- en feestdagen, echter niet op ...** on Sundays and public holidays but not on ...
**ossestaart** *[ossuhstahrt]* oxtail
**ossestaartsoep** *[ossuhstahrtsoop]* oxtail soup
**ossetong** *[ossuhtong]* ox tongue
**oude kaas** *[owduh kahss]* well-matured cheese
**oude klare** *[owduh klahruh]* mature Dutch gin
**ovenfrites** oven-ready chips/French fries
**overdekt zwembad** indoor swimming pool
**overige bestemmingen** other destinations
**overstappen** change
**overtreding** offence, offense

# P

**paarderookvlees** *[pahrduhrohkvlayss]* smoked horsemeat
**pakhuis** warehouse
**paleis** palace
**paling** *[pahling]* eel
**paling in aspic** *[pahling]* eel in aspic
**paling in gelei** *[pahling in jeley]* jellied eel
**paling in het groen** *[pahling in it cHroon]* eel in sorrel sauce and green herbs
**paling in het zuur** *[pahling in it zœr]* pickled eel
**palingworst** *[pahlingvorst]* type of sausage
**paneermeel** *[panayrmayl]* breadcrumbs
**pannekoek** *[pannuhkook]* pancake
**pannekoek met jam** *[pannuhkook met jem]* pancake with jam
**pannekoek met stroop** *[pannuhkook met strohp]* pancake with syrup
**pannekoek met suiker** *[pannuhkook met sowker]* pancake with sugar
**pannekoekenhuis** pancake restaurant
**paprijst** *[papreyst]* rice for milk puddings (short-grained rice)
**parfum** perfumes
**parijzer worst** *[pareyzer vorst]* type of sausage
**parkeerverbod op even dagen** no parking on even days
**parkeerverbod op oneven dagen** no parking on odd days
**parkeren alleen voor hotelgasten** parking for hotel guests only
**parterre** *(UK)* ground floor, *(USA)* first floor
**particulieren kredieten** personal loans
**partijenpost** bulk posting (eg circulars, advertising)
**paskamer** fitting room
**pas op** caution
**pastei** pâté
**pastei** *[pastey]* vol-au-vent
**pasteitje** *[pasteytyuh]* small vol-au-vent

**pastinaak** *[pastinahk]* parsnip
**patates frites** *[patat freet]* chips, French fries
**patrijs** *[patreyss]* partridge
**pauze** interval
**pct (procent)** percent
**p.d. (per dag)** per day
**pedaalemmerzakken** pedal-bin liners
**pension** boarding house
**peper** *[payper]* pepper
**pepermunt** *[paypermoont]* peppermint
**pepersaus** *[paypersowss]* brown sauce with crushed peppercorns
**perencompote** *[payruhkompot]* stewed pears
**perenmoes** *[payruhmoos]* puréed pears
**perenstroop** *[payruhstrohp]* kind of treacle made from pears
**per kwartier** per quarter hour
**permanenten** permanent wave, perm
**perron** platform, track
**persen** press
**personenwagen** private car
**persoonlijke leningen** personal loans
**perssinaasappelen** oranges for orange juice
**per uur** per hour
**perziken** *[pairzikuh]* peaches
**peterselie** *[paytersaylee]* parsley
**petit pacquet** airmail parcels up to 1 kg
**piccadilly saus** *[sowss]* brown sauce with chopped pickles
**piccalilly** pickles
**pijnstillend middel** painkiller
**pikant** *[peekant]* piquant
**pils** type of lager
**pindakaas** *[pindakahss]* peanut butter
**p.j. (per jaar)** p.a., per annum
**plaatsbewijs** ticket
**plaatskaarten** tickets
**plakje** *[plakyuh]* slice
**plantaardige olie** *[plantahrdicHuh ohlee]* vegetable oil
**plantaardig vet** *[plantahrdicH vet]* vegetable fat

**p.o. (per order)** by order
**pocheren** *[poshayruh]* poach
**poelier** poulterer
**poffertjes** *[poffertyuhs]* tiny pancakes with lots of butter and icing sugar
**polder(land)** polder, land reclaimed from the sea
**polikliniek** out-patients
**politiebureau** police station
**pommes frites** *[pom freet]* French fries
**pompelmoes** *[pompelmoos]* grapefruit
**pompoen** *[pompoon]* pumpkin
**porselein** porcelain
**port betaald** postage paid
**porto luchtpostbrieven** tariff for airmail letters
**postbus** PO Box
**postelein** *[posteleyn]* purslane
**postidentiteitsbewijzen** identification documents
**postkantoor** post office
**postpakket** postal parcel
**postpakketten** parcels, packages
**posttarieven voor binnen- en buitenland** postage rates for home and abroad
**postwissels** postal orders
**postzegelautomaat** stamp vending machine
**postzegelboekjes** book of stamps

**postzegels** stamps
**p.p.p.d. (per person per dag)** per person per day
**p.r. (public relations, poste restante)** public relations; poste restante, general delivery
**praatpaal** emergency roadside phone
**prei** *[prey]* leek
**preisoep** *[preysoop]* leek soup
**prijslijst** price list
**prijzen vanaf ...** prices from ...
**prikbord** notice board, bulletin board
**privé adres** home address
**privé kantoor** private office
**privéterrein** private grounds
**pruimedant** *[prowmuhdant]* type of prune
**pruimen** *[prowmuh]* plums
**pruimengelei** *[prowmuhjeley]* plum jelly
**pruimenjam** *[prowmuhjem]* plum jam
**pruimenmoes** *[prowmuhmoos]* puréed plums
**p.st. (per stuk)** each
**P.T.T. (Post, Telegraaf, Telefoon)** post office
**p.u. (per uur)** per hour
**publieke veiling** public auction
**p.w. (per week)** per week

# R

**raadhuis** townhall
**rab. (rabat)** reduction
**rabarber** *[rabarber]* rhubarb
**radijs** *[radeyss]* radish
**radio en televisiewinkel** radio and television shop/store
**rauw ei** *[row ey]* raw egg
**rauwkost** *[rowkosst]* uncooked food
**ravigotte saus** *[ravigot sowss]* French dressing with chopped hard-boiled eggs and mustard
**rechtdoor** *[recht-dohr]* straight on
**rechts** right
**rechtswinkel** legal advice centre/center
**reclame** special offers
**recreatieterrein** recreation area

**ree(bok)** *[ray(bok)]* roe(buck)
**reebout** *[raybowt]* haunch of venison
**reerug** *[rayrooch]* saddle of venison
**reformhuis** health food shop/store
**regenboogforel** *[raychenbohch-forel]* rainbow trout
**registratie motorboten** motorboat registration
**reisbureau** travel agency
**reischeques** traveller's cheques, traveler's checks
**reis- en annuleringsverzekering** travel and cancellation insurance
**reiswinkel** travel agency
**rekening** bill, account
**rekening courant** current account,

checking account
**reklame** special offer
**remoulade saus** *[raymoolahduh sowss]*
mayonnaise with anchovies
**reserve onderdelen** spare parts
**reserveringen** reservations
**retourtje** return/roundtrip ticket
**ribkarbonaden** chops
**richting — tijd — spoor — bestem-
ming** direction — time — platform/
track — destination
**rietsuikerstroop** *[reetsowkerstrohp]*
treacle
**rijbewijs** driving licence, driver's license
**rijdt niet op Zon- en feestdagen** does
not run on Sundays and public holidays
**rijkspolitie** Dutch state police
**rijkswacht** branch of the Belgian police
**rijrichting** direction of traffic
**rijst** *[reyst]* rice
**rijstebrij** *[reystuhbrey]* rice pudding
**rijstevlaai** *[reystuhvlahi]* creamed rice
flan/tart
**rivierkreeft** *[riveerkrayft]* crayfish
**riviervis** *[riveerviss]* freshwater fish
**R.K. (Rooms Katholiek)** RC, Roman
Catholic
**rode bessengelei** *[rohduh bessuhjeley]*
redcurrant jelly
**rode bessenjam** *[rohduh bessuhjem]*
redcurrant jam
**rode bessensap** *[rohduh bessuhsap]* redcurrant juice
**rode bieten** *[rohduh beetuh]* beetroot,
red beet

**rode kersenjam** *[rohduh kairsuhjem]*
red cherry jam
**rode kool** *[rohduh kohl]* red cabbage
**rode wijn** *[rohduh veyn]* red wine
**roerei** *[roor-ey]* scrambled eggs
**rog** *[rocн]* ray
**roggebrood** *[rocнebroht]* ryebread
**rolmops** rollmops, pickled herring
**roltrappen** escalators
**romaans** Romanesque
**rondleiding** guided tour
**rondvaart** pleasure cruise
**rookvlees** *[rohkvlayss]* smoked beef or
horsemeat sliced very thin — to put on
bread
**rookworst** *[rohkvorst]* smoked sausage
**room** *[rohm]* cream
**roomboter** *[rohmbohter]* dairy butter
**roomijs** *[rohmeyss]* ice cream
**roomijstaart** *[rohmeyss-tahrt]* ice-cream
gateau
**Roomskatholieke Kerk** Roman Catholic church
**roomsoes** *[rohmsoos]* cream puff
**rosbief** *[rosbeef]* roast beef
**rozemarijn** *[rozuhmareyn]* rosemary
**rozijnen** *[rozeynuh]* currants
**ruiterpad** bridle path
**rundergehakt** *[roondercнehakt]*
minced/ground beef
**runderlap** *[roonderlap]* stewing steak
**runderlever** *[roonderlayver]* ox liver
**rundvlees** *[roontvlayss]* beef
**russisch ei** *[roosseess ey]* Russian salad,
egg mayonnaise salad

# S

**safe bezoek** reception for visitors to safe-
deposit boxes
**sajoer** *[sahyoor]* Indonesian vegetable
soup
**saksische leverworst** *[sakseessuh lay-
vervorst]* Saxon liver sausage
**salami met knoflook** *[k-noflohk]* salami
with garlic
**saldo** balance
**sambal** very hot chili chutney (Indo-

nesian)
**sanitaire voorzieningen** wash and toilet
facilities
**santen** coconut milk
**sap** juice
**sardientjes (in het blik)** *[sardeentyuhs]*
(canned) sardines
**saté** *[satay]* Indonesian kebab
**saucijsje** *[sowseyshuh]* unsmoked sausage

**saucijzenbroodje** *[sowseyzuhbrohtyuh]* sausage roll

**saucisse** *[sowseess]* smoked sausage

**saus** *[sowss]* sauce

**savooie kool** *[savohyuh kohl]* Savoy cabbage

**schaal** scale

**schaapjeswol** lamb's wool

**schapevlees** *[schahpuhvlayss]* mutton

**schar** *[schar]* dab

**scharreleieren** *[scharrel-eyeruh]* free-range eggs

**schartong** *[schartong]* lemon sole

**scheerwol** pure wool

**schelvis** *[schelviss]* haddock

**schelvislever** *[schelvisslayver]* haddock liver

**schenkel** *[schenkel]* shin of beef

**schildpadsoep** *[schiltpatsoop]* turtle soup

**schnitzel** veal cutlet

**schoenen** shoes

**schoenenzaak** shoe shop/store

**schoenmaker** cobbler

**schol** *[schol]* plaice

**schoonheidsartikelen** cosmetics

**schoonheidssalon** beauty salon

**schoonmaakartikelen** cleaning articles

**schorseneren** *[schorsuhnayruh]* salsify

**schotse rib** *[schotsuh rib]* fried egg on toast

**schouderlappen** *[schowderlappuh]* shoulder steak

**schudden voor het gebruik** shake before use

**schuimgebak** *[schowmchebak]* meringue

**schuimomelet** *[schowmomelet]* sweet omelet(te)

**schuimpjes** *[schowmpyuhs]* small meringues

**selderij** *[selderee]* celery

**sereh** *[seray]* sort of lemon grass

**seroendeng** *[seroondeng]* coconut and peanuts fried with spices

**sigarenwinkel** tobacconist, tobacco store

**sinaasappel** *[seenasappel]* orange

**sinaasappelsap** *[seenasappelsap]* orange juice

**sjis kebab** *[shish]* shish kebab

**slaaptablet** sleeping tablet

**slaapwagen** sleeping car

**slaatje** *[slahtyuh]* salad

**slagerswinkel** butcher

**slagroom** *[slachrohm]* whipped cream

**slagroom taart** *[slachrohm tahrt]* whipped cream cake

**slagroomwafels** *[slachrohmwahfels]* waffles with whipped cream

**slakken** *[slakkuh]* snails

**slaolie** *[slahohlee]* salad oil

**slasaus** *[slahsowss]* salad cream

**slavinken** *[slahvinkuh]* minced pork rolled in bacon

**slecht wegdek** poor road surface

**sleutels** keys

**slijterij** off-licence, liquor store

**slipgevaar** danger of skidding

**slot** fortified castle

**sluis** lock (on waterways)

**sluiten** close

**sluitingstijden** closing times

**smaakversteviger** artificial flavo(u)ring

**smeerkaas** *[smayrkahss]* cheese spread

**sneetje** *[snaytyuh]* slice

**snelbuffet** cafeteria

**snelkas** fast cash (for bank's own customers)

**snelkookrijst** quick-cooking rice

**sneltrein** fast train

**snijbonen** *[sneybohnuh]* string beans

**snoekbaars** *[snookbahrss]* perch

**snoepjeswinkel** sweet shop, candy store

**sodemieter op** *[sohduhmeeter]* sod off

**soepbeen** *[soopbayn]* soup bone

**soep Lady Curzon** *[soop]* turtle soup finished with cream and a pinch of curry powder

**soep van de dag** *[soop van duh dach]* soup of the day

**soepvlees** *[soopvlayss]* meat for soup

**souterrain** basement

**spa water** *[vahter]* mineral water

**spaanse omelet** *[spahnsuh omelet]* omelet(te) with vegetables

**spaarbank** savings bank

**specerijen** *[spaysereyuh]* spices

**speciale aanbieding** special offer

**speculaas** *[spaykœlahss]* spiced biscuit/cookie

**speelbank** casino

**speelgoedwinkel** toy shop/store

**speelplaats** playground

**spek** bacon

**spekpannekoek** *[spekpannuhkook]* pancake with bacon

**sperziebonen** *[spairzeebohnuh]* French beans

**spiegelei** *[speecheley]* fried egg

**spiering** *[speering]* smelt

**spijskaart** *[speyskahrt]* menu

**spinazie** *[spinahzee]* spinach

**spirituosa** spirits

**spliterwten** *[splitairtuh]* split peas

**spoedzendingen** express post

**spoor** platform, track

**spoorkaartjes** train tickets

**spoorkaart van Nederland** rail map of Holland

**spoorweg met station** railway line with station

**sportartikelen** sports goods

**sportkleding** sports wear

**sportvelden** sports grounds

**sportwinkel** sports goods shop/store

**spreekuur** surgery hours, office hours

**spruiten, spruitjes** *[sprowtuh, sprowtyuhs]* Brussels sprouts

**staanplaatsen** standing room

**stadhuis** town hall

**stadsbussen** town buses

**stadscentrum** city centre/center

**stadsplattegrond** town plan

**stalles** stalls

**stapvoets rijden** drive at walking pace

**stenen tijdperk** Stone Age

**sterke drank** spirits

**stoffeerderij** upholsterer

**stoffen** materials, fabrics

**stoffenwinkel** draper

**stokbrood** *[stokbroht]* French loaf

**stokvis** *[stokviss]* stockfish

**stomerij** dry-cleaner

**stommerik** *[stommerik]* idiot

**stoofperen** *[stohfpayruh]* stewing pears

**stoofsla** *[stohfslah]* cooked lettuce

**stoofvlees** *[stohf-vlayss]* stewing steak

**stoptrein** stopping train

**stoverij** *[stohverey]* Flemish carbonnade of beef (cooked in beer)

**straat** street

**strand** beach

**streek** region

**streekpost** local mail

**streekvervoer** regional transport

**strippenkaart** period ticket

**stroopwafel** *[strohpwahfel]* waffle-type biscuit/cookie with syrup filling

**studentenhaver** *[stœdentuh-hahver]* mixed nuts and raisins

**sucadelappen** *[sœkahduhlappuh]* stewing steak

**suikergehalte** sugar content

**suikerklontjes** *[sowkerklontyuhs]* sugar lumps

**sukade** *[sœkaduh]* candied peel

**super** 4-star (petrol), premium (gas)

**s.v.p.** please

# T

**taart** *[tahrt]* cake

**... tabletjes voor het slapen gaan** ... tablets before going to bed

**tahoe-tofu** *[tahoo-tohfœ]* soyabean cheese

**tam konijn** *[koneyn]* tame rabbit

**tandarts** dentist

**tapijten** carpets

**tapvergunning** licence/license to sell alcoholic drinks

**tarbot** turbot

**tartaar** *[tartahr]* raw minced steak, steak tartare

**tarwebloem** *[tarwuhbloom]* wheatflour

**tarwebrood** *[tarwuhbroht]* wheaten bread

**tas aan de haak** hang your bag on the hook

**taugeh-katjang-djoe** *[towcheh-katyang-joo]* bean sprouts

**tehuis voor ouden van dagen** old people's home

**te huur** for hire/rent

**te koop** for sale

**telecard** phonecard

**telefoongids** telephone directory

**tempeh** *[tempay]* sort of soyabean bread

**tenminste houdbaar tot ...** can be kept

until …

**tennisbanen** tennis courts

**tent(je)** tearoom, restaurant, pub, bar

**tentoonstelling** exhibition

**textielafdeling** fabrics department

**thee met citroen** *[tay met sitroon]* lemon tea

**thee met melk en suiker** *[tay … sowker]* tea with milk and sugar

**tijdelijk wegdek** temporary road surface

**tijm** *[teym]* thyme

**t/m (tot en met)** up to and including

**toast kannibaal** raw minced/ground steak with egg, herbs and seasoning on toast

**toegang** admission

**toegang alleen voor kaarthouders** ticket-holders only

**toegangsprijs** admission

**toegang verboden** no admittance

**toegestaan** allowed

**toeristenmenu** tourist menu

**toestel 123** extension 123

**toiletartikelen** toiletries

**toiletten** toilets, rest rooms

**tol** toll

**tomaten** *[tomahtuh]* tomatoes

**tomatensoep (met gehaktballetjes)** *[tomahtuhsoop (met cHehaktballetyuhs)]* tomato soup (with small meat balls)

**tompoes** *[tompooss]* vanilla slice

**toneel** stage

**toneelstuk** play

**tongeworst** *[tonguhvorst]* tongue sausage

**tong in bakdeeg** *[bakdaycH]* sole, deep-fried in batter

**tong met champignons** *[shampeenyons]* sole with mushrooms

**tong met garnalensaus** *[cHarnahluhsowss]* sole with shrimp sauce

**tong met kaassaus** *[kahssowss]* sole with cheese sauce

**tongrolletjes** *[tongrolletyuhs]* rolled fillets of sole

**tonijn** *[toneyn]* tuna

**tosti** *[tostee]* toasted sandwich

**tot straks** see you later

**tot ziens** *[zeens]* good-bye

**trappistenbier** strong dark beer

**trassi** *[trassee]* fish paste

**trefpunt** meeting point

**trein met toeslag** train with supplement payable

**treinstel** train number

**trekken** pull

**trimbaan** keep-fit track

**tuinbonen** *[townbohnuh]* broad beans

**tuingereedschap** gardening equipment

**tussen de middag gesloten** closed at lunchtime

**tweepersoonsbed/kamer** double bed/room

# U

**u bent hier/u bevindt zich hier** you are here

**u kiest het landnummer, het netnummer en het abonneenummer** dial the country code, the area code and the subscriber's number

**u kiest het toegangsnummer 09 en wacht op de hoge kiestoon** dial 09 and wait for the high-pitched tone

**u wacht op de lage kiestoon** wait for the dialling tone

**u wacht op de verbinding** wait to be connected

**uien** *[owyuh]* onions

**uiensoep** *[owyuhsoop]* onion soup

**uit** out, exit

**uiterste verkoopdatum** sell-by date

**uitgang** exit, way out

**uitgeperste citroen/sinaasappel** *[owtcHepairstuh sitroon/seenasappel]* fresh lemon juice/orange juice

**uitgesteld** postponed

**uitlaatpijpen** exhausts

**uitlekgewicht** dry weight

**uitsmijter** *[owtsmeyter]* slice of bread topped with slice of ham and fried egg

**uitsmijter met kaas** *[owtsmeyter met kahss]* slice of bread topped with slice of cheese and fried egg

**uitverkoop** sale

# V

**vaart minderen** reduce speed

**vacuum verpakt** vacuum-packed

**vakantiereizen** holiday/vacation travel

**valuta — aankoop en verkoop** foreign currency — the bank buys — the bank sells

**vanaf** from

**vanavond** *[vanahvont]* this evening

**vandaag** *[vandahcH]* today

**vanillevla** *[vaneeyuh-vlah]* custard sauce

**vanmiddag** *[vanmiddacH]* this afternoon

**vanmorgen** *[vanmorcHuh]* this morning

**varkensbiefstuk** *[varkensbeefstook]* fillet of pork

**varkensfilet** *[varkensfeelay]* fillet of pork

**varkensfricandeau** *[varkensfreekandoh]* pork fricandeau, larded and braised pork

**varkenshaas** *[varkenshahss]* fillet of pork

**varkenskrabbetje** *[varkenskrabbetyuh]* pork belly with bone or spare rib

**varkenslap** *[varkenslap]* pork escalope, pork steak

**varkenslever** *[varkenslayver]* pig's liver

**varkensnieren** *[varkensneeruh]* pig's kidneys

**varkensnierstuk** *[varkensneerstook]* boned rolled pork with kidney

**varkensoester** *[varkensooster]* pork escalope

**varkenspoot** *[varkenspoht]* leg of pork

**varkenspootjes** *[varkenspohtyuhs]* pigs' trotters

**varkensrib** *[varkensrib]* pickled smoked rib of pork

**varkensrollade** *[varkensrollahduh]* rolled pork

**varkensschnitzel** pork schnitzel

**varkenstong** *[varkenstong]* pig's tongue

**varkensvlees** *[varkensvlayss]* pork

**vatbaar voor wijzigingen** subject to changes

**uitverkoopartikelen worden niet geruild** we do not exchange sales goods

**uitvoering** performance

**uitzicht** view point

**veearts** veterinary surgeon

**veerboot** ferry

**veiligheidsgordel** seat belt

**veiling** auction

**venkel** *[venkel]* fennel

**verbinding** *[verbinding]* connection

**verbindingstoon** ringing tone

**verblijfsvergunning** residence permit

**verboden de dieren te voederen** do not feed the animals

**verboden inrij behalve voor plaatselijk verkeer** no access except for local traffic

**verboden op het gras te lopen** keep off the grass

**verboden te roken** no smoking

**verboden te vissen** no fishing

**verboden te zwemmen** no swimming

**verboden toegang behalve voor plaatselijk verkeer** no access except local traffic

**verboden toegang voor onbevoegden** no access for unauthorized persons

**verdomme!** *[verdommuh]* damn!

**vergif** poison

**vergunning** licence/license, permission

**verkeersplein** roundabout, traffic circle

**verkeerstekens** traffic signs

**verkeer van rechts heeft voorrang** give way/yield to traffic from the right

**verkoop strippenkaart** sale of bus/tram/metro period tickets

**verloren voorwerpen** lost property, lost and found

**vermicellisoep** *[vermiselleesoop]* (chicken) noodle soup

**verplicht rondgaand verkeer** traffic must use roundabout/traffic circle

**verrek** *[verrek]* dammit

**verse haring** *[vairsuh hahring]* fresh her-

ring
**verse oesters** *[vairsuh oosters]* fresh oysters
**verse vis** *[vairsuh viss]* fresh fish
**verse worst** *[vairsuh vorst]* sausage
**vertrekhal** departure hall
**verwarmd openluchtbad** heated outdoor swimming pool
**vestiaire** cloakroom, checkroom
**vet** *[vet]* fat
**vetarm dieet** *[vet-arm dee-ayt]* low-fat diet
**vetloos dieet** *[vetlohss dee-ayt]* fat-free diet
**vet vlees** *[vet vlayss]* fat meat
**vijfenzestig plus-/seniorenkaart** senior citizen's pass
**vijgen** *[veychuh]* figs
**vis** *[viss]* fish
**visboer** fishmonger
**viscroquetten** *[viskrokketuh]* fish croquettes
**visgelegenheid** fishing
**vissoep** *[vissoop]* fish soup
**vleet** *[vlayt]* skate
**vlierbessen** *[vleerbessuh]* elderberries
**vloeibare zeep** liquid soap
**vlooienmarkt** flea market
**vluchtheuvel** traffic island
**vluchtstrook** hard shoulder
**voetbalstadion** football stadium
**voeten vegen alstublieft** please wipe your feet
**voetgangers zone** pedestrian precinct
**voetselderij** *[vootselderee]* celery hearts
**volkorenbrood** *[volkohruhbroht]* wholemeal/wholewheat bread
**volle melk** *[volluh]* full-cream milk

**vol pension** full board, American plan
**voluit** in full
**voorgerecht** *[vohrcherecht]* starter, hors d'oeuvre
**voor landen die niet automatisch zijn aangesloten kunt u 0010 bel** for countries without direct dialling ring 0010
**voorn** *[vohrn]* roach
**voornaam** Christian name, first name
**voorrangsweg** main road
**voorruit** windscreen, windshield
**voorsorteren** get in lane
**voorzichtig** *[vohrzichtich]* caution
**voorzichtig! breekbaar!** fragile, handle with care
**voorzichtig deze bus zwaait uit** caution this bus swings out
**voorzichtig kinderen** caution children
**voorzichtig rijden** drive carefully
**voorzichtig stoepje** mind the step
**voorzieningen voor gehandicapten** facilities for the disabled
**vrachtwagen** lorry, truck
**vreemdelingenpolitie-afdeling/ kantoor** alien's police department/office
**vriesvak** freezer
**vrijdag** Friday
**vrije entree** admission free
**vrij toegankelijk** admission free
**vrouwenklooster** convent
**vruchten** *[vroochtuh]* fruit
**vruchtensap** *[vroochtuhsap]* fruit juice
**vruchtensla** *[vroochtuhslah]* fruit salad
**VTB (Vlaamse Toeristen Bond)** Flemish tourist organization
**V.V.V. (Vereniging voor Vreemdelingenverkeer)** tourist information
**V.V.V. kantoor** tourist information office

# W

**w.a. (wettelijke aansprakelijkheid)/ w.a. verzekering** legal liability/legal liability insurance
**waakhond** guard dog
**wachtkamer** waiting room
**wafel** *[vahfel]* waffle, wafer
**wagentje** supermarket trolley/cart

**walnoot** *[valnoht]* walnut
**wandelgebied** hiking area
**warenhuis** department store
**warme chocolademelk** *[varmuh shokolahduhmelk]* hot chocolate
**warme wijn** mulled wine
**wasautomatiek** laundrette, laundromat

**wassen en watergolven** shampoo and set

**wasserette** laundrette, laundromat

**waterkers** *[vahterkairs]* watercress

**waterzooi** *[vahterzoy]* clear soup with fish or chicken and vegetables

**weens bak kippetje** *[vayns ... kippetyuh]* pieces of young chicken coated in flour, egg yolk and bread crumbs and fried

**weeshuis** orphanage

**wegafsluiting, weg afgesloten** road closed

**Wegenwacht** Dutch motoring organization

**wegomleiding, wegomlegging** diversion, detour

**wegrestaurant** roadside restaurant

**wegvernauwing** road narrows

**welkom in ...** welcome to ...

**werkdagen** working days

**werk in uitvoering** work in progress

**Westen** West

**wetswinkel** legal advice centre/center

**wijkplattegrond** district map

**wijn** *[veyn]* wine

**wijnkaart** *[veynkahrt]* winelist

**wijting** *[veyting]* whiting

**wij verzorgen ook uw fruitmanden** we also do fruit baskets

**wild konijn** *[vilt koneyn]* wild rabbit

**wildpark** nature reserve

**wilt u zitten? ik kan staan** would you like a seat? I can stand

**windmolen** windmill

**winkel** shop, store

**winkelwagen** supermarket trolley/cart

**wisselautomaat** change machine

**wisselgeld** small change, change

**witte bonen** *[vittuh bohnuh]* dried white beans

**wittebrood** *[vittuhbroht]* white bread

**wittekool** *[vittuhkohl]* white cabbage

**witte suiker** *[vittuh sowker]* white sugar

**witte was** whites

**witte wijn** *[vittuh veyn]* white wine

**woensdag** Wednesday

**wolwinkel** wool shop/store

**woonerf** residential area with ramps to slow down traffic

**woontextiel** soft furnishings

**wortel** *[vortel]* carrot

# Z

**Z (zuid)** south

**zachte berm** soft verge/shoulder

**zachtgekookt eitje** *[zachtchekohkt eytyuh]* soft-boiled egg

**zakenman** businessman

**zalf** ointment

**zalm** salmon

**zalmslaatje** *[zalmslahtyuh]* salmon salad

**zandgebak/zandtaart** *[zantchebak/zantahrt]* shortcrust pastry

**zandkoekje** *[zantkookyuh]* shortbread

**zaterdag** Saturday

**zeekreeft** *[zaykrayft]* lobster

**zeelt** *[zaylt]* tench

**zeepaling** *[zaypahling]* sea-eel

**zeetong** *[zaytong]* Dover sole

**zeevis** *[zayviss]* salt-water fish

**zeewolf** *[zayvolf]* wolf fish

**zelfbediening** self-service

**zelfrijzend bakmeel** *[zelfreyzent bakmayl]* self-raising flour

**zetmeel** starch

**zet uw motor af** switch off your engine

**ziekenhuis** hospital

**zie rand** see side (of packet)

**zigeunerschnitzel** *[seechownerschnitzel]* schnitzel served with garlic and paprika

**zijde** silk

**zilveruitjes** *[zilverowtyuhs]* pickled silverskin onions

**zitplaatsen** seats

**zn. (zoon)** son

**Z.O. (zuid-oosten)** south-east

**zoet** *[zoot]* sweet

**zoet-zuur** *[zoot-zør]* sweet-sour

**zolen en hakken** heelbar, shoe repairs

**zondag** Sunday

**zonder bon wordt niet geruild** no
goods exchanged without a receipt
**zonder douche** without shower
**zonder toevoeging conserverings-
middelen** contains no preservatives
**zout** *[zowt]* salt
**zoute haring** *[zowtuh hahring]* salted
herring
**zoutjes** *[zowtyuhs]* cocktail savouries/
savories
**zoutwatervis** *[zowtvahterviss]* salt-
water fish
**z.p. (zonder pension)** no meals
**Zuiden** South
**zuivelwinkel** dairy
**zuivere bijenhoning** *[zowveruh beyen-*

*hohning]* pure bees' honey
**zult** brawn
**zure haring** *[zooruh hahring]* pickled
herring
**zuurkool met spek/worst** *[zoorkohl …
vorst]* sauerkraut with bacon/sausage
**zwarte bessen** *[zwartuh bessuh]* black-
currants
**zwarte bessenjam** *[zwartuh bessuhjem]*
blackcurrant jam
**zwarte bessensap** *[zwartuh bessuhsap]*
blackcurrant juice
**zwarte kersenjam** *[zwartuh kairsuhjem]*
black cherry jam
**zwemmen verboden** no swimming
**zwezerik** *[zwayzerik]* sweetbread

# Reference Grammar

## NOUNS

### GENDER
Nouns are either 'common gender' (i.e. masculine or feminine) or neuter. Common gender nouns are usually treated as masculine unless they refer to something female (see PERSONAL PRONOUNS — IT). All diminutives (ending in **-je**) are neuter, regardless of the gender of that which they refer to, e.g.:

| | |
|---|---|
| **het meisje** | the girl |

### PLURALS
There are three plural endings: **-en** (the commonest), **-s**, and **-eren**.

(i) **-en** (or **-n** if the word ends in **-e**):

| sing. | pl. | |
|---|---|---|
| **weg** | **wegen** | way(s) |
| **dag** | **dagen** | day(s) |
| **huis** | **huizen** | house(s) |

With some words, the spelling changes slightly to maintain the pronunciation: a double vowel may become single when another syllable is added, or a double consonant may be necessary to keep the vowel short, e.g.:

| sing. | pl. | |
|---|---|---|
| **naam** | **namen** | name(s) |
| **straat** | **straten** | street(s) |
| **kat** | **katten** | cat(s) |
| **man** | **mannen** | man (men) |

In other cases, the vowel changes:

| sing. | pl. | |
|---|---|---|
| **stad** | **steden** | town(s) |
| **moeilijkheid** | **moeilijkheden** | difficulty (difficulties) |

With words ending in a stressed **-ie** or **-ee** a diaeresis is added, e.g.:

| sing. | pl. | |
|---|---|---|
| **calorie** | **calorieën** | calorie(s) |
| **idee** | **ideeën** | idea(s) |
| **zee** | **zeeën** | sea(s) |

(ii) **-s**:

This is used for words ending in **-el**, **-er**, **-em**, **-en**, **-aar**. It is also used for foreign words, with an apostrophe where the word ends in a vowel:

| sing. | pl. | |
|---|---|---|
| **hotel** | **hotels** | hotel(s) |
| **café** | **cafés** | café(s) |
| **tram** | **trams** | tram(s) |
| **dame** | **dames** | lady (ladies) |
| **piano** | **piano's** | piano(s) |
| **ober** | **obers** | waiter(s) |

Also all diminutives, words ending in **-je**, always form their plural by adding an **-s**.

(iii) **-eren**:

Some very common words take this ending, e.g.:

| sing. | pl. | |
|---|---|---|
| **kind** | **kinderen** | child (children) |
| **ei** | **eieren** | egg(s) |
| **blad** | **bladeren** | leaf (leaves) |

## ARTICLES

### THE DEFINITE ARTICLE (THE)
The form of the definite article is fairly simple:

|                | sing. | pl. |
|----------------|-------|-----|
| common gender  | **de**  | **de** |
| neuter         | **het** | **de** |

**Het** is sometimes abbreviated to **'t**:
    **'t kind**                              the child

Dutch keeps the definite article in general statements in which it is dropped in English, e.g.:
    **het leven is te kort**                    life is too short


### THE INDEFINITE ARTICLE (A, AN, SOME)
The indefinite article in the singular, for both genders, is **een**, which is pronounced **'n** or **in**:
    **een huis**                               a house
    **een pad**                                a path

'Any/some' is translated by **wat**, e.g.:
    **heb je wat boter?**        do you have any/some butter?
or it may be left out altogether:
    **heb je melk?**        do you have any/some milk?

In the plural, as in English, the article is dropped or one of several alternatives is used to express an indefinite number:
**sommige** (some), **enige** (a few), **enkele** (a few), **een paar** (a couple of), **meerdere** (several), **een aantal** (a number of), e.g.:
    **sommige autos**                          some cars
    **enkele/enige dagen**                     a few days
    **een aantal mensen**                      a number of people
    **een paar meter**                         a couple of metres/meters
    **meerdere gevallen**                      several cases

## ADJECTIVES

Adjectives precede the noun they refer to, as in English. They generally add an **-e** when preceding singular or plural nouns of either gender:

| | |
|---|---|
| **het oude huis** | the old house |
| **de laatste trein** | the last train |
| **een drukke straat** | a busy street |
| **de oude huizen** | the old houses |

They are unchanged, however, if they precede a singular, neuter noun and follow the indefinite article or an indefinite pronoun:

| | |
|---|---|
| **een oud huis** | an old house |
| **zulk mooi weer** | such lovely weather |
| **volgend jaar** | next year |

Adjectives are also unchanged if they come after the noun:

| | |
|---|---|
| **de auto is groen** | the car is green |

Adjectives ending in **-en** never change:

| | |
|---|---|
| **mijn eigen auto** | my own car |

The spelling guidelines as given under PLURALS (page 105) also apply to adjectives:

| | |
|---|---|
| **groot** — **de grote kerk** | the big church |
| **heet** — **een hete dag** | a hot day |

## COMPARATIVES & SUPERLATIVES (GOOD, BETTER, BEST etc)

Comparatives and superlatives are formed by adding **-er** and **-st**, even in cases where English uses 'more' and 'most' e.g.:

| | |
|---|---|
| **tactvol** | tactful |
| **tactvoller** | more tactful |
| **tactvolst** | most tactful |

Some very common adjectives are irregular:

| | |
|---|---|
| **goed, beter, best** | good, better, best |
| **veel, meer, meest** | much, more, most |
| **weinig, minder, minst** | little, less, least |

The spelling guidelines as given under PLURALS (page 105) apply:

| | |
|---|---|
| **groot, groter, grootst** | big, bigger, biggest |
| **laat, later, laatst** | late, later, latest |

To say 'more ... than' etc, use **dan** after the comparative:

| | |
|---|---|
| **meer dan genoeg** | more than enough |
| **dit is beter dan dat** | this is better than that |

To say 'as ... as' use **zo ... als** or **even ... als**:

| | |
|---|---|
| **zo stil als een muis** | as quiet as a mouse |
| **ik ben even groot als jij** | I am just as tall as you |

but:

| | |
|---|---|
| **zo veel mogelijk** | as much as possible |
| **zo vlug mogelijk** | as fast as possible |

## POSSESSIVE ADJECTIVES (MY, YOUR etc)

| | written | spoken |
|---|---|---|
| my | **mijn** | **m'n** |
| your (sing. familiar) | **jouw (je)** | **je** |
| your (sing. polite) | **uw** | **uw** |
| his | **zijn** | **z'n** |
| her | **haar** | **d'r** |
| our | **ons/onze** | **ons/onze** |
| your (pl. familiar) | **jullie (je)** | **je** |
| your (pl. polite) | **uw** | **uw** |
| their | **hun** | **hun** |

**Mijn, jouw, zijn, haar, jullie** are only used in speech for emphasis. Otherwise the short forms are much more common. **Jullie** should be replaced by **je** when it is already clear that the plural is meant:

| | |
|---|---|
| **ben je je sleutel kwijt?** | have you lost your key? |
| **zijn jullie je bagage kwijt?** | have you lost your luggage? |

Only **ons** has different forms for common gender and neuter:

| | |
|---|---|
| **ons huis ligt niet ver** | our house is not far |
| **onze tuin is klein** | our garden is small |

## PRONOUNS

### PERSONAL PRONOUNS

| | subject | | direct object | | indirect object |
|---|---|---|---|---|---|
| **ik** | I | **mij/me** | me | **mij/me** | to me |
| **jij/je** | you (sing. familiar) | **jou/je** | you | **jou/je** | to you |
| **u** | you (sing. polite) | **u** | you | **u** | to you |
| **hij** | he | **hem/'m** | him | **hem/'m** | to him |
| **zij/ze** | she | **haar/ze** | her | **haar/ze** | to her |
| **het/'t** | it | **het/'t** | it | **het/'t** | to it |
| **wij/we** | we | **ons** | us | **ons** | to us |
| **jullie/je** | you (pl. familiar) | **jullie/je** | you | **jullie/je** | to you |
| **u** | you (pl. polite) | **u** | you | **u** | to you |
| **zij/ze** | they | **ze/hen** | them | **ze/hun** | to them |

Examples:

    **hij reed ons naar Parijs**      he drove us to Paris
    **we stuurden ze een pakje op**      we sent them a parcel

As with the possessive adjective, the short form is the more commonly used, unless the pronoun is being stressed for some reason. **Jullie** is replaced by **je** if it is already clear that the plural is meant. **Hij** is often abbreviated to **-ie** in speech, except at the beginning of a sentence.

    **heeft-ie iets gedaan?**      has he done something?

### IT

Note that in translating 'it' with a personal pronoun one must pay attention to the gender of the noun it replaces. For neuter nouns, **het** or **dat** can be used, but for common gender nouns, use **hem** (see GENDER page 105), or **die** e.g.:

    **waar is je auto? heb je 'm/die verkocht?**
    where is your car? have you sold it?

    **waar is je tasje? ben je 't/dat kwijt?**
    where is your handbag? have you lost it?

With prepositions (e.g. on, through, by, with, from), **er** is used:

    **hij doet er geen suiker op**      he doesn't put sugar on it
    **ik weet er niets van**      I know nothing about it

The emphatic form is **daar**:

    **daar heb je geen last mee**      you'll have no trouble with that

## YOU

There are two ways of saying 'you': the formal **u** and the informal **je** (**jij**). The Dutch are quite relaxed about using **je** in public, as well as with family, friends and children, whereas in Belgium **u** is preferred when addressing strangers. In generalizations, 'you' is translated by '**je**' whatever the context:

| | |
|---|---|
| **ik heb het u al gezegd** | I've told you before |
| **je weet nooit** | you never know |

## USE OF **MEN**

**Men** can be used in the following ways:

| | |
|---|---|
| **men zegt** ... | they say ... |
| **dat doet men niet** | that's not done |
| **kan men hier auto's huren** | can you hire cars here? |

## REFLEXIVE PRONOUNS (MYSELF, YOURSELF etc)

Dutch uses reflexive verbs in some cases where English does not, e.g.:

| | |
|---|---|
| **ik kleed me aan** | I dress (myself), I get dressed |
| **je moet je haasten** | you must hurry |

The pronouns used are:

| singular | | plural | |
|---|---|---|---|
| **ik** | **me** | **we** | **ons** |
| **je** | **je** | **jullie** | **je** |
| **u** | **zich** | **u** | **zich** |
| **hij** | **zich** | **ze** | **zich** |
| **ze** | **zich** | | |
| **het** | **zich** | | |

POSSESSIVE PRONOUNS (MINE, YOURS etc)

Dutch has expressions corresponding to the English for all pronouns except **jullie**, e.g.:

| | |
|---|---|
| **de/het mijne** | mine |
| **de/het jouwe** | yours (sing. familiar) |
| **de/het uwe** | yours (sing. polite) |
| **de/het zijne** | his/its |
| **de/het hare** | hers |
| **de/het onze** | ours |
| **de/het hunne** | theirs |

But:

| | |
|---|---|
| **die/dat van jullie** | yours (pl. familiar) |

However, in practice, the **die/dat van** form is more common, used with the emphatic form of the personal pronoun:

| | |
|---|---|
| **van mij** | mine |
| **van jou** | yours |
| **van u** | yours |
| **van hem** | his |
| **van haar** | hers |
| **van ons** | ours |
| **van jullie** | yours |
| **van hen** | theirs |

For example:

> **als je geen boek hebt, neem dan dat van hem** (or **neem het zijne**)
> if you don't have a book, then take his

## VERBS

PRESENT TENSE
The present tense is formed by subtracting the infinitive ending (**-en**, **-n**) to find the stem, and then adding **-t** or **-en** as follows. Note that no extra **-t** is added if the stem already ends in **-t**. **U** has the same ending as **jij**, whether it is singular or plural.

| **gaan** (to go) | **wachten** (to wait) | **wonen** (to live) |
|---|---|---|
| **ik ga** | **ik wacht** | **ik woon** |
| **jij gaat** | **jij wacht** | **jij woont** |
| **u gaat** | **u wacht** | **u woont** |
| **hij gaat** | **hij wacht** | **hij woont** |
| **zij gaat** | **zij wacht** | **zij woont** |
| **wij gaan** | **wij wachten** | **wij wonen** |
| **jullie gaan** | **jullie wachten** | **jullie wonen** |
| **zij gaan** | **zij wachten** | **zij wonen** |

No Dutch word ends in a **-v** or **-z**, so these change to **-f** or **-s**:

| **geloven** | to believe | **ik geloof, jij gelooft, wij geloven** |
|---|---|---|
| **leven** | to live | **ik leef, jij leeft, wij leven** |
| **schrijven** | to write | **ik schrijf, jij schrijft, wij schrijven** |
| **kiezen** | to choose | **ik kies, jij kiest, wij kiezen** |
| **lezen** | to read | **ik lees, jij leest, wij lezen** |

Some common verbs are irregular:

| **zijn** (to be) | **zullen** (shall) | **hebben** (to have) | **kunnen** (to be able to) |
|---|---|---|---|
| **ik ben** | **ik zal** | **ik heb** | **ik kan** |
| **jij bent** | **jij zult** (**zal**) | **jij hebt** | **jij kunt** (**kan**) |
| **u bent** | **u zult** | **u hebt** | **u kunt** |
| **hij is** | **hij zal** | **hij heeft** | **hij kan** |
| **zij is** | **zij zal** | **zij heeft** | **zij kan** |
| **wij zijn** | **wij zullen** | **wij hebben** | **wij kunnen** |
| **jullie zijn** | **jullie zullen** | **jullie hebben** | **jullie kunnen** |
| **zij zijn** | **zij zullen** | **zij hebben** | **zij kunnen** |

## PAST TENSE — WEAK VERBS

Dutch verbs are divided into 'strong' and 'weak' verbs according to the way in which they form the past tense and the past participle. Weak verbs form the past tense by adding **-de** and **-den**, or **-te** and **-ten** to the stem.

| **leven** (to live, be alive) | | **wonen** (to live — somewhere) | |
|---|---|---|---|
| **ik leefde** | I lived | **ik woonde** | I lived |
| **jij leefde** | you lived | **jij woonde** | |
| **u leefde** | you lived | **u woonde** | |
| **hij leefde** | he lived | **hij woonde** | |
| **wij leefden** | we lived | **wij woonden** | |
| **zij leefden** | they lived | **zij woonden** | |

| **missen** (to miss) | | **reizen** (to travel) | |
|---|---|---|---|
| **ik miste** | I missed | **ik reisde** | I travelled/traveled |
| **jij miste** | | **jij reisde** | |
| **u miste** | | **u reisde** | |
| **hij miste** | | **hij reisde** | |
| **wij misten** | | **wij reisden** | |
| **zij misten** | | **zij reisden** | |

## PERFECT TENSE — WEAK VERBS

The perfect tense is formed by using the auxiliary verb **hebben** or **zijn** with the past participle. Weak verbs form the past participle by adding **ge-** and **-t** or **-d** to the stem (as for the past tense):

| **ik heb geleefd** | I have lived |
|---|---|
| **jij hebt gemist** | you have missed |
| **wij hebben gereisd** | we have travelled/traveled |

## PAST AND PERFECT TENSES — STRONG VERBS

Strong verbs change the vowel and pronunciation of the stem in the past and perfect tenses. In the past tense, nothing is added to the new stem in the singular, but **-en** is added in the plural:

| **trekken** (to pull) | **ik trok** | I pulled |
|---|---|---|
| | **hij trok** | he pulled |
| | **wij trokken** | we pulled |

The past participle is formed by adding **ge-** and **-en** to the new stem, but where the first syllable of the stem is unstressed, no **ge-** is added.

Here is a list of common strong and irregular verbs:

| | | | |
|---|---|---|---|
| beginnen | *begin* | begon, begonnen | begonnen |
| begrijpen | *understand* | begreep, begrepen | begrepen |
| bewegen | *move* | bewoog, bewogen | bewogen |
| bieden | *offer* | bood, boden | geboden |
| bijten | *bite* | beet, beten | gebeten |
| blijken | *seem* | bleek, bleken | gebleken |
| blijven | *stay* | bleef, bleven | gebleven |
| brengen | *bring* | bracht, brachten | gebracht |
| buigen | *bend* | boog, bogen | gebogen |
| denken | *think* | dacht, dachten | gedacht |
| doen | *do* | deed, deden | gedaan |
| dragen | *wear* | droeg, droegen | gedragen |
| drinken | *drink* | dronk, dronken | gedronken |
| eten | *eat* | at, aten | gegeten |
| gaan | *go* | ging, gingen | gegaan |
| genezen | *cure* | genas, genazen | genezen |
| geven | *give* | gaf, gaven | gegeven |
| grijpen | *grasp* | greep, grepen | gegrepen |
| hangen | *hang* | hing, hingen | gehangen |
| hebben | *have* | had, hadden | gehad |
| helpen | *help* | hielp, hielpen | geholpen |
| houden | *hold* | hield, hielden | gehouden |
| kiezen | *choose* | koos, kozen | gekozen |
| kijken | *look* | keek, keken | gekeken |
| klimmen | *climb* | klom, klommen | geklommen |
| komen | *come* | kwam, kwamen | gekomen |
| kopen | *buy* | kocht, kochten | gekocht |
| krijgen | *get* | kreeg, kregen | gekregen |
| kunnen | *be able to* | kon, konden | gekund |
| laten | *let, allow* | liet, lieten | gelaten |
| lezen | *read* | las, lazen | gelezen |
| liggen | *lie* | lag, lagen | gelegen |
| lopen | *run* | liep, liepen | gelopen |
| nemen | *take* | nam, namen | genomen |
| rijden | *drive* | reed, reden | gereden |
| ruiken | *smell* | rook, roken | geroken |
| schieten | *shoot* | schoot, schoten | geschoten |
| schrijven | *write* | schreef, schreven | geschreven |
| slaan | *beat* | sloeg, sloegen | geslagen |
| slapen | *sleep* | sliep, sliepen | geslapen |
| sluiten | *close* | sloot, sloten | gesloten |
| spreken | *speak* | sprak, spraken | gesproken |
| staan | *stand* | stond, stonden | gestaan |

| | | | |
|---|---|---|---|
| stelen | *steal* | stal, stalen | gestolen |
| treffen | *hit, meet* | trof, troffen | getroffen |
| trekken | *pull* | trok, trokken | getrokken |
| vallen | *fall* | viel, vielen | gevallen |
| vangen | *catch* | ving, vingen | gevangen |
| verbieden | *forbid* | verbood, verboden | verboden |
| vergeten | *forget* | vergat, vergaten | vegeten |
| verlaten | *leave* | verliet, verlieten | verlaten |
| verliezen | *lose* | verloor, verloren | verloren |
| vinden | *find* | vond, vonden | gevonden |
| vliegen | *fly* | vloog, vlogen | gevlogen |
| vragen | *ask* | vroeg, vroegen | gevraagd |
| vriezen | *freeze* | vroor, vroren | gevroren |
| wegen | *weigh* | woog, wogen | gewogen |
| werpen | *throw* | wierp, wierpen | geworpen |
| weten | *know* | wist, wisten | geweten |
| wijzen | *point out* | wees, wezen | gewezen |
| worden | *become* | werd, werden | geworden |
| zeggen | *say* | zei, zeiden | gezegd |
| zenden | *send* | zond, zonden | gezonden |
| zien | *see* | zag, zagen | gezien |
| zijn | *be* | was, waren | geweest |
| zitten | *sit* | zat, zaten | gezeten |
| zoeken | *look for* | zocht, zochten | gezocht |
| zullen | *be going to* | zou, zouden | ------- |
| zwemmen | *swim* | zwom, zwommen | gezwommen |

## ZIJN OR HEBBEN?

In the perfect tense, the auxiliary verb used is either **zijn** or **hebben**. Transitive verbs, i.e. those which have a direct object, always take **hebben**.

**ik heb het gedaan**      I have done it
**hij heeft het laten vallen**      he has dropped it

Intransitive verbs take **hebben** if they express a continuing action or condition, **zijn** if they imply a change of state or condition. **Zijn, worden** and **blijven**, however, always take **zijn**.

**ik ben naar de stad gelopen**      I walked into town
**ik heb de hele dag gelopen**      I've been walking all day

## THE FUTURE TENSE

The future tense is formed by using the auxiliary verb **zullen** (see page 113) plus the infinitive:

    **ik zal het doen**      I will do it
    **we zullen zien**      we will see

## THE IMPERATIVE (GIVING COMMANDS)
The imperative uses the stem of the verb alone when using the **je** or **jullie** form:

| | |
|---|---|
| **vraag het hem** | ask him |
| **ga zitten** | sit down |

but:

| | |
|---|---|
| **wees niet bang** | don't be afraid |

With the polite **u** form, a **-t** is added:

| | |
|---|---|
| **gaat u zitten, mijnheer** | take a seat, sir |

## QUESTIONS
In questions the verb and pronoun are inverted:

| | |
|---|---|
| **gaat hij naar huis?** | is he going home? |
| **heeft hij het gedaan?** | has he done it? |
| **zullen we gaan?** | shall we go? |

With **jij/je**, the final **-t** is dropped from the verb:

| | |
|---|---|
| **waar ben je geweest?** | where have you been? |

## NEGATIVES
Verbs are made negative by using the word **niet**:

| | |
|---|---|
| **ik rook niet** | I don't smoke |
| **ik deed het niet** | I didn't do it |
| **ik heb het niet gedaan** | I didn't do it |

'Not any' or 'none' is **geen**:

| | |
|---|---|
| **zijn er geen garages open?** | aren't there any garages open? |

**TELLING THE TIME**

| | |
|---|---|
| **what time is it?** | hoe laat is het? *[hoo laht iss 't]* |
| **it is ...** | het is ... *['t iss]* |
| **one o'clock** | een uur *[ayn oor]* |
| **seven o'clock** | zeven uur *[zayven oor]* |
| **one a.m.** | een uur 's morgens *[smorcHens]* |
| **seven a.m.** | zeven uur 's morgens |
| **one p.m.** | een uur 's middags *[smiddacHs]* |
| **seven p.m.** | zeven uur 's avonds *[sahvonts]* |
| **midday** | twaalf uur 's middags *[tvahlf]* |
| **midnight** | twaalf uur 's nachts *[snacHts]* |
| **five past eight** | vijf over acht *[veyf over acHt]* |
| **five to eight** | vijf voor acht *[vohr]* |
| **half past ten** | half elf *[hal-f elf]* |
| **quarter past eleven** | kwart over elf *[kvart]* |
| **quarter to eleven** | kwart voor elf |

## CONVERSION TABLES

### 1. LENGTH

**centimetres, centimeters**
1 cm = 0.39 inches

**metres, meters**
1 m = 100 cm = 1000 mm
1 m = 39.37 inches = 1.09 yards

**kilometres, kilometers**
1 km = 1000 m
1 km = 0.62 miles = 5/8 mile

| km | 1 | 2 | 3 | 4 | 5 | 10 | 20 | 30 | 40 | 50 | 100 |
|---|---|---|---|---|---|---|---|---|---|---|---|
| miles | 0.6 | 1.2 | 1.9 | 2.5 | 3.1 | 6.2 | 12.4 | 18.6 | 24.9 | 31.1 | 62.1 |

**inches**
1 inch = 2.54 cm

**feet**
1 foot = 30.48 cm

**yards**
1 yard = 0.91 m

**miles**
1 mile = 1.61 km = 8/5 km

| miles | 1 | 2 | 3 | 4 | 5 | 10 | 20 | 30 | 40 | 50 | 100 |
|---|---|---|---|---|---|---|---|---|---|---|---|
| km | 1.6 | 3.2 | 4.8 | 6.4 | 8.0 | 16.1 | 32.2 | 48.3 | 64.4 | 80.5 | 161 |

### 2. WEIGHT

**gram(me)s**
1 g = 0.035 oz

| g | 100 | 250 | 500 |
|---|---|---|---|
| oz | 3.5 | 8.75 | 17.5 = 1.1 lb |

## kilos
1 kg = 1000 g
1 kg = 2.20 lb = 11/5 lb

| kg | 0.5 | 1 | 1.5 | 2 | 3 | 4 | 5 | 6 | 7 | 8 | 9 | 10 |
|----|-----|---|-----|---|---|---|---|---|---|---|---|----|
| lb | 1.1 | 2.2 | 3.3 | 4.4 | 6.6 | 8.8 | 11.0 | 13.2 | 15.4 | 17.6 | 19.8 | 22 |

| kg | 20 | 30 | 40 | 50 | 60 | 70 | 80 | 90 | 100 |
|----|----|----|----|----|----|----|----|----|-----|
| lb | 44 | 66 | 88 | 110 | 132 | 154 | 176 | 198 | 220 |

## tons
1 UK ton = 1018 kg
1 US ton = 909 kg

## tonnes
1 tonne = 1000 kg
1 tonne = 0.98 UK tons = 1.10 US tons

## ounces
1 oz = 28.35 g

## pounds
1 pound = 0.45 kg = 5/11 kg

| lb | 1 | 1.5 | 2 | 3 | 4 | 5 | 6 | 7 | 8 | 9 | 10 | 20 |
|----|---|-----|---|---|---|---|---|---|---|---|----|----|
| kg | 0.5 | 0.7 | 0.9 | 1.4 | 1.8 | 2.3 | 2.7 | 3.2 | 3.6 | 4.1 | 4.5 | 9.1 |

## stones
1 stone = 6.35 kg

| stones | 1 | 2 | 3 | 7 | 8 | 9 | 10 | 11 | 12 | 13 | 14 | 15 |
|--------|---|---|---|---|---|---|----|----|----|----|----|----|
| kg | 6.3 | 12.7 | 19 | 44 | 51 | 57 | 63 | 70 | 76 | 83 | 89 | 95 |

## hundredweights
1 UK hundredweight = 50.8 kg
1 US hundredweight = 45.36 kg

## 3. CAPACITY

## litres, liters
1 l = 7.6 UK pints = 2.13 US pints
$\frac{1}{2}$ l = 500 cl
$\frac{1}{4}$ l = 250 cl

**pints**
1 UK pint = 0.57 l
1 US pint = 0.47 l

**quarts**
1 UK quart = 1.14 l
1 US quart = 0.95 l

**gallons**
1 UK gallon = 4.55 l
1 US gallon = 3.79 l

## 4. TEMPERATURE

**centigrade/Celsius**
$C = (F - 32) \times 5/9$

| C | −5 | 0 | 5 | 10 | 15 | 18 | 20 | 25 | 30 | 37 | 38 |
|---|----|----|----|----|----|----|----|----|----|------|-------|
| F | 23 | 32 | 41 | 50 | 59 | 64 | 68 | 77 | 86 | 98.4 | 100.4 |

**Fahrenheit**
$F = (C \times 9/5) + 32$

| F | 23 | 32 | 40 | 50 | 60 | 65 | 70 | 80 | 85 | 98.4 | 101 |
|---|----|----|----|----|----|----|----|----|----|------|------|
| C | −5 | 0 | 4 | 10 | 16 | 20 | 21 | 27 | 30 | 37 | 38.3 |

0  nul *[nool]*
1  een *[ayn]*
2  twee *[tvay]*
3  drie *[dree]*
4  vier *[veer]*
5  vijf *[veyf]*
6  zes *[zess]*
7  zeven *[zayvuh]*
8  acht *[acht]*
9  negen *[naychuh]*
10  tien *[teen]*
11  elf *[elf]*
12  twaalf *[tvahlf]*
13  dertien *[dairteen]*
14  veertien *[vayrteen]*
15  vijftien *[veyfteen]*
16  zestien *[zessteen]*
17  zeventien *[zayventeen]*
18  achttien *[achteen]*
19  negentien *[naychenteen]*
20  twintig *[tvintich]*
21  eenentwintig *[aynentvintich]*
22  tweeëntwintig *[tvayentvintich]*
30  dertig *[dairtich]*
31  eenendertig *[aynendairtich]*
32  tweeëndertig *[tvayendairtich]*
40  veertig *[fayrtich]*
50  vijftig *[feyftich]*
60  zestig *[zesstich]*
70  zeventig *[zayventich]*
80  tachtig *[tachtich]*
90  negentig *[naychentich]*
100  honderd *[hondert]*
101  honderd een *[hondert ayn]*
110  honderd tien *[hondert-teen]*
200  tweehonderd *[tvay hondert]*
201  tweehonderd een *[tvay hondert ayn]*
1000  duizend *[dowzent]*
1987  negentien zevenentachtig
      *[naychenteen zayven-en-tachtich]*
1,000,000  een miljoen *[ayn meelyoon]*

1st  eerste *[ayrstuh]*
2nd  tweede *[tvayduh]*
3rd  derde *[dairduh]*
4th  vierde *[veerduh]*
5th  vijfde *[veyfduh]*
6th  zesde *[zesduh]*
7th  zevendeh *[zayvenduh]*
8th  achtste *[achtstuh]*
9th  negende *[naychenduh]*
10th  tiende *[teenduh]*